Die Casebook-Reihe
wird herausgegeben von

Prof. Dr. Johannes Kaspar
Prof. Dr. Tobias Reinbacher

NomosStudium

Prof. Dr. Katharina de la Durantaye, LL.M.
Freie Universität Berlin

Prof. Dr. Malte Stieper
Martin-Luther-Universität Halle-Wittenberg

Casebook
BGB
Allgemeiner Teil

2. Auflage

Die Deutsche Nationalbibliothek verzeichnet diese Publikation in
der Deutschen Nationalbibliografie; detaillierte bibliografische
Daten sind im Internet über http://dnb.d-nb.de abrufbar.

ISBN 978-3-8487-7332-9 (Print)
ISBN 978-3-7489-1338-2 (ePDF)

2. Auflage 2023
© Nomos Verlagsgesellschaft, Baden-Baden 2023. Gesamtverantwortung für Druck und Herstellung bei der Nomos Verlagsgesellschaft mbH & Co. KG. Alle Rechte, auch die des Nachdrucks von Auszügen, der fotomechanischen Wiedergabe und der Übersetzung, vorbehalten.

Vorwort zur zweiten Auflage

Der Allgemeine Teil des BGB ist sicher weniger dynamisch als etwa das Schuldrecht. Viele Aspekte des BGB AT erschließen sich jedoch erst durch die Querbezüge zu den anderen Büchern des BGB und zum Sonderprivatrecht. Insofern erfordert auch ein Casebook zum BGB AT eine regelmäßige Aktualisierung. Für die Neuauflage wurden u.a. die Reform des Schuldrechts für digitale Produkte sowie das am 1.1.2024 in Kraft tretende Gesetz zur Modernisierung des Personengesellschaftsrechts (MoPeG) berücksichtigt. Die Fallauswahl wurde überarbeitet und ein neuer Fall 25 aufgenommen, Nachweise und Vertiefungsfragen wurden auf den neuesten Stand gebracht. Außerdem sind Hinweise und Anregungen von Studierenden in das Casebook eingeflossen. Ihnen sei herzlich gedankt.

Weitere Hinweise und Anregungen sind selbstverständlich stets willkommen.

Berlin/Halle (Saale), im August 2022 *Katharina de la Durantaye*
Malte Stieper

Aus dem Vorwort zur ersten Auflage

Das Casebook enthält eine Sammlung von 25 Fällen zu allen Bereichen des Allgemeinen Teils des Bürgerlichen Gesetzbuchs. Es richtet sich an Studierende am Anfang ihres Studiums, die sich den Stoff des ersten Semesters anhand der einschlägigen Leitentscheidungen erschließen wollen, ebenso wie an Studierende in der Examensvorbereitung. Den Fällen liegt jeweils eine (meist höchstrichterliche) Entscheidung zugrunde, deren Gründe in Ausschnitten wiedergegeben und anschließend rechtlich eingeordnet werden. Die angeleitete und strukturierte Wiedergabe der zentralen Passagen aus dem Urteilstext erleichtert dabei den Zugang zum Gegenstand der jeweiligen Entscheidung. Die umfassende Einordnung in den rechtlichen Kontext ermöglicht über die Beschäftigung mit der konkreten Entscheidung hinaus eine Erarbeitung bzw. Wiederholung nahezu aller examensrelevanter Fragen zum BGB AT. Die am Ende jedes Falles gestellten Vertiefungsfragen sind bewusst offen formuliert und sollen zum Nachdenken und Diskutieren anregen. Weiterführende Literaturhinweise sind als Hilfestellung für eine vertiefte Auseinandersetzung mit den aufgeworfenen Fragen gedacht. Sie ersetzen aber keinesfalls eigene kritische Überlegungen.

Das Buch ist ein gemeinschaftliches Werk beider Autoren. Hauptverantwortlich für die Fälle 1–3, 6, 7, 10–13 und 16–18 zeichnet *Katharina de la Durantaye*, für die Fälle 4, 5, 8, 9, 14, 15 und 19–25 *Malte Stieper*. Unser Dank gilt den Mitarbeiterinnen und Mitarbeitern unserer Lehrstühle, namentlich *Dr. Marie Sophie Arendt, Moritz Finke, Susanne Holotiuk, Céline Mercedes Lalé, Julius Pakusch* und *Jule Rothe*. Sie haben mit zahlreichen wertvollen Anregungen und Hinweisen maßgeblich zum Gelingen des Werkes beigetragen. Dies gilt auch für *Tom Hirche*, dem wir zudem für die mühevolle Sichtung, Ordnung und Überarbeitung des Manuskripts zu besonderem Dank verpflichtet sind.

Inhalt

Vorwort zur zweiten Auflage   5

Aus dem Vorwort zur ersten Auflage   7

Literaturverzeichnis   11

Fall 1: Trierer Weinversteigerung   13
Tatbestandsvoraussetzungen von Willenserklärungen
BGHZ 91, 324 = BGH NJW 1984, 2279

Fall 2: Selbstbedienungstankstelle   20
Vertragsschluss durch schlüssiges Verhalten
BGH NJW 2011, 2871

Fall 3: Flugticket   25
Vertragsschluss unter Einsatz elektronischer Kommunikationsmittel
BGHZ 195, 126 = BGH NJW 2013, 598

Fall 4: Abbruchjäger   33
Vertragsschluss bei einer Internetauktion
BGH NJW 2011, 2643

Fall 5: Beschreibung lesen   42
Auslegung und Anfechtung von Willenserklärungen im Internet
BGH NJW 2017, 1660

Fall 6: Haakjöringsköd   50
Falsa demonstratio non nocet
RGZ 99, 147

Fall 7: Lotterie   54
Abgrenzung zwischen Gefälligkeit und Rechtsgeschäft
BGH NJW 1974, 1705

Fall 8: Mobilfunkmast   62
Folgen einer verspäteten Annahme
BGHZ 209, 105 = BGH NJW 2016, 1441

Fall 9: Campingbus   67
Zugang einer Willenserklärung per Einschreiben
BGHZ 137, 205 = BGH NJW 1998, 976

Fall 10: Misslungenes Scheingeschäft   72
Auswirkungen eines vom Vertragspartner nicht erkannten inneren Vorbehalts
BGHZ 144, 331 = BGH NJW 2000, 3127

Fall 11: Toilettenpapier   77
Anfechtung wegen Inhaltsirrtums
LG Hanau NJW 1979, 721

Fall 12: Rubel   81
Anfechtung wegen Kalkulationsirrtums
RGZ 105, 406

Fall 13:	Leibl Anfechtung wegen Eigenschaftsirrtums BGH NJW 1988, 2597	86
Fall 14:	Abhandengekommene Vollmachtsurkunde Voraussetzungen einer Rechtsscheinvollmacht BGHZ 65, 13 = BGH NJW 1975, 2101	93
Fall 15:	VIP-Lounge Handeln unter fremdem Namen BGHZ 189, 346 = BGH NJW 2011, 2421	100
Fall 16:	Geschenktes Grundstück Grundstücksübertragung an Minderjährige als Insichgeschäft BGHZ 161, 170 = BGH NJW 2005, 415	107
Fall 17:	Edelmann Arglistige Berufung auf Formmangel RGZ 117, 121	117
Fall 18:	Leerformel Bürgschaftserklärung durch Blankoformular BGHZ 132, 119 = BGH NJW 1996, 1467	124
Fall 19:	Ohne Rechnung Folgen eines Verstoßes gegen das Verbot der Schwarzarbeit BGHZ 198, 141 = BGH NJW 2013, 3167	132
Fall 20:	Eigentumswohnung Heilung eines sittenwidrigen Geschäfts BGH NJW 2012, 1570	138
Fall 21:	Malteser-Mischling Hundehaltungsverbot in Mietvertrags-AGB BGH NJW 2013, 1526	144
Fall 22:	Verlängerter Eigentumsvorbehalt Kollidierende AGB BGH NJW 1985, 1838	151
Fall 23:	Weißes Ross Rechtsfähigkeit der GbR BGHZ 146, 341 = BGH NJW 2001, 1056	156
Fall 24:	Pro Fide Catholica Namensrecht einer juristischen Person BGHZ 161, 216 = BGH NJW 2005, 978	164
Fall 25:	Photovoltaikanlage Voraussetzungen eines wesentlichen Bestandteils BGHZ 231, 310 = BGH NJW 2022, 614	170
Stichwortverzeichnis		179

Literaturverzeichnis (Auswahl)

I. Lehrbücher

Bork, Reinhard: Allgemeiner Teil des Bürgerlichen Gesetzbuchs, 4. Aufl. Tübingen 2016.
Brox, Hans/Walker, Wolf-Dietrich: Allgemeiner Teil des BGB, 45. Aufl. München 2021.
Faust, Florian: Bürgerliches Gesetzbuch Allgemeiner Teil, 7. Aufl. Baden-Baden 2020.
Flume, Werner: Allgemeiner Teil des Bürgerlichen Rechts: 2. Band – Das Rechtsgeschäft, 3. Aufl. Berlin 1979 (identisch mit 4. Aufl. 1992).
Köhler, Helmut: BGB Allgemeiner Teil: Ein Studienbuch, 45. Aufl. München 2021.
Leenen, Detlef/Häublein, Martin: BGB Allgemeiner Teil, 3. Aufl. Berlin 2021.
Leipold, Dieter: BGB I: Einführung und Allgemeiner Teil, 10. Aufl. Tübingen 2019.
Medicus, Dieter/Petersen, Jens: Allgemeiner Teil des BGB, 11. Aufl. Heidelberg 2016.
Medicus, Dieter/Petersen, Jens: Bürgerliches Recht, 28. Aufl. Heidelberg 2021.
Musielack, Hans-Joachim/Hau, Wolfgang: Grundkurs BGB, 17. Aufl. München 2021.
Neuner, Jörg: Allgemeiner Teil des Bürgerlichen Rechts, 12. Aufl. München 2020.
Pawlowski, Hans-Martin: Allgemeiner Teil des BGB: Grundlehren des bürgerlichen Rechts, 7. Aufl. Heidelberg 2003.
Reimer, Franz: Juristische Methodenlehre, 2. Aufl. Baden-Baden 2020.
Schack, Haimo: BGB Allgemeiner Teil, 16. Aufl. Heidelberg 2019.
Schwab, Dieter/Löhnig, Martin: Einführung in das Zivilrecht mit BGB Allgemeiner Teil, Schuldrecht Allgemeiner Teil, Kauf- und Deliktsrecht, 20. Aufl. Heidelberg 2016.
Stadler, Astrid: Allgemeiner Teil des BGB, 20. Aufl. München 2020.
Wörlen, Rainer/Metzler-Müller, Karin: BGB AT: Mit Einführung in das Recht, 15. Aufl. München 2019.

II. Kommentare

Beck'scher Online-Kommentar zum BGB – *Hau, Wolfgang/Poseck, Roman*: BeckOK-BGB, 62. Edition München 2022 (unterschiedlicher Bearbeitungsstand).
Erman, Walter: Handkommentar zum BGB, Bd. 1 (§§ 1-761, AGG), 16. Aufl. Köln 2020.
Grüneberg, Christian: Bürgerliches Gesetzbuch, 81. Aufl. 2022.
Jauernig, Othmar: Bürgerliches Gesetzbuch, 18. Aufl. München 2021.
Münchener Kommentar zum Bürgerlichen Gesetzbuch, Bd. 1 (§§ 1-240, AllgPersönlR, ProstG, AGG), 9. Aufl. München 2021; Bd. 2 (§§ 241-310), 9. Aufl. München 2022; Bd. 3 (§§ 311-432), 9. Aufl. München 2022; Bd. 4 (§§ 433-534, Finanzierungsleasing, CISG), 8. Aufl. München 2019; Bd. 7 (§§ 705-853, PartGG, ProdHaftG), 8. Aufl. München 2020.
Nomos Kommentar zum Bürgerlichen Gesetzbuch, Bd. 1 (Allgemeiner Teil/EGBGB), 4. Aufl. Baden-Baden 2021.
Schulze, Reiner: Bürgerliches Gesetzbuch: Handkommentar, 11. Aufl. Baden-Baden 2022.
Soergel, Hans-Theodor: Bürgerliches Gesetzbuch, Bd. 2 (§§ 104-240), 13. Aufl. Stuttgart 1999.
Staudinger, Julius von: Kommentar zum Bürgerlichen Gesetzbuch, §§ 90-124, 130-133, Neubearb. 2021; §§ 125-129, BeurkG, Neubearb. 2017; §§ 134-138, ProstG, Neubearb. 2021; §§ 139-163, Neubearb. 2020; §§ 164-240, Neubearb. 2019; §§ 305-310, UKlaG, Neubearb. 2019; §§ 925-984, Anhang zu §§ 929-931, Neubearb. 2020.

III. Repetitorien u.Ä.

Bitter, Georg/Röder, Sebastian: BGB Allgemeiner Teil: Lern- und Fallbuch, 5. Aufl. München 2020.
Heinrich, Christian: Examensrepetitorium Zivilrecht, 4. Aufl. München 2022.
Riehm, Thomas: Examinatorium BGB Allgemeiner Teil, München 2015.

Fall 1: Trierer Weinversteigerung

Tatbestandsvoraussetzungen von Willenserklärungen
Nach: *Isay*, Die Willenserklärung im Thatbestande des Rechtsgeschäfts nach dem Bürgerlichen Gesetzbuch für das Deutsche Reich, 1899, S. 25
Exemplarisch: BGHZ 91, 324 = BGH NJW 1984, 2279

I. Sachverhalt

K besucht eine Weinversteigerung in Trier. Nach den dort üblichen Regeln bietet man in 50 Euro-Schritten durch bloßes Heben der Hand. Nachdem K das Treiben für einige Zeit beobachtet hat, erblickt er am anderen Ende des Raumes einen alten Bekannten. Er winkt ihm mit erhobener Hand freudig zu. Der Inhaber der Weinkellerei V, der zugleich Auktionator ist, wertet das Winken – von K unbemerkt – als Abgabe eines Mehrgebots. Niemand gibt ein höheres Gebot auf die betreffende Flasche Wein ab, K erhält den Zuschlag. V fordert K zur Zahlung sowie zur Abnahme des Weines auf. K verweigert dies; er habe keine rechtlich relevante Handlung vornehmen wollen, sondern lediglich seinem Bekannten zugewinkt.

II. Zentrale Probleme

Damit K zur Abnahme und Bezahlung des Weines verpflichtet ist, muss er mit V einen Kaufvertrag über den Wein abgeschlossen haben.[1] Für das Zustandekommen eines solchen Vertrags sind zwei aufeinander bezogene Willenserklärungen erforderlich, die das Gesetz als Antrag (auch Angebot genannt) und Annahme bezeichnet (§§ 145 ff. BGB).

Das Angebot liegt noch nicht in der Präsentation der zu versteigernden Sache durch den Auktionator (sogenanntes Ausgebot), hier des Weines. Das Ausgebot stellt lediglich eine Aufforderung zur Abgabe eines Angebots (*invitatio ad offerendum*) dar.[2] K könnte aber durch Heben seiner Hand ein wirksames Angebot zum Kauf des Weines abgegeben haben. Dieses Angebot hätte V gemäß § 156 S. 1 BGB durch Erteilung des Zuschlags angenommen. Allerdings wollte K keinen Kaufvertrag schließen, als er seine Hand hob, sondern lediglich seinen Bekannten grüßen. Er war sich nicht einmal bewusst, dass er mit dieser Bewegung eine Willenserklärung abgeben könnte. Fraglich ist, ob dieses fehlende Bewusstsein rechtlich relevant ist.

Gemeinhin wird die Willenserklärung in einen äußeren Tatbestand (Erklärung) und einen inneren Tatbestand (Wille) unterteilt. Der äußere Tatbestand ist erfüllt, wenn ein Verhalten aus Sicht eines objektiven, mit den Umständen des Einzelfalls vertrauten Dritten den Eindruck erweckt, als habe der Erklärende eine rechtlich relevante Erklärung abgeben wollen. Beim inneren Tatbestand werden üblicherweise drei Elemente unterschieden: der Wille bzw. das Bewusstsein zur Vornahme der äußeren Erklärungshandlung (Handlungswille bzw. Handlungsbewusstsein), das Bewusstsein, eine rechtlich bindende Erklärung – gleich welchen Inhalts – abzugeben (Erklärungsbewusstsein) sowie der Wille zum Abschluss des betreffenden Rechtsgeschäfts (Geschäftswille).

---

[1] In der Praxis tritt der Auktionator oft als Stellvertreter eines Einlieferers auf. Der Kaufvertrag wird dann zwischen Einlieferer und Bieter geschlossen. Vorliegend ist der Auktionator jedoch Eigentümer der zu versteigernden Sachen.
[2] Das ergibt sich bereits im Umkehrschluss aus § 156 S. 1 BGB. Zur *invitatio ad offerendum* ausführlicher Fall 3 – Flugticket.

Der äußere Tatbestand ist erfüllt: Ein mit den Gepflogenheiten für Weinauktionen in Trier vertrauter objektiver Beobachter würde das Verhalten des K als ein solches werten, das auf Herbeiführung einer bestimmten Rechtsfolge, nämlich der Abgabe eines Angebots auf Kauf des versteigerten Weines, gerichtet ist. Auch handelte K bewusst und also mit Handlungsbewusstsein, als er seinem Bekannten zuwinkte. Er wollte aber eine rein soziale und keine rechtliche Handlung vornehmen. Ihm fehlten also Erklärungsbewusstsein und Geschäftswille.

Der Geschäftswille wird allgemein nicht als Wirksamkeitsvoraussetzung der Willenserklärung verstanden. Umstritten ist aber, ob eine Willenserklärung auch dann wirksam ist, wenn der Erklärende ohne Erklärungsbewusstsein gehandelt hat.

III. Die Entscheidung des BGH

Der Schulbuchfall, dessen Sachverhalt oben geschildert wurde, ist fiktiver Natur. Der BGH hat sich der Problematik aber in einem vergleichbaren Fall angenommen.[3] Im amtlichen Leitsatz schreibt er prägnant:

▶ Trotz fehlenden Erklärungsbewusstseins [...] liegt eine Willenserklärung vor, wenn der Erklärende bei Anwendung der im Verkehr erforderlichen Sorgfalt hätte erkennen und vermeiden können, dass seine Äußerung nach Treu und Glauben und der Verkehrssitte als Willenserklärung aufgefasst werden durfte, und wenn der Empfänger sie auch tatsächlich so verstanden hat. Sie kann gemäß §§ 119, 121, 143 BGB angefochten werden. ◀

Zur Begründung führt der BGH aus:

▶ In den §§ 116 ff. BGB ist der Begriff der Willenserklärung nicht definiert. Insbesondere aus dem Wortlaut des § 119 BGB kann nichts gegen die hier vertretene Ansicht hergeleitet werden. „Eine Erklärung dieses Inhalts" hat nicht nur nicht abgeben wollen, wer sich einen anderen rechtsgeschäftlichen Inhalt vorgestellt hatte, sondern auch derjenige, der keine rechtsgeschäftliche Erklärung hatte abgeben wollen. Aus § 118 BGB ist nicht zu schließen, dass fehlendes Erklärungsbewusstsein (oder fehlender Geschäftswille) ohne Anfechtung immer zur Nichtigkeit führe. Will der Erklärende, wie in § 118 BGB vorausgesetzt, bewusst keine Bindung in der Erwartung, dass dies auch erkannt werde, so entspricht die Nichtigkeit seinem Willen; ihm braucht die Wahl, das Erklärte gegen und für sich gelten zu lassen oder nach § 119 BGB anzufechten, nicht eröffnet zu werden. Damit nicht zu vergleichen ist eine Erklärung ohne das Bewusstsein, dass sie als rechtsgeschäftliche verstanden wird. Sie steht der irrtümlichen, als rechtserheblich gewollten Erklärung sehr viel näher. Wer erklärt zu kaufen, sich aber Verkauf vorstellt, befindet sich in einer ganz ähnlichen Lage wie derjenige, der das für Kauf übliche Zeichen gibt, aber nicht an Kauf denkt. In beiden Fällen erscheint es angemessen, dem Erklärenden die Wahl zu lassen, ob er nach § 119 Abs. 1 BGB anfechten will und dann das Vertrauensinteresse nach § 122 BGB ersetzen muss oder ob er bei seiner Erklärung stehen bleiben will und dann eine etwaige Gegenleistung erhält, die ihn günstiger stellen könnte als seine einseitige Verpflichtung zum Ersatz des Vertrauensschadens.

Mit dieser Wahlmöglichkeit ist auch das Bedenken ausgeräumt, dass ohne Erklärungsbewusstsein keine privatautonome Gestaltung in Selbstbestimmung vorliege, die durch Selbstverantwortung allein nicht ersetzt werden könne. Das Recht der Willenserklärung baut nicht nur auf der Selbstbestimmung des Rechtsträgers auf; es schützt in §§ 119, 157

---

3 BGHZ 91, 324 = BGH NJW 1984, 2279.

IV. Rechtliche Einordnung

BGB das Vertrauen des Erklärungsempfängers und die Verkehrssicherheit, indem es den Erklärenden auch an nicht vorgestellte und, was dem gleichzuachten ist, an nicht bewusst in Geltung gesetzte Rechtsfolgen bindet. Die Befugnis des Erklärenden, der in beiden Fällen die tatsächlich in seiner Erklärung zum Ausdruck gebrachten Rechtsfolgen nicht gewollt hat, diese durch Anfechtung rückwirkend (§ 142 Abs. 1 BGB) zu vernichten oder gelten zu lassen, trägt dem Gedanken der Selbstbestimmung ausreichend Rechnung.

Eine Willenserklärung liegt bei fehlendem Erklärungsbewusstsein allerdings nur dann vor, wenn sie als solche dem Erklärenden zugerechnet werden kann. Das setzt voraus, dass dieser bei Anwendung der im Verkehr erforderlichen Sorgfalt hätte erkennen und vermeiden können, dass seine Erklärung oder sein Verhalten vom Empfänger nach Treu und Glauben und mit Rücksicht auf die Verkehrssitte als Willenserklärung aufgefasst werden durfte. ◀

IV. Rechtliche Einordnung

1. Seit dem 19. Jahrhundert herrscht Streit über die Tatbestandsvoraussetzungen von Willenserklärungen und, damit zusammenhängend, über die Frage, warum eine Willenserklärung den Erklärenden bindet. Dieser Streit zwischen Vertretern der Willens- und jenen der Erklärungstheorie wird bis heute fortgeführt. Dies ist möglich, weil der Begriff der Willenserklärung in den §§ 116 ff. BGB nicht definiert ist. Das betont auch der BGH in den oben zitierten Urteilsgründen. Der Gesetzgeber wollte sich bewusst nicht zwischen den beiden Theorien entscheiden, sondern die weitere Entwicklung der Wissenschaft überlassen. Das Ergebnis: Beide Ansichten können unterschiedliche Normen für sich ins Feld führen.

a) Nach den Vertretern der Willenstheorie entfaltet eine Erklärung deswegen rechtliche Bindungswirkung, weil der Erklärende dies will. Einer Erklärung des Willens bedürfe es nur, weil der Wille eine innere Tatsache darstelle, die dem Beweis nicht zugänglich sei. Die Vertreter der Willenstheorie betonen also das Prinzip der Selbstbestimmung.[4] Deswegen ist ihrer Ansicht nach aber nicht jede fehlerbehaftete Willenserklärung unwirksam. Vielmehr erkennen sie an, dass nach der Konzeption des BGB manche Willenserklärungen, die auf einem Fehler beruhen, jedenfalls zunächst wirksam sind.

(1) So sind auch sie der Ansicht, dass eine Erklärung, bei der dem Erklärenden der Geschäftswille gefehlt hat, ihre Wirksamkeit nur dann (rückwirkend) verliert, wenn der Erklärende sie wegen Irrtums gemäß § 119 Abs. 1 BGB anficht.[5] Auch wer ohne Geschäftswille handele, wolle eine Erklärung im Rechtsverkehr abgeben. Darum müsse er sich sorgfältig verhalten. Unterlaufe ihm ein Fehler, so sei es gerechtfertigt, ihn erst einmal an das Erklärte zu binden und auf das Anfechtungsrecht zu verweisen. Die Konsequenz ist: Der Erklärende darf wählen, ob er an der Erklärung festgehalten werden möchte oder nicht. Entscheidet er sich, die Wirksamkeit der Erklärung rückwirkend durch Anfechtung zu vernichten, so muss er dem Erklärungsempfänger oder einem Dritten gemäß § 122 Abs. 1 BGB einen etwaigen Vertrauensschaden ersetzen. Das Anfechtungsrecht gewährt also dem Erklärenden ein Wahlrecht und schützt zugleich die Interessen des Empfängers (oder eines Dritten): Erleidet der Empfänger einen Schaden, weil er auf die Wirksamkeit der Erklärung vertraut hat, so kann er den Schaden vom Erklärenden ersetzt verlangen.

---

4 Für *Savigny* etwa ist der Wille das „einzig Wichtige und Wirksame", vgl. *v. Savigny*, System des heutigen römischen Rechts, Bd. III, 1840, S. 263 Fn. (b).
5 Siehe außerdem Fall 11 – Toilettenpapier sowie Fall 12 – Rubel.

12 (2) Wenn der Erklärende hingegen ohne Erklärungsbewusstsein gehandelt hat, ist seine Erklärung nach Ansicht der Vertreter der Willenstheorie unwirksam. Mit dem Prinzip der Selbstbestimmung lasse es sich nicht begründen, wenn eine Person, die keine rechtsgeschäftliche Handlung habe vornehmen und also nicht im Rechtsverkehr habe handeln wollen, gleichwohl vertraglich gebunden sei und auf Erfüllung hafte. Die Haftung beruhe dann nicht auf einer privatautonomen Entscheidung.[6]

13 Die Situation sei vergleichbar mit jener, die in § 118 BGB geregelt ist. Nach der Norm ist eine nicht ernst gemeinte Willenserklärung, die in der Erwartung abgegeben wurde, dass der Mangel der Ernstlichkeit erkannt werde, nichtig. Wenn dies der Fall sei, müsse eine Erklärung, bei der dem Erklärenden nicht einmal bewusst ist, dass er eine rechtlich erhebliche Erklärung abgibt, erst recht nichtig sein. Einer Anfechtung (einschließlich des damit verbundenen Wahlrechts) bedürfe es nicht. Weil der ohne Erklärungsbewusstsein Handelnde demjenigen, der eine Scherzerklärung abgegeben hat, gleichgestellt werden solle, schulde er dem Empfänger (oder einem Dritten) Ersatz für einen etwaig erlittenen Vertrauensschaden gemäß § 122 Abs. 1 BGB analog.[7]

14 b) Die Vertreter der Erklärungstheorie sehen dies anders. Zu ihnen gehört auch der BGH. Sie betonen, dass das Recht der Willenserklärung nicht nur auf dem Prinzip der Selbstbestimmung fuße. Zu beachten sei vielmehr auch das Prinzip der Selbstverantwortung. So schütze insbesondere das Anfechtungsrecht der §§ 119 ff. BGB auch das Vertrauen des Erklärungsempfängers sowie die Interessen des Rechtsverkehrs: Zum einen berechtigen nicht alle fehlerhaften Willenserklärungen zur Anfechtung gemäß § 119 Abs. 1 BGB – Motivirrtümer etwa tun dies nicht;[8] zum anderen sieht § 122 Abs. 1 BGB die bereits angesprochene Ersatzpflicht des Anfechtenden vor.

15 Weil das Recht der Willenserklärungen auf Selbstbestimmung und Selbstverantwortung fuße, sei auch eine Willenserklärung, die ohne Erklärungsbewusstsein abgegeben wurde, lediglich anfechtbar und nicht per se unwirksam. Insbesondere überzeuge der Vergleich mit der Situation, die in § 118 BGB geregelt sei, nicht. Gebe jemand eine Erklärung im Scherz ab, dann habe er bereits entschieden, dass er das Erklärte nicht wollte. Deshalb sei es gerechtfertigt, dass seine Erklärung ohne Weiteres unwirksam sei. Fehle hingegen jemandem das Bewusstsein, dass eine von ihm abgegebene Erklärung im Verkehr als Willenserklärung verstanden werde, so sei nicht klar, ob er sich an dieser Erklärung nicht vielleicht doch festhalten lassen wolle. Seine Situation sei, so der BGH, eher mit der einer Person vergleichbar, die zwar rechtsgeschäftlich handeln wollte, sich dann aber verspricht oder verschreibt (vgl. § 119 Abs. 1 Var. 2 BGB), also etwa erklärt, sie wolle Wein kaufen, obwohl sie ihn in Wirklichkeit verkaufen wollte. Für sie könne es günstiger sein, das in ihrer Erklärung enthaltene Leistungsversprechen zu erfüllen, also den Kaufpreis zu zahlen und dafür im Gegenzug Eigentum und Besitz am Wein zu erhalten, als die Wirksamkeit der Erklärung zu vernichten und dafür einen etwaigen Vertrauensschaden ersetzen zu müssen. Indem das Recht diese Wahlmöglichkeit vorsehe, stelle es sicher, dass der Erklärende selbstbestimmt handeln könne.

16 Voraussetzung für eine solche Bindung trotz fehlenden Erklärungsbewusstseins ist nach Auffassung des BGH und der ihm folgenden herrschenden Lehre aber, dass der Erklärende bei Anwendung der im Verkehr erforderlichen Sorgfalt „hätte erkennen und vermeiden können, dass seine Erklärung oder sein Verhalten vom Empfänger nach

---

6 Vgl. MüKo-BGB/*Armbrüster*, § 119 Rn. 99 ff.; *Singer*, JZ 1989, 1030 ff.; *Neuner*, § 32 Rn. 23.
7 Vgl. MüKo-BGB/*Armbrüster*, § 119 Rn. 100.
8 Siehe dazu Fall 12 – Rubel.

IV. Rechtliche Einordnung

Treu und Glauben und mit Rücksicht auf die Verkehrssitte als Willenserklärung aufgefasst werden durfte" (Theorie der Erklärungsfahrlässigkeit). Anderenfalls könne die Willenserklärung dem Erklärenden nicht zugerechnet werden, weil sich die Bindung dann tatsächlich nicht mehr mit dem Prinzip der Selbstbestimmung begründen lasse.

2. Die Ansicht, dass eine Willenserklärung nur wirksam ist, wenn der Erklärende mit Erklärungsbewusstsein gehandelt hat, und die Gegenansicht, die das Erklärungsbewusstsein für entbehrlich hält, wenn der Erklärende hätte erkennen können, dass sein Verhalten rechtlich erheblich erscheint, unterscheiden sich nicht nur in ihren theoretischen Grundlagen. Auch hinsichtlich der praktischen Folgen bestehen Unterschiede:

Auf den Weinversteigerungsfall angewendet ist die Willenserklärung des K nach der ersten Ansicht unwirksam, weil ihm beim Zuwinken das Erklärungsbewusstsein fehlte. Er hat also kein Gebot auf den Wein abgegeben, das V durch Erteilung des Zuschlags hätte annehmen können (vgl. § 156 S. 1 BGB). Ist V aufgrund der Tatsache, dass das zweithöchste Gebot gemäß § 156 S. 2 BGB erloschen ist, weil er das Winken als Willenserklärung gewertet hat, ein Schaden entstanden, so muss K ihm diesen Schaden gemäß § 122 Abs. 1 BGB analog ersetzen.

Nach der zweiten Ansicht hat K hingegen ein wirksames Gebot auf den Wein abgegeben. Dieses Gebot hat V mit Erteilung des Zuschlags gemäß § 156 S. 1 BGB angenommen. Zwischen den Parteien ist damit ein wirksamer Kaufvertrag zustande gekommen. Aufgrund des Vertrags hat V gegen K einen Anspruch gemäß § 433 Abs. 2 BGB auf Zahlung und Abnahme des Weines. Fraglich ist aber, ob K den Vertrag gemäß § 142 Abs. 1 BGB rückwirkend beseitigt hat. Die Weigerung, den Wein zu bezahlen und abzunehmen, stellt eine konkludente Anfechtungserklärung des K gemäß § 143 BGB dar. Weil ihm das Erklärungsbewusstsein fehlte, verfügt K auch über einen Anfechtungsgrund gemäß § 119 Abs. 1 Var. 2 BGB analog. K kann seine Willenserklärung allerdings nach § 121 Abs. 1 S. 1 BGB nur dann vernichten, wenn er seine Anfechtung unverzüglich, also ohne schuldhaftes Zögern, erklärt, nachdem er von dem Anfechtungsgrund Kenntnis erlangt hat. Tut er dies nicht, so ist die Anfechtung ausgeschlossen und K an den Vertrag gebunden. Erklärt er die Anfechtung rechtzeitig, so schuldet er V – wie nach der ersten Ansicht – Ersatz eines möglicherweise entstandenen Vertrauensschadens.

3. Die Überlegungen, die der vom BGH aufgestellten Regel zugrunde liegen, sind überzeugend: Wer sich in den Rechtsverkehr begibt, handelt als Teil eines Verkehrssystems. Damit ist bei der Bewertung seines Verhaltens auch die Perspektive anderer Verkehrsteilnehmer relevant. Für den Rechtsverkehr stellt es eine Störung dar, wenn ein Verkehrsteilnehmer eine Handlung vornimmt, die aus Sicht eines objektiven Empfängers rechtsgeschäftlichen Erklärungswert besitzt, ohne dass der Handelnde dies will. Solche Störungen werden minimiert, wenn das, was der Erklärende will, grundsätzlich keinen Vorrang vor dem genießt, was er objektiv erklärt. Ist ein abweichender innerer Wille grundsätzlich irrelevant, werden Verkehrsteilnehmer dazu angehalten, sich so auszudrücken, dass das, was sie objektiv erklären, und das, was sie subjektiv wollen, deckungsgleich ist. Das Recht schafft also Anreize dafür, dass Personen sich nur dann rechtserheblich verhalten, wenn sie dies auch wollen. Damit dient die objektive Betrachtungsweise mittelbar auch der Selbstbestimmung des Erklärenden.

21 Stellt man den Verkehrsschutz in den Vordergrund, so ist es konsequent, noch einen Schritt weiterzugehen und das Erklärungsbewusstsein stets als irrelevant anzusehen – und nicht nur, wie BGH und herrschende Lehre, wenn der Erklärende hätte erkennen können, dass sein Verhalten rechtlich erheblich erscheint. Aus Sicht des Erklärungsempfängers macht es nämlich keinen Unterschied, ob der Erklärende ohne Geschäftswillen oder ohne Erklärungsbewusstsein gehandelt hat. Die Einschränkung, die BGH und die anderen Vertreter der Theorie der Erklärungsfahrlässigkeit vorsehen, ist daher nicht überzeugend.

22 Für die Wirksamkeit der Willenserklärung ist grundsätzlich ausreichend, dass ein Verhalten vorliegt, welches aus Sicht eines objektiven Empfängers rechtsgeschäftlichen Erklärungswert besitzt. Wenn aber auf das objektive Erscheinungsbild abzustellen ist, sind etwaige davon abweichende subjektive Vorstellungen des Erklärenden irrelevant. Entbehrlich sind daher nicht nur Geschäftswille und Erklärungsbewusstsein, sondern auch das Handlungsbewusstsein: Eine ohne Handlungsbewusstsein abgegebene Erklärung kann ebenfalls rechtserheblich erscheinen.[9] Ist dies der Fall und liegen die Voraussetzungen des § 105 Abs. 2 BGB nicht vor,[10] so ist die Erklärung wirksam.[11] Entspricht das Erklärte nicht seiner Präferenz, so kann der Erklärende die Erklärung aber, wie eine Erklärung ohne Erklärungsbewusstsein, entsprechend § 119 Abs. 1 BGB innerhalb der Frist des § 121 BGB anfechten.

23 Willenserklärungen ohne Handlungsbewusstsein kommen in der Praxis nur sehr selten vor. Als Beispiel wird der Fall angeführt, dass sich jemand, der vor einem Computer sitzt, erschrickt und dabei unbewusst per Mausklick auf den Bestellbutton eines Online-Portals klickt.[12] Dass diese Erklärung wirksam ist, ist gerechtfertigt. Die Person hat das Risiko dafür selbst geschaffen;[13] sie hätte den Eintritt dieses Risikos deutlich leichter verhindern können als der Erklärungsempfänger.[14] Etwas anderes gilt nur, wenn der Erklärende durch einen Dritten mit Gewalt gezwungen wurde, seine Erklärung abzugeben. Der Tatbestand der Willenserklärung ist dann nicht erfüllt, obwohl bei objektiver Betrachtung eine Erklärung vorliegt. In einer solchen Situation ist das Verhalten des Erklärenden nicht auf ein durch ihn gesetztes Risiko zurückzuführen.

V. Vertiefungsfragen

24 1. K winkt nicht einem Freund zu, sondern hebt die Hand unwillentlich, weil ihn jemand aus Versehen schubst. Hat er eine wirksame Willenserklärung abgegeben? Siehe dazu einerseits *Bork*, Rn. 589 ff.; *Faust*, § 17 Rn. 6, § 19 Rn. 27; *Leipold*, § 10 Rn. 18, andererseits *Leenen/Häublein*, § 5 Rn. 22 ff.
2. Wie verhält es sich, wenn K die Hand nur hebt, weil ihm jemand Schläge androht? Siehe dazu *Bork*, Rn. 591, Rn. 889 ff.; *Stadler*, § 17 Rn. 7 sowie § 25 Rn. 84 ff.
3. K denkt, bei dem zu versteigernden Wein handele es sich um Rotwein. Als begeisterter Rotweintrinker gibt er ein Gebot ab. Nach Erhalt des Zuschlags muss er jedoch feststellen, dass Weißwein versteigert wurde. Weißwein verträgt K

---

9 *Leenen/Häublein*, § 5 Rn. 35. Anders aber die hM, vgl. nur *Faust*, § 19 Rn. 27; *Leipold*, § 10 Rn. 18.
10 Vgl. zu § 105 Abs. 2 BGB *Leenen/Häublein*, § 6 Rn. 88 f.
11 So im Ergebnis beispielsweise auch *Brehmer*, JuS 1986, 440 (443); *Leenen/Häublein*, § 5 Rn. 35.
12 So bei *Leenen/Häublein*, § 5 Rn. 24, 35.
13 So im Ergebnis auch *Leenen/Häublein*, § 5 Rn. 24, 35. Vgl. überdies *Neuner*, JuS 2007, 881 (884).
14 Wenn sie ein Verbraucher ist, darf sie den Vertrag gegebenenfalls ohnehin widerrufen und muss keinen Ersatz gemäß § 122 BGB leisten.

V. Vertiefungsfragen

nicht. Nach welchem Anfechtungsgrund könnte K hier anfechten? Lesen Sie *Bork*, Rn. 824 ff.; *Medicus/Petersen*, BGB AT, Rn. 744 ff.; *Köhler*, § 7 Rn. 15 ff.

4. Warum sind auch die Vertreter der Willenstheorie damit einverstanden, dass ein Motivirrtum grundsätzlich nicht einmal zur Anfechtung berechtigt, sondern der Erklärende rechtlich gebunden ist und bleibt, auch wenn er dies nicht möchte? Siehe dazu *Leipold*, § 18 Rn. 5; *Faust*, § 19 Rn. 8.

Fall 2: Selbstbedienungstankstelle

Vertragsschluss durch schlüssiges Verhalten
BGH NJW 2011, 2871

I. Sachverhalt[1]

25 Die Klägerin betrieb eine Selbstbedienungstankstelle, an der der Beklagte Benzin zum Preis von 10 Euro tankte. An der Kasse bezahlte er lediglich einen Schokoriegel. Erst nachdem der Beklagte weggefahren war, bemerkte die Klägerin, dass der Beklagte den Kraftstoff nicht bezahlt hatte. Sie schaltete ein Detektivbüro ein, um die Identität des Beklagten zu ermitteln (Kosten: 137 Euro). Anschließend beauftragte sie einen Rechtsanwalt, um den Kaufpreis vom Beklagten einzufordern (Kosten: 39 Euro). Der Beklagte zahlte daraufhin die Benzinkosten in Höhe von 10 Euro. Er weigerte sich aber, die übrigen Kosten zu erstatten. Die Klägerin fordert vom Beklagten nun Zahlung in Höhe von 176 Euro.

II. Rechtliches Problem

26 Die Kosten für das Detektivbüro und den Rechtsanwalt könnten entstanden sein, weil sich der Beklagte mit der Pflicht zur Zahlung des Kaufpreises gemäß § 433 Abs. 2 BGB in Verzug befand. Wäre dies der Fall, so könnte die Klägerin gegen den Beklagten einen Anspruch auf Schadensersatz wegen Verzögerung der Leistung gemäß §§ 280 Abs. 1, 2, 286 Abs. 1, 2 Nr. 4 BGB haben.

27 Voraussetzung dafür ist, dass die Parteien gemäß § 433 BGB einen Kaufvertrag über das Benzin geschlossen haben, der den Beklagten zur Zahlung des Kaufpreises verpflichtet. Mit dieser Frage befasst sich der BGH. Wenn der Vertrag an einer Selbstbedienungstankstelle bereits beim Einfüllen des Kraftstoffs in den Tank zustande kommt, ist ein Vertragsschluss gegeben. Erfolgt der Vertragsschluss dagegen, wie in Selbstbedienungsläden,[2] erst an der Kasse, so besteht zwischen den Parteien kein Kaufvertrag: Der Beklagte hat nicht bezahlt. Dann käme allenfalls ein Anspruch aus *culpa in contrahendo* (c. i. c.) gemäß §§ 280 Abs. 1, 241 Abs. 2, 311 Abs. 2 BGB in Betracht.

III. Die Entscheidung des BGH

28 Der BGH unterscheidet den vorliegenden Fall ausdrücklich vom Kauf in einem Selbstbedienungsladen. Anders als dort komme der Vertrag an der Selbstbedienungstankstelle bereits beim Einfüllen des Kraftstoffs zustande:

▶ [13] Ein Kunde, der an einer Selbstbedienungstankstelle Kraftstoff in seinen Tank füllt, schließt bereits zu diesem Zeitpunkt mit dem Tankstellenbetreiber oder – je nach der Ausgestaltung des Vertragsverhältnisses zwischen Tankstellenbetreiber und Mineralölunternehmen – durch Vermittlung des Tankstellenbetreibers mit dem Mineralölunternehmen einen Kaufvertrag über die entnommene Menge Kraftstoff. ◀

---

1 Vereinfachte Version des Original-Sachverhalts.
2 Vgl. dazu BGH NJW 2011, 2871 Rn. 15 sowie die bei Vertiefungsfrage 4 genannten Nachweise.

IV. Rechtliche Einordnung

Zur Begründung führt er aus, dass die Interessenlage an der Selbstbedienungstankstelle anders sei als jene in einem Selbstbedienungsladen:

▶ [15] In einem Selbstbedienungsladen kann die vom Kunden aus dem Regal entnommene Ware problemlos wieder zurückgelegt und anschließend an einen anderen Kunden verkauft werden. Nach der Verkehrsanschauung führt deshalb allein die Entnahme der Ware aus dem Regal noch nicht zu den Bindungswirkungen eines Kaufvertrags.

[16] An der Selbstbedienungstankstelle wird durch das Einfüllen des Kraftstoffs in den Tank hingegen ein praktisch unumkehrbarer Zustand geschaffen, so dass es dem Interesse beider Parteien entspricht, dass bereits zu diesem Zeitpunkt ein Kaufvertrag zu Stande kommt. Der Tankstellenbetreiber hat bei Abschluss des Tankvorgangs durch das Überlassen des Kraftstoffs bereits die Hauptpflicht des Verkäufers jedenfalls zur Besitzverschaffung (§ 433 Abs. 1 S. 1 BGB) erfüllt und wird hierzu ohne eine vertragliche Bindung regelmäßig nicht bereit sein. Ebenso hat aber auch der redliche Kunde ein Interesse daran, den Kraftstoff aufgrund eines – mit dem Einfüllen des Kraftstoffs in den Tank – geschlossenen Vertrags zu erlangen und ihn behalten zu dürfen, ohne dass dies davon abhängt, ob der Tankstellenbetreiber anschließend bereit ist, mit ihm einen Kaufvertrag abzuschließen. Aus der Sicht eines objektiven Betrachters in der Lage des jeweiligen Erklärungsgegners ist damit zum Zeitpunkt der Entnahme des Kraftstoffs durch den Kunden ein Kaufvertrag zu Stande gekommen, ohne dass es hierzu weiterer Willenserklärungen – etwa an der Kasse – bedarf. ◀

Klägerin und Beklagter haben somit einen Kaufvertrag gemäß § 433 BGB abgeschlossen, als der Beklagte Kraftstoff zum Preis von 10 Euro tankte.

IV. Rechtliche Einordnung

1. Verträge müssen nicht immer ausdrücklich geschlossen werden. Oft reicht ein schlüssiges (konkludentes) Verhalten der Vertragsparteien. Dies gilt gerade für Geschäfte des täglichen Lebens wie beispielsweise den Einkauf im Supermarkt. Den meisten ist in einer solchen Situation bewusst, dass sie sich rechtlich binden. Wann genau aber der Vertragsschluss erfolgt, wissen viele nicht. Dass diese Frage nicht trivial ist, zeigt der vorliegende Fall.

2. Der Abschluss eines Vertrags erfordert mindestens zwei aufeinander bezogene Willenserklärungen – Angebot bzw. Antrag und Annahme.[3] Der BGH widmet sich im vorliegenden Fall nur der Frage, wann der Vertrag zustande kommt, wann also der Prozess des Vertragsabschlusses beendet ist. Um diesen Zeitpunkt zu ermitteln, untersucht das Gericht die Interessenlage der Parteien. Worin genau Angebot und Annahme liegen, benennt das Gericht nicht. Dies ist durch Auslegung festzustellen.

Der allgemeine Teil des BGB verfügt über zwei Normen zur Auslegung. Dem Wortlaut nach sind Verträge gemäß § 157 BGB so auszulegen, wie Treu und Glauben mit Rücksicht auf die Verkehrssitte es erfordern, während bei der Auslegung einer Willenserklärung nach § 133 BGB der wirkliche Wille zu erforschen und nicht an dem buchstäblichen Sinne des Ausdrucks zu haften ist. Ganz überwiegend wird diese Unterscheidung als wenig geglückt kritisiert, denn ein Vertrag besteht aus zwei (oder mehr) Willenserklärungen. Stattdessen wird unterschieden zwischen empfangsbedürftigen und nicht empfangsbedürftigen Willenserklärungen.[4]

---

3 *Leenen/Häublein*, § 8 Rn. 2, 5 ff.
4 Siehe nur *Köhler*, § 9 Rn. 4 ff.; *Medicus/Petersen*, BGB AT, Rn. 319 ff.; *Neuner*, § 35 Rn. 26 ff.

34 a) Für nicht empfangsbedürftige Willenserklärungen, etwa Testamente, passt die Formulierung des § 133 BGB. Sie müssen nicht zugehen, damit sie wirksam werden.[5] Weil sie nicht an einen bestimmten Empfänger gerichtet sind, sind die Interessen und Verständnismöglichkeiten desjenigen, der etwa ein Testament findet oder durch es bedacht wird, unbeachtlich.[6] Um den wirklichen Willen des Erklärenden zu ermitteln, dürfen auch solche Umstände herangezogen werden, die dem Empfänger oder Bedachten weder bekannt noch erkennbar waren.

35 b) Auf empfangsbedürftige Willenserklärungen (und damit auch auf Verträge) sind §§ 133, 157 BGB gemeinsam anwendbar. Auszugehen ist wiederum vom wirklichen Willen des Erklärenden. Zugleich ist aber den Interessen des Erklärungsempfängers Rechnung zu tragen. Was der Erklärende im Inneren wollte, ist dem Empfänger in aller Regel nicht ersichtlich. Ausgangspunkt ist für ihn das, was der andere nach außen erkennbar erklärt hat. Diese Erklärungszeichen darf der Empfänger nach Ansicht des BGH und der herrschenden Lehre grundsätzlich so verstehen, wie es ein objektiver Verkehrsteilnehmer in der Situation des Empfängers üblicherweise tun würde.[7] Ob der Erklärende die Zeichen in einem anderen Sinne gemeint hat, muss der Empfänger nicht erforschen. Er darf dem Erklärenden aber auch nicht sein eigenes, subjektives Verständnis entgegenhalten, wenn es sich von dem eines objektiven Dritten unterscheidet.

36 3. Die Klägerin könnte das Angebot unterbreitet haben, als sie die Zapfsäule freischaltete. Zu diesem Zeitpunkt wusste sie noch nicht, wer ihr Vertragspartner werden würde. Dass sich ihre Handlung nicht an eine bestimmte Person richtete, sondern an einen unbestimmten Personenkreis (*ad incertas personas*), steht der Qualifikation als Willenserklärung nicht per se entgegen. Im Zweifel würde ein objektiver Dritter eine solche Handlung aber grundsätzlich eher als Aufforderung zum Angebot (*invitatio ad offerendum*) denn als Angebot werten.[8]

37 a) Wer eine *invitatio ad offerendum* statt eines Angebots tätigt, verfolgt damit in der Regel mindestens eins von zwei Zielen: Er will sich erstens vorbehalten, vor Vertragsschluss die eigene Leistungsfähigkeit zu überprüfen, damit er nur Leistungspflichten eingeht, die er auch erfüllen kann. So stellen etwa die Zusendung eines klassischen Versandkatalogs ebenso wie die öffentlich zugänglich gemachte Webseite eines Online-Versandhändlers noch kein Angebot dar.[9] Der Versandhändler möchte zeigen, welche Waren er grundsätzlich im Sortiment hat, und lädt die Adressaten ein, für eine oder mehrere dieser Waren durch Bestellung ein Angebot abzugeben. Er will – dem Kunden erkennbar – aber nicht haften, wenn die bestellte Ware nicht (mehr) verfügbar ist. Zweitens möchte er sich die Möglichkeit offenhalten, sich vor Vertragsschluss von der Zahlungsfähigkeit des potenziellen Vertragspartners zu überzeugen.[10]

38 b) Vor dem Hintergrund dieser Grundregel untersucht der BGH die Interessen der Klägerin. Er kommt zu dem Ergebnis: Die Klägerin will erkennbar, dass der Vertrag bereits mit dem Tankvorgang zustande kommt. Zum einen werde „durch das Einfüllen

---

5 Zum Zugang von Willenserklärungen siehe Fall 9 – Campingbus.
6 Vgl. auch §§ 2078 ff. BGB.
7 Siehe nur BGHZ 36, 30 (33) = BGH NJW 1961, 2251 (2253); *Bork*, Rn. 527; *Köhler*, § 9 Rn. 7; *Leenen/Häublein*, § 5 Rn. 61 f.; *Leipold*, § 15 Rn. 12; *Medicus/Petersen*, BGB AT, Rn. 323; *Reimer*, S. 82.
8 Siehe dazu *Neuner*, § 37 Rn. 10.
9 Vgl. BGHZ 179, 319 Rn. 12 = BGH NJW 2009, 1337; BGH NJW 2012, 2268 Rn. 11; *Bork*, Rn. 709; *Neuner*, § 37 Rn. 7; *Leenen/Häublein*, § 8 Rn. 24.
10 *Erman/Armbrüster*, § 145 Rn. 10; *Bork*, Rn. 707.

des Kraftstoffs in den Tank [...] ein praktisch unumkehrbarer Zustand geschaffen", zum anderen habe die Klägerin mit Abschluss der Betankung dem Beklagten bereits Besitz, womöglich sogar – gemäß §§ 948 Abs. 1, 947 BGB – Eigentum am Benzin verschafft und also ihre Leistungspflichten im Wesentlichen, wenn nicht vollständig erfüllt.[11] Dafür wolle sie im Gegenzug einen Anspruch gegen den Beklagten haben. Der steht ihr aber nur dann zu, wenn sie zu dem Zeitpunkt bereits eine Willenserklärung abgegeben hat. Diese Willenserklärung muss dann in der Freischaltung der Zapfsäule liegen. Dass die Willenserklärung nicht nur an einen unbestimmten Personenkreis gerichtet war, sondern überdies lediglich Angaben zum Literpreis, nicht aber zur Menge des zu verkaufenden Kraftstoffes enthielt, schadet nicht. Nach § 315 Abs. 1 BGB können die Parteien vereinbaren, dass eine von ihnen die Leistung einseitig bestimmen darf.

c) Die Wertung des Gerichts überzeugt. Die Interessenlage der Klägerin unterscheidet sich erkennbar von der einer Person, die eine *invitatio ad offerendum* unterbreitet. Der Betreiber einer Selbstbedienungstankstelle läuft nicht Gefahr, eine vertragliche Leistungspflicht einzugehen, die er nicht erfüllen kann. Mit der Betankung macht der Kunde von seinem Leistungsbestimmungsrecht gemäß § 315 Abs. 1 BGB Gebrauch. Er kann dabei nicht mehr tanken, als verfügbar ist. Dadurch ist sichergestellt, dass der Tankstellenbetreiber nicht zur Leistung einer darüberhinausgehenden Menge verpflichtet ist. Zudem hat der Betreiber zwar ein Interesse daran, nur mit zahlungsfähigen Kunden einen Vertrag zu schließen. Sein Risiko, dass der Kunde nicht liquide ist, wird allerdings nicht minimiert, wenn der Vertrag erst mit Bezahlung an der Kasse zustande kommt. Zu diesem Zeitpunkt befindet sich der getankte Kraftstoff bereits im Auto des Kunden. Darin liegt auch der entscheidende Unterschied zur Situation in einem Selbstbedienungsladen: Der Kraftstoff kann – anders als ein ungeöffneter Milchkarton – nicht oder jedenfalls nur unter erheblichem Aufwand wieder „zurückgestellt" und an andere Kunden verkauft werden.

4. Indem der Beklagte den Zapfhahn von der Zapfsäule nahm und den Tankvorgang begann, nahm er den Antrag der Klägerin durch schlüssiges Verhalten an. Der Zugang der Annahmeerklärung bei der Klägerin war gemäß § 151 S. 1 BGB entbehrlich. Sie hatte – der Verkehrssitte entsprechend – erkennbar auf den Zugang der Annahme verzichtet. Das Handeln des Beklagten ist als Willenserklärung zu werten, weil er, so der BGH zurecht, ebenfalls ein erkennbares Interesse daran hat, dass der Vertrag bereits mit dem Zeitpunkt der Betankung zustande kommt. Nur dann verfügt der Beklagte nämlich über das Recht, den Kraftstoff zu behalten, und läuft nicht Gefahr, dass die Klägerin zwischen Betankung und Bezahlung ihre Meinung ändert und den Vertragsschluss verweigert.

V. Vertiefungsfragen

1. Prüfen Sie weiter: Liegen die übrigen Voraussetzungen des Anspruchs gemäß §§ 280 Abs. 1, 2, 286 Abs. 1, 2 Nr. 4 vor? Welche Kosten kann die Klägerin erstattet verlangen? Lesen Sie BGH NJW 2011, 2871 Rn. 17 ff.; *Faust*, JuS 2011, 929 (931).
2. Der BGH setzt sich lediglich mit vertraglichen Ansprüchen auseinander. Könnte die Klägerin auch deliktische Ansprüche geltend machen? Prüfen Sie gutachterlich und

---

11 Siehe zum Eigentumsübergang *Faust*, JuS 2011, 929 (931).

vergleichen Sie Ihre Ausführungen mit *Sautter*, JuS 2011, 900 (903 f.); *Faust*, JuS 2011, 929 (931).
3. Das Zurückbehaltungsrecht nach § 320 Abs. 1 BGB ist eine Einrede, die das Gericht nicht von Amts wegen prüft, sondern die von einer Partei geltend gemacht werden muss. Besteht ein Zurückbehaltungsrecht gemäß § 320 Abs. 1 BGB, so ist ein wirksam entstandener und nicht erloschener Anspruch (vorübergehend) nicht durchsetzbar. Steht dem Beklagten vorliegend ein solches Zurückbehaltungsrecht zu? Lesen Sie *Faust*, JuS 2011, 929 (931 f.).
4. Wann genau kommt der Vertragsschluss in Selbstbedienungsläden zustande – wenn der Kunde die Ware auf das Kassenband legt oder erst dann, wenn der Ladenangestellte die Ware einscannt? Vgl. einerseits *Bork*, Rn. 719; Grüneberg/*Ellenberger*, § 145 Rn. 8; Staudinger/*Schiemann*, 2018, Eckpfeiler C Rn. 67; andererseits Erman/*Armbrüster*, § 145 Rn. 10; MüKo-BGB/*Busche*, § 145 Rn. 12; *Faust*, § 3 Rn. 4; *Leenen/Häublein*, § 8 Rn. 27; *Petersen*, Jura 2009, 183 (185); *Neuner*, § 37 Rn. 7.
5. An einem Samstagmorgen geht A in den Supermarkt um die Ecke, um frische Brötchen zu kaufen. Die Backwaren befinden sich in einem Selbstbedienungsregal; der Kunde entnimmt so viele Backwaren, wie er möchte, und befördert sie eigenständig in bereitgelegte Papiertüten. Dazu liegen diverse Brötchenzangen bereit. Auf dem Regal ist gut sichtbar ein Schild mit folgender Aufschrift angebracht: „Berühren verpflichtet zum Kauf. Entnommene Ware darf nicht zurückgelegt werden." Noch etwas verschlafen nimmt A zunächst mehrere Croissants mit der Brötchenzange aus dem Regal und packt sie in eine Papiertüte. Erst danach entdeckt er die köstlich aussehenden Mohnbrötchen. Er nimmt zwei der Croissants wieder aus seiner Papiertüte heraus – die erste umständlich mit der Brötchenzange, die zweite schnell mit der Hand. Sodann nimmt er zwei Mohnbrötchen – ebenfalls mit der Hand – aus dem Regal und legt sie in seine Papiertüte. Liegt bereits ein Vertragsschluss vor? Wenn ja: Welche Brötchen sind Teil des Vertrags geworden? Prüfen Sie gutachterlich und lesen Sie *Henke*, JA 2017, 339 ff.

Fall 3: Flugticket

Vertragsschluss unter Einsatz elektronischer Kommunikationsmittel
BGHZ 195, 126 = BGH NJW 2013, 598 (m. Anm. *Hopperdietzel*)

I. Sachverhalt

Der Kläger buchte über das Internetportal des beklagten Luftfahrtunternehmens Flüge von Dresden über Frankfurt aM nach Larnaca und zurück für zwei Personen. In die Buchungsmaske gab er unter der Rubrik „Person 1" seinen Vor- und Zunamen ein. Unter der Rubrik „Person 2" trug er in die Felder für die Eingabe des Vor- und Zunamens jeweils „noch unbekannt" ein. Die Buchungsmaske der Beklagten enthielt folgenden Hinweis: „Bitte beachten Sie, dass eine Namensänderung nach erfolgter Buchung nicht mehr möglich ist und der Name mit dem Namen in Ihrem Ausweis übereinstimmen muss."

Die Beklagte übermittelte dem Kläger eine Buchungsbestätigung und zog den Preis für zwei Hin- und Rückflüge in Höhe von insgesamt 365,42 Euro per Lastschrift vom Konto des Klägers ein. Als der Kläger der Beklagten telefonisch den Namen der zweiten mit ihm reisenden Person angeben wollte, teilte ihm die Beklagte mit, dass die Nachbenennung eine zu diesem Zeitpunkt nicht mehr mögliche Namensänderung darstelle; der Kläger könne lediglich die Buchung stornieren und für die zweite Person neu buchen. Von dieser Möglichkeit machte der Kläger keinen Gebrauch. Er trat die Reise alleine an und verlangt wegen der Buchung für die zweite Person Rückzahlung des Flugpreises.

II. Zentrale Probleme

Ob dem Kläger der geltend gemachte Anspruch zusteht, hängt davon ab, ob und wenn ja worüber sich die Parteien geeinigt haben. Das ist durch Auslegung der Erklärungen von Kläger und Beklagter zu ermitteln. Ergibt die Auslegung, dass die beiden Parteien einen Personenbeförderungsvertrag gemäß § 631 BGB geschlossen haben, nach dem dem Kläger ein nachträgliches Namensbestimmungsrecht zusteht, könnte sich die Beklagte mit ihrer Weigerung gemäß § 280 Abs. 1 BGB schadensersatzpflichtig gemacht haben. Sie würde dem Kläger dann Ersatz in Höhe des Preises für das zweite Ticket schulden. Liegt zwar ein wirksamer Vertragsschluss vor, gibt der Vertrag dem Kläger aber kein Recht, den Namen des zweiten Reisenden nachträglich zu bestimmen, hat er womöglich keinen vertraglichen Anspruch gegen die Beklagte. Sind die Erklärungen von Kläger und Beklagter so auszulegen, dass die Parteien keinen Vertrag über das zweite Ticket geschlossen haben, so kann der Kläger gegen die Beklagte unter Umständen einen bereicherungsrechtlichen Anspruch gemäß § 812 Abs. 1 S. 1 Var. 1 BGB auf Rückzahlung des zu viel gezahlten Betrages geltend machen.

III. Die Entscheidung des BGH

Zu Beginn seiner Urteilsbegründung beleuchtet der BGH kurz das „Setting" der Interaktion zwischen den Parteien und beantwortet die Frage, ob sich daraus besondere Anforderungen an den Vertragsschluss ergeben:

▶ [13] Im Streitfall sollte der Beförderungsvertrag unter Einsatz elektronischer Kommunikationsmittel abgeschlossen werden. Mit der über das Internet bereitgestellten Buchungsmaske für ihr Flugangebot bedient sich die Beklagte eines Tele- oder Mediendiensts, den potenzielle Kunden individuell elektronisch zum Zwecke einer Bestellung abrufen können und mit dem diese ihre Bestellung auch wiederum elektronisch an den Anbieter übermitteln können. Damit ist der Anwendungsbereich des § 312g BGB [aF, heute § 312i BGB] eröffnet. Diese Bestimmung regelt allerdings lediglich die Pflichten eines Unternehmers, der am elektronischen Geschäftsverkehr teilnimmt. Das Zustandekommen eines Vertrags auf elektronischem Weg richtet sich mangels einer besonderen Regelung nach den allgemeinen Vorschriften der §§ 145 ff. BGB. ◀

45 Sodann widmet sich das Gericht den Erklärungen der Parteien. Es untersucht kurz, wer wann das Angebot abgegeben hat:

▶ [14] Das Berufungsgericht ist zutreffend davon ausgegangen, dass es sich bei den über die Buchungsmaske der Beklagten buchbaren Flügen nicht um ein verbindliches Angebot gemäß § 145 BGB handelt, sondern dass die Beklagte insoweit lediglich zur Abgabe von Angeboten aufgefordert hat. Erst in dem Ausfüllen der Buchungsmaske durch den Kläger [...] ist ein Angebot zum Abschluss eines Vertrags über die Luftbeförderung des Klägers und einer weiteren Person von Dresden nach Larnaca und zurück zu sehen. ◀

46 Die zentrale Frage des Falls besteht darin, ob die Beklagte dieses Angebot gemäß § 147 BGB angenommen hat. Das Berufungsgericht hatte dies bejaht – nach Ansicht des BGH zu Unrecht und unsauber:

▶ [15] Das Berufungsgericht meint zu Unrecht, dass die Beklagte das Angebot des Klägers auch hinsichtlich des für einen „noch unbekannt(en)" Passagier gebuchten Flugs angenommen hat. Das Berufungsgericht hat insoweit ausgeführt, dass durch die Annahme des Angebots des Klägers durch die Beklagte ein Beförderungsvertrag mit den vom Kläger eingegebenen Passagierdaten, das heißt mit der Namensangabe „noch unbekannt" zu Stande gekommen sei, ohne jedoch im Einzelnen festzustellen, wann und mit welcher Handlung die Beklagte das Angebot des Klägers angenommen haben soll. Insbesondere fehlt es an einer Feststellung, dass die Buchungsbestätigung der Beklagten [...] mit einer Annahmeerklärung verbunden worden ist. Der Kläger hat einen Ausdruck der Buchungsbestätigung im Verfahren vorgelegt. Da somit weitere tatsächliche Feststellungen im Zusammenhang mit einer möglichen Annahmeerklärung nicht zu erwarten sind, kann der Senat die Auslegung der Buchungsbestätigung selbst vornehmen. ◀

47 Der BGH legt der Auslegung nicht die Erkenntnismöglichkeiten des verwendeten Computersystems, sondern den Horizont des menschlichen Adressaten zugrunde:

▶ [17] Die von dem Kläger und der Beklagten unter Einsatz deren Computersystems abgegebenen Erklärungen stimmen zwar nach ihrem äußeren Anschein überein. Der Kläger hat in die Namensfelder für den zweiten Fluggast zweimal die Worte „noch unbekannt" eingetragen, und die Beklagte hat in der von ihr übersandten Buchungsbestätigung diese Angabe übernommen. Für die Auslegung dieser Erklärungen ist aber nicht auf die automatisierte Reaktion des Computersystems abzustellen, dessen sich die Beklagte für die Abwicklung des Buchungsvorgangs bediente. Nicht das Computersystem, sondern die Person (oder das Unternehmen), die es als Kommunikationsmittel nutzt, gibt die Erklärung ab oder ist Empfänger der abgegebenen Erklärung. Der Inhalt der Erklärung ist mithin nicht danach zu bestimmen, wie sie das automatisierte System voraussichtlich deuten und verarbeiten wird, sondern danach, wie sie der menschliche Adressat nach Treu und Glauben und der Verkehrssitte verstehen darf. Allein ein solches Verständnis steht mit den §§ 133, 157 BGB und den hierzu entwickelten Auslegungsgrundsätzen in Einklang. ◀

III. Die Entscheidung des BGH

Nach Erörterung der allgemeinen Auslegungsgrundsätze[1] führt das Gericht fort:

▶ [19] Diese Auslegungsgrundsätze gelten auch, wenn bei der Abgabe und dem Empfang von Willenserklärungen elektronische Kommunikationsmittel genutzt werden. Dafür spricht die gesetzliche Regelung der Pflichten im elektronischen Geschäftsverkehr. § 312g I Nr. 3 BGB [aF, heute § 312i Abs. 1 Nr. 3 BGB] sieht für den Fall, dass ein Vertrag unter Einsatz elektronischer Kommunikationsmittel geschlossen werden soll, vor, dass der Unternehmer den Zugang der Bestellung unverzüglich auf elektronischem Wege zu bestätigen hat. Diese Bestätigung der Bestellung stellt in der Regel eine reine Wissens- und keine Willenserklärung dar. Gleichwohl ist nicht ausgeschlossen, dass der Unternehmer diese Wissenserklärung mit einer Willenserklärung, sei es mit der Annahme oder sei es mit der Ablehnung des Angebots, verbindet. Der Charakter der Erklärung ist entsprechend den allgemeinen Regeln in §§ 133, 157 BGB nach dem objektiven Empfängerhorizont zu bestimmen. Eine automatisierte Erklärung kommt daher grundsätzlich auch als Annahme des Angebots in Betracht, wenn es sich nicht nur um die Bestätigung des Eingangs einer Bestellung iS von § 312g I Nr. 3 BGB [aF, heute § 312i Abs. 1 Nr. 3 BGB] handelt, sondern mit ihr die vorbehaltlose Ausführung der Bestellung angekündigt wird. Ebenso kann auch im elektronischen Geschäftsverkehr die Annahme konkludent erklärt werden, so wenn die gewünschte Leistung bewirkt wird oder sonstige dem Antrag entsprechende Handlungen vorgenommen werden.

[20] Ein solcher Fall liegt hier aber nicht vor. Die Beklagte musste die Buchung des Klägers für einen zweiten Fluggast mit der Angabe in den Namensfeldern „noch unbekannt" zwar dahin verstehen, dass sich der Kläger das Recht vorbehalten wollte, die mitreisende Person nachträglich zu bestimmen. Aus der Sicht des Klägers war in dem automatisierten Verfahren die Eingabe der Wörter „noch unbekannt", die nach allgemeinem Verständnis keinen Namen einer Person darstellen, akzeptiert worden. Darüber musste sich auch die Beklagte, die nach unbestrittenem Vortrag wegen des damit verbundenen hohen Kostenaufwands keine Prüfungsroutine bezüglich der Namensangaben in ihrem Computersystem installiert hatte, im Klaren sein. Gleichwohl hat die Beklagte dieses Angebot des Klägers aber nicht angenommen und diesem durch die Absendung der Buchungsbestätigung nicht das Recht eingeräumt, die Person des zweiten Fluggasts nachträglich zu bestimmen. Denn die Beklagte hatte die nachträgliche Bestimmungsmöglichkeit durch den Hinweis in der Buchungsmaske ausdrücklich ausgeschlossen und damit deutlich gemacht, dass für sie die Benennung der Person des Reisenden, die zudem durch Vorlage eines Ausweises identifizierbar sein sollte, ein wesentlicher Punkt des Beförderungsvertrags war, über den bei Vertragsabschluss Klarheit bestehen sollte. Davon musste auch der Kläger bei Erhalt der Buchungsbestätigung bei objektiver Betrachtung ausgehen. Er hatte keinen Anlass für die Annahme, mit der – entsprechend der von ihm offenbar nicht veränderten Voreinstellung – auf einen männlichen Passagier „Mr. Noch unbekannt" lautenden Buchungsbestätigung nicht nur die automatisierte Reaktion des Buchungssystems, sondern die Erklärung der Beklagten zu erhalten, dass sie ihm das mit der zweckwidrigen Verwendung der Buchungsmaske nachgefragte Bestimmungsrecht tatsächlich einräumen wollte.

[21] Nach alledem haben die Parteien mit den abgegebenen Erklärungen jedenfalls hinsichtlich des für „noch unbekannt" gebuchten Flugs keinen Beförderungsvertrag geschlossen, da sie sich nicht über die Person des oder der zweiten Reisenden und damit nicht über alle Punkte geeinigt hatten, über die nach Erklärung auch nur einer (Vertrags-)Partei – hier der Beklagten – eine Vereinbarung getroffen werden sollte (§ 154 Abs. 1 S. 1 BGB). ◀

---

1 Siehe dazu Fall 2 – Selbstbedienungstankstelle.

49 Die Buchungsbestätigung enthielt nach Auffassung des BGH also keine Annahme des klägerischen Angebots. Auch als die Beklagte die Kosten für zwei Hin- und Rückflüge vom Konto des Klägers abgebucht habe, habe sie dessen Angebot nicht angenommen:

▶ [22] [...] Auch die Abbuchung des Reisepreises kann jedenfalls deshalb nicht als Annahmeerklärung der Beklagten gewertet werden, weil eine Willensübereinstimmung hinsichtlich des Inhalts des Beförderungsvertrags insoweit nicht erzielt worden ist. Weder durfte der Kläger nach den Angaben in der Buchungsmaske der Beklagten annehmen, dass ihm die Beklagte die nachträgliche Benennung eines Mitreisenden gestatten wollte, noch musste er die Abbuchung dahin verstehen, dass die Beklagte sich zur Beförderung eines Passagiers mit dem Namen „Noch unbekannt Noch unbekannt" verpflichten wollte. ◀

50 Hinsichtlich des zweiten Tickets haben Kläger und Beklagte mithin nach Ansicht des Gerichts keinen Vertrag geschlossen. Der Kläger hat keine vertraglichen Schadensersatzansprüche gegen die Beklagte.

IV. Rechtliche Einordnung

51 1. Als das BGB am 1.1.1900 in Kraft trat, stand das Telefon am Anfang seiner Entwicklung. Welche Bedeutung die elektronische Kommunikation für unseren Alltag haben würde, war damals nicht vorhersehbar. Dementsprechend enthielt das BGB – mit Ausnahme von § 147 Abs. 1 S. 2 BGB – für lange Zeit keine speziellen Regeln für das Zustandekommen eines Vertrags unter Einsatz solcher technischen Mittel. Das änderte sich erst ab der Jahrtausendwende.[2] Besonders praxisrelevant sind die verbraucherschützenden Normen in §§ 312 ff. BGB, die mehrmals überarbeitet und neu sortiert wurden. Die Definition des Vertrags hat sich dadurch aber nicht geändert. Egal ob elektronische Kommunikation oder nicht: Für den Vertragsschluss bedarf es zweier übereinstimmender und mit Bezug aufeinander abgegebener Willenserklärungen (Angebot und Annahme, §§ 145 ff. BGB).[3]

52 2. Richtigerweise stellt der BGH zunächst (knapp) fest, dass das beklagte Luftfahrtunternehmen mit Einstellung eines Flugtickets in die Buchungsmaske noch kein Angebot abgegeben hat. Zu diesem Ergebnis gelangt das Gericht durch Auslegung.[4]

53 Bei der Auslegung empfangsbedürftiger Willenserklärungen – etwa eines Angebots/Antrags – ist gemäß §§ 133, 157 BGB zunächst den Interessen des Erklärungsempfängers Rechnung zu tragen. Was der Erklärende im Inneren wollte, ist dem Empfänger in aller Regel nicht ersichtlich. Ausgangspunkt ist für ihn das, was der andere nach außen erkennbar erklärt hat. Diese Erklärungszeichen darf der Empfänger nach Ansicht des BGH und der herrschenden Lehre grundsätzlich so verstehen, wie es ein objektiver Verkehrsteilnehmer in der Situation des Empfängers üblicherweise tun würde.[5]

54 Wenn die Beklagte allein dadurch ein gemäß § 145 BGB rechtlich bindendes Angebot zum Abschluss eines Vertrags abgeben würde, dass sie ein von jedermann buchbares Flugticket in ihr Online-Buchungssystem einstellt, wäre die Konsequenz: Der Vertragsschluss wäre perfekt, sobald jemand dieses Angebot annimmt, indem er oder sie den

---

2 Damals wurde auch die zweite Alternative von § 147 Abs. 1 S. 2 BGB „oder einer sonstigen technischen Einrichtung" in die Norm eingefügt.
3 Vgl. *Faust*, § 3 Rn. 1, 15; *Neuner*, § 28 Rn. 1, 4.
4 Siehe dazu Fall 2 – Selbstbedienungstankstelle.
5 Siehe nur BGHZ 36, 30 (33) = BGH NJW 1961, 2251 (2253); *Bork*, Rn. 527; *Köhler*, § 9 Rn. 7; *Leenen/Häublein*, § 5 Rn. 61 f.; *Leipold*, § 15 Rn. 12; *Medicus/Petersen*, BGB AT, Rn. 323; *Reimer*, S. 20; siehe dazu auch Fall 2 – Selbstbedienungstankstelle.

IV. Rechtliche Einordnung

Buchungsvorgang abschließt. Die Beklagte hätte keine Chance, sich ihren Vertragspartner auszusuchen, ihn also etwa auf seine Zahlungsfähigkeit hin zu überprüfen. Hinzu käme das Risiko, dass das Angebot zeitgleich und/oder aufgrund eines Systemfehlers mehrmals angenommen wird und es also zur Mehrfachbuchung eines Tickets kommt. Der Beklagten wäre dann die Erfüllung ihrer Verträge unmöglich iSv § 275 Abs. 1 BGB; sie würde sich gemäß §§ 280 Abs. 1, 3, 283 BGB schadensersatzpflichtig machen.

Beides würde ihren Interessen erkennbar widersprechen. Als die Beklagte das Ticket in ihr Buchungssystem einstellte, gab sie daher bei objektiver Auslegung nur eine Einladung an alle potenziellen Vertragspartner ab, ihrerseits ein Angebot zu unterbreiten (*invitatio ad offerendum*).

3. Anders ist die Situation für den Kläger, als er den Bestellbutton klickt.[6] In diesem Moment wird deutlich, dass er mit der Beklagten einen Vertrag zu den von ihr vorgeschlagenen Konditionen schließen möchte. Er unterbreitet damit ein Angebot, also eine empfangsbedürftige Willenserklärung, die dem Adressaten den Vertragsschluss in einer Weise anträgt, dass dieser ihn durch ein bloßes „Ja" zustande bringen kann. Fraglich ist aber, worauf sein Angebot genau gerichtet ist, welchen Inhalt es also hat. Dies ist ebenfalls durch Auslegung gemäß §§ 133, 157 BGB zu ermitteln.

a) Die soeben beschriebenen Auslegungsgrundsätze gelten auch dann, wenn die Kommunikation vollständig auf elektronischem Wege und sogar (teilweise) automatisiert erfolgt. Die zum Einsatz kommende Software stellt lediglich ein Werkzeug dar, das – nach aktuellem Stand der Technik – nicht in der Lage ist, einen eigenen Willen zu bilden und völlig autonom zu agieren. Für die Auslegung von Erklärungen im elektronischen Geschäftsverkehr ist daher auf die menschlichen Akteure hinter der Software abzustellen. Sie sind auch diejenigen, die sich die Folgen der Erklärungen zurechnen lassen müssen.

b) Vorliegend hat der Kläger zweifelsfrei zum Ausdruck gebracht, dass er einen Vertrag über die Beförderung von zwei Personen per Flugzeug von Dresden nach Larnaca und zurück zu den gewählten Zeiten abschließen möchte. Klar ist auch, dass er einer der beiden Passagiere sein soll. Fraglich ist aber, wie die Eingabe „noch unbekannt" in den Feldern für den Vor- und Zunamen des zweiten Reisenden zu verstehen ist.

Nach Ansicht des BGH würde ein objektiver Dritter nicht annehmen, dass „noch unbekannt noch unbekannt" der Name eines Menschen ist. Er würde die Formulierung so verstehen, dass der Kläger die gewählten Flüge gemeinsam mit einer zweiten Person antreten will, zum Zeitpunkt der Buchung aber noch nicht weiß, um wen es sich dabei handelt. Die Eingabe „noch unbekannt" enthält, so das Gericht, nach objektiver Auslegung den Antrag des Klägers, sich das einseitige Recht vorzubehalten, den oder die mitreisende Person nachträglich zu benennen.

Dieser Schluss ist nicht zwingend. Die Beklagte hat ihre Buchungsmaske so gestaltet, dass jeder abgefragten Information ein eigenes Feld zugewiesen ist. Eine Möglichkeit zur individuellen Verhandlung der Vertragsbedingungen besteht nicht. Damit bringt die Beklagte ihre Erwartung zum Ausdruck, dass die Felder bestimmungsgemäß, die Namensfelder also tatsächlich mit den Namen der Passagiere, ausgefüllt werden. Dafür spricht auch der Hinweis, dass eine nachträgliche Namensänderung nicht möglich ist und der angegebene Name mit dem Namen im Ausweis der Person übereinstimmen

---

6 Zu den rechtlichen Anforderungen an die Gestaltung des Bestellbuttons siehe § 312j Abs. 3 BGB.

muss. Der Kläger muss demnach davon ausgehen, dass seine Erklärung nicht von einem menschlichen Mitarbeiter der Beklagten gelesen, sondern durch eine Software automatisiert bearbeitet wird, wie es im elektronischen Geschäftsverkehr typischerweise der Fall ist.[7] Damit lässt sich seine Eingabe aus Sicht eines objektiven Empfängers auch dahin gehend verstehen, dass „noch unbekannt noch unbekannt" Vor- und Zuname des zweiten zu befördernden Passagiers sind.[8] Dass sich das Ergebnis der Auslegung damit objektiv von dem unterscheidet, was der Kläger subjektiv erklären wollte, ist dafür unbeachtlich.

61 4. Das Gericht untersucht sodann, ob die Beklagte das Angebot der Klägerin angenommen hat (vgl. § 147 BGB), als sie die Buchungsbestätigung versandte oder als sie den Preis für zwei Flugtickets vom Konto des Klägers abbuchte. Eine Annahme stellt eine solche Handlung dann dar, wenn sie die Erklärung enthält, dass sie dem Angebot des Klägers vorbehaltlos zustimmt, ohne dass dafür ein ausdrückliches „Ja" erforderlich ist. Ob diese Voraussetzung erfüllt ist, ist wiederum durch Auslegung zu ermitteln.

62 a) Eine Buchungsbestätigung ist, das stellt der BGH klar, in aller Regel keine Willens-, sondern eine Wissenserklärung. Der Unternehmer erfüllt damit die Pflicht, die ihm § 312i Abs. 1 S. 1 Nr. 3 BGB auferlegt, wenn er sich zum Vertragsschluss eines sogenannten Telemediums (Webseite, App etc.) bedient. Er muss den Zugang eines Angebots unverzüglich auf elektronischem Wege bestätigen. Die Buchungsbestätigung ist grundsätzlich nur die Information, das Angebot erhalten zu haben. Im Einzelfall kann die Auslegung aber ergeben, dass eine Buchungsbestätigung eine Annahme und also eine Willenserklärung ist.

63 Der BGH muss die Buchungsbestätigung in doppelter Hinsicht auslegen: Zunächst muss er untersuchen, ob sie eine Willenserklärung darstellt. Ist dies der Fall, so hat er im zweiten Schritt den genauen Inhalt der Erklärung zu ermitteln. In seinem Urteil widmet sich der BGH im Wesentlichen dem zweiten Schritt. Die erste Frage klingt aber indirekt an, wenn er schreibt: „Er [der Kläger] hatte keinen Anlass für die Annahme, mit der […] Buchungsbestätigung nicht nur die automatisierte Reaktion des Buchungssystems, sondern die Erklärung der Beklagten zu erhalten, dass sie ihm das mit der zweckwidrigen Verwendung der Buchungsmaske nachgefragte Bestimmungsrecht tatsächlich einräumen wollte."[9] Nur wenn die Buchungsbestätigung mehr als eine automatisierte Reaktion, nämlich eine Erklärung der Beklagten, darstellt, handelt es sich bei ihr um eine Willenserklärung. Dass dies der Fall ist, scheint der BGH nicht anzunehmen.

64 Gleichwohl legt er das Hauptaugenmerk seiner Analyse auf die Frage nach dem Erklärungsinhalt: Weil die Bestätigung selbst dann, wenn sie als Willenserklärung zu werten ist, inhaltlich vom klägerischen Angebot abweicht, stellt sie in jedem Fall keine Annahme des klägerischen Angebots dar, sondern allenfalls eine Ablehnung verbunden mit einem neuen Antrag (§ 150 Abs. 2 BGB). Mit dem Hinweis in der Buchungsmaske, dass eine spätere Namensänderung nicht mehr möglich sei und der angegebene Name mit dem Namen im Ausweis der Person übereinstimmen müsse, habe die Beklagte deutlich gemacht, dass die Benennung der Passagiere für sie unverhandelbar sei. Einem objektiven Dritten sei erkennbar gewesen, dass die Buchungsbestätigung automatisiert

---

7 *Janal*, AcP 215 (2015), 830 (835).
8 So LG Dresden BeckRS 2013, 365.
9 BGHZ 195, 126 Rn. 20 = BGH NJW 2013, 598.

und ungeprüft die nicht bestimmungsgemäß vorgenommenen Eingaben wiedergegeben habe. Die Beklagte habe mit der Buchungsbestätigung jedenfalls nicht erklärt, dass sie dem Kläger ein nachträgliches Namensbestimmungsrecht einräumen wolle. Sie habe seinen Antrag also nicht angenommen.

b) Auch die Abbuchung des Reisepreises für zwei Tickets könnte eine Annahme und damit eine Willenserklärung darstellen, obwohl sie nicht explizit auf das Angebot Bezug nimmt. Eine Willenserklärung muss nicht ausdrücklich erfolgen.[10] Sofern keine Formvorgaben bestehen, ist es auch möglich, seinen Willen durch schlüssiges Verhalten, also konkludent, zu äußern. So findet etwa der Vertragsschluss im Supermarkt konkludent statt. Der Kunde gibt sein Angebot dadurch ab, dass er die Ware auf das Kassenband legt. Indem der Kassierer die Ware über den Scanner zieht, wird konkludent die Annahme erklärt.

Damit ein Lastschrifteinzug vom Konto eines anderen eine konkludente Annahme darstellen kann, darf sich der abgebuchte Betrag nicht von der im Angebot ausgewiesenen Summe unterscheiden. Diese Voraussetzung ist vorliegend erfüllt. Die Beklagte hat – dem Angebot des Klägers entsprechend – den Preis für zwei Flugtickets vom Konto des Klägers abgebucht. Nach Ansicht des BGH stellt die Abbuchung gleichwohl keine Annahme dar, weil sich der objektiv erklärte Wille der Beklagten, kein nachträgliches Recht zur Namensbestimmung einzuräumen, mit der Abbuchung nicht geändert habe. Eine Begründung liefert er nicht. Höchstwahrscheinlich ist für ihn aber wiederum maßgeblich, dass der Vorgang erkennbar nur automatisierter Natur war. Damit lehnt der BGH einen Vertragsschluss hinsichtlich des Mitreisenden ab.

5. Kritisch wird das Urteil insbesondere aus folgendem Grund gesehen: Während der BGH bei der Auslegung des Angebots den Hinweis in der Buchungsmaske sowie die Automatisierung des Buchungsvorgangs unberücksichtigt lässt, sollen beide Umstände für die Auslegung der potenziellen Annahmeerklärungen von maßgeblicher Bedeutung sein. Hätte das Gericht bei der Auslegung einheitlich dieselben Maßstäbe angelegt, hätte es entweder geurteilt, dass ein objektiver Dritter die Eingabe „noch unbekannt" als Angebot auf Abschluss eines Vertrags verstehen würde, bei dem der Buchende den Namen nachträglich festlegen darf, weil es auf die Verständnismöglichkeiten der hinter der Computersoftware stehenden Menschen ankommt und diese die Eingaben tatsächlich lesen (und verstehen) würden. Dann würde aber ein objektiver Empfänger der Buchungsbestätigung diese auch so werten, als sei sie von jemandem verfasst worden, der die Buchung gelesen hat und auf sie reagiert. Oder das Gericht hätte geurteilt, dass die Erklärungen der Beklagten wegen des Hinweises in der Buchungsmaske und der Automatisierung des gesamten Vorgangs objektiv so zu verstehen sind, dass kein nachträgliches Namensbestimmungsrecht eingeräumt werden soll. Dann wären aber auch die Eingaben des Klägers aus Sicht eines objektiven Dritten nicht als Angebot zum Vertragsschluss inklusive eines solchen Rechts zu verstehen gewesen.[11]

V. Vertiefungsfragen

1. Hat der Kläger wegen des Tickets für den Mitreisenden einen Anspruch gegen die Beklagte aus Bereicherungsrecht, etwa nach § 812 Abs. 1 S. 1 Var. 1 BGB? Lesen

---

10 Siehe dazu auch Fall 2 – Selbstbedienungstankstelle.
11 *Janal*, AcP 215 (2015), 830 (838 f.).

Sie dazu Rn. 23 der Urteilsbegründung sowie die Anmerkung von *Hopperdietzel*, NJW 2013, 600 (601).
2. Steht dem Kläger für dieses Ticket eine Ausgleichszahlung wegen Nichtbeförderung nach Verordnung (EG) 261/2004 (Fluggastrechteverordnung) zu? Lesen Sie dazu Rn. 25 der Urteilsbegründung.
3. Wann haben Kläger und Beklagte den Vertrag über die Beförderung des Klägers abgeschlossen? Wenn man der Ansicht des BGH folgt, ist die Einigung – über die das Gericht nicht zu befinden hatte, weil sie nicht Gegenstand des Verfahrens war – wohl weder mit Zugang der Buchungsbestätigung noch mit Abbuchung des Reisepreises erfolgt. Eine Annahme setzt eine vorbehaltlose Akzeptanz des gesamten Angebots voraus. Möglicherweise beinhaltet die Buchungsbestätigung eine abändernde Annahme gemäß § 150 Abs. 2 BGB, also ein neues Angebot. Was genau wäre dann Inhalt dieses Angebots? Hat der Kläger das Angebot angenommen? Wenn ja, wann? Mit dem Einchecken? Mit dem Betreten des Flugzeugs? Argumentieren Sie!

Fall 4: Abbruchjäger

Vertragsschluss bei einer Internetauktion
BGH NJW 2011, 2643

I. Sachverhalt

Der Beklagte stellte am 23.8.2009 eine gebrauchte Digitalkamera nebst Zubehör bei eBay für sieben Tage zur Internetauktion mit einem Startpreis von 1 Euro ein. Am folgenden Tag um 18:06 Uhr beendete der Beklagte die Auktion vorzeitig. Zu diesem Zeitpunkt war der Kläger, der ein Maximalgebot von 357 Euro abgegeben hatte, mit dem aktuellen Gebotsbetrag von 70 Euro Höchstbietender. Die für die vorliegende Auktion maßgeblichen Allgemeinen Geschäftsbedingungen von eBay (im Folgenden: eBay-AGB) enthielten in § 10 Abs. 1 folgende Regelungen:

„¹Stellt ein Anbieter auf der eBay-Website einen Artikel im Angebotsformat Auktion ein, gibt er ein verbindliches Angebot zum Abschluss eines Vertrags über diesen Artikel ab. ²Dabei bestimmt der Anbieter einen Startpreis und eine Frist (Angebotsdauer), binnen derer das Angebot per Gebot angenommen werden kann. ³Der Bieter nimmt das Angebot durch Abgabe eines Gebots über die Bieten-Funktion an. ⁴Das Gebot erlischt, wenn ein anderer Bieter während der Angebotsdauer ein höheres Gebot abgibt. ⁵Bei Ablauf der Auktion oder bei vorzeitiger Beendigung des Angebots durch den Anbieter kommt zwischen Anbieter und Höchstbietendem ein Vertrag über den Erwerb des Artikels zu Stande, es sei denn der Anbieter war gesetzlich dazu berechtigt, das Angebot zurückzunehmen und die vorliegenden Gebote zu streichen. [...]"

In den auf der Website von eBay zugänglichen Hinweisen zum Auktionsablauf wird als Grund für eine vorzeitige Angebotsbeendigung unter anderem der Verlust des angebotenen Artikels genannt. Der Kläger forderte den Beklagten vergeblich zur Lieferung der Kamera auf. Er begehrt mit seiner Klage Schadensersatz in Höhe des Wertes der Kamera und des Zubehörs (1.200 Euro) abzüglich des Gebotsbetrags (70 Euro), insgesamt also 1.130 Euro. Der Beklagte beruft sich darauf, er sei zum vorzeitigen Abbruch der Auktion berechtigt gewesen, weil ihm die Kamera am Nachmittag des 24.8.2009 gestohlen worden sei.

II. Zentrale Probleme

Der Anspruch des Klägers auf Schadensersatz ist auf §§ 280 Abs. 1, 3, 281 BGB gestützt. Danach ist der Beklagte zum Schadensersatz statt der Leistung verpflichtet, wenn er schuldhaft (§ 280 Abs. 1 S. 2 iVm § 276 BGB) seine kaufvertragliche Pflicht aus § 433 Abs. 1 S. 1 BGB zur Übergabe und Übereignung der Digitalkamera verletzt hat. Der Schadensersatzanspruch setzt folglich ein bestehendes Schuldverhältnis zwischen den Parteien voraus, das Grundlage für die Erfüllungspflicht des Beklagten sein kann. Entscheidend für den Erfolg der Klage war daher das Zustandekommen eines wirksamen Kaufvertrags zwischen den Parteien. Bei Onlineauktionen gibt der Verkäufer den Antrag gemäß § 145 BGB ab, indem er die Sache in die Plattform einstellt. Der Vertrag kommt mit demjenigen zustande, der innerhalb der Laufzeit der Auktion das höchste Gebot abgibt und dadurch den Antrag des Verkäufers annimmt.

Der Beklagte hat die Auktion jedoch vor Ende der festgelegten Laufzeit abgebrochen. Fraglich ist, ob das Angebot dadurch erloschen ist oder ob der Kläger es trotz des

Abbruchs mit seinem Gebot von 70 Euro annehmen konnte. Grundsätzlich ist ein Angebot gemäß § 145 BGB ab Zugang beim Angebotsempfänger (§ 130 BGB) bindend. Der BGH musste sich daher mit der Frage befassen, ob der Beklagte mit dem Abbruch der Auktion sein Vertragsangebot ausnahmsweise zurücknehmen konnte. Wenn das der Fall ist, würde es an einer für einen Vertragsschluss mit dem Kläger erforderlichen Willenserklärung des Beklagten fehlen.

III. Die Entscheidung des BGH

72   Im Anschluss an seine frühere Rechtsprechung zum Vertragsschluss bei eBay geht der BGH davon aus, dass sich der Erklärungsinhalt der Willenserklärungen der an der Auktion beteiligten Kaufvertragsparteien auch nach den Bestimmungen der eBay-AGB richtet. In die Auslegung der Willenserklärungen sei daher auch die Bestimmung von § 10 Abs. 1 über das Zustandekommen eines Vertrags bei vorzeitiger Beendigung der Auktion einzubeziehen:

▶ [16] Indem der Beklagte auf der Website von eBay die Kamera nebst Zubehör mit einem Startpreis von 1 Euro zur Versteigerung anbot und die Auktion startete, gab er ein verbindliches Verkaufsangebot ab, das sich an den richtete, der innerhalb der auf sieben Tage angesetzten Laufzeit der Auktion das höchste Gebot abgibt. Dieser Erklärungsinhalt der Willenserklärung des Beklagten steht im Einklang mit § 10 Abs. 1 S. 1 und 2 eBay-AGB.

[17] Damit ist der Erklärungsinhalt des Angebots des Beklagten jedoch nicht vollständig erfasst. § 10 Abs. 1 S. 5 eBay-AGB räumt dem Anbietenden unter der dort genannten Voraussetzung das Recht ein, sein Angebot vor Ablauf der festgesetzten Auktionszeit zurückzunehmen, und regelt, dass bei einer berechtigten Rücknahme des Angebots kein Vertrag zu Stande kommt. Aufgrund dieser Bestimmung ist das Verkaufsangebot des Beklagten aus der Sicht der an der Auktion teilnehmenden Bieter (§§ 133, 157 BGB) dahin zu verstehen, dass es unter dem Vorbehalt einer berechtigten Angebotsrücknahme steht. Ein solcher Vorbehalt, der die Bindungswirkung des Verkaufsangebots einschränkt, verstößt auch nicht gegen die von der Revision herangezogenen Grundsätze über die Bindungswirkung eines Angebots (§§ 145, 148 BGB), sondern ist zulässig. Gemäß § 145 BGB kann der Antragende die Bindungswirkung seines Angebots ausschließen. Ebenso kann er sie einschränken, indem er sich den Widerruf vorbehält. Das ist hier der Fall. ◀

73   Nach Auffassung des BGH ergibt eine Auslegung von § 10 Abs. 1 S. 5 eBay-AGB unter Berücksichtigung der Hinweise zum Ablauf der Internetauktion, dass der Beklagte sein Angebot wegen des Diebstahls der Kamera zurücknehmen durfte. Aufgrund der berechtigten Angebotsrücknahme sei ein Kaufvertrag mit dem Kläger als dem im Zeitpunkt der Auktionsbeendigung Höchstbietenden nicht zu Stande gekommen:

▶ [22] Das Berufungsgericht ist bei der Auslegung von § 10 Abs. 1 S. 5 eBay-AGB vom Wortlaut ausgegangen, dabei aber nicht stehen geblieben. Es hat mit Recht angenommen, dass für das Verständnis dieser Bestimmung durch die Auktionsteilnehmer auch und gerade die erläuternden Hinweise von eBay zu der Frage, unter welchen Voraussetzungen ein Recht zur vorzeitigen Angebotsbeendigung besteht, von Bedeutung sind. Diese Erläuterungen über die „Spielregeln" der Auktion, die jedem Auktionsteilnehmer zugänglich sind, beeinflussen das wechselseitige Verständnis der Willenserklärungen der Auktionsteilnehmer und sind deshalb auch maßgebend für den Erklärungsinhalt des Vorbehalts einer berechtigten Angebotsrücknahme, unter dem jedes Verkaufsangebot gemäß § 10 Abs. 1 S. 5 eBay-AGB steht.

[23] Unter Berücksichtigung dieser Hinweise hat das Berufungsgericht mit Recht angenommen, dass die Bezugnahme in § 10 Abs. 1 S. 5 eBay-AGB auf eine „gesetzliche" Berechtigung zur Angebotsbeendigung nicht im engen Sinn einer Verweisung nur auf die gesetzlichen Bestimmungen über die Anfechtung von Willenserklärungen (§§ 119 ff. BGB) zu verstehen ist. Nach den rechtsfehlerfreien Feststellungen des Berufungsgerichts wird in den Hinweisen von eBay zur Angebotsbeendigung auch der Verlust des Verkaufsgegenstands, worunter auch ein Diebstahl fällt, als rechtfertigender Grund für eine vorzeitige Angebotsbeendigung aufgeführt. Das Berufungsgericht hat deshalb mit Recht angenommen, dass § 10 Abs. 1 S. 5 eBay-AGB hinsichtlich der Bezugnahme auf eine „gesetzliche" Berechtigung zur Angebotsbeendigung unscharf formuliert ist und auch den Fall des Diebstahls der angebotenen Sache erfasst. Aus den Hinweisen zur Auktion ist damit für alle Auktionsteilnehmer ersichtlich, dass der Anbieter berechtigt ist, das Verkaufsangebot wegen Diebstahls der Sache zurückzuziehen, und sein Angebot unter diesem Vorbehalt steht. Auch für den Kläger war das Verkaufsangebot des Beklagten so zu verstehen. Ob der Kläger von den Hinweisen zur Auktion tatsächlich Kenntnis genommen hat, ist für die Bestimmung des objektiven Erklärungswerts des Angebots des Beklagten (§§ 133, 157 BGB) unerheblich. [...]

[26] Die aus den Hinweisen abzuleitende Auslegung von § 10 Abs. 1 S. 5 eBay-AGB dahin gehend, dass auch der Verlust des Verkaufsgegenstands zur Angebotsrücknahme berechtigt, verstößt auch nicht [...] gegen die allgemeinen Regeln des Leistungsstörungsrechts (§§ 275 ff. BGB). Eine Anwendung der §§ 275 ff. BGB setzt einen zu Stande gekommenen Vertrag voraus. Daran fehlt es hier, weil das Angebot des Verkäufers, wie ausgeführt, nach § 10 Abs. 1 S. 5 eBay-AGB unter dem Vorbehalt einer berechtigten Angebotsrücknahme steht und deshalb kein Vertrag zu Stande kommt, wenn – wie im vorliegenden Fall – wegen Diebstahls des Verkaufsgegenstands ein zur Rücknahme des Angebots berechtigender Grund vorliegt. ◀

IV. Rechtliche Einordnung

1. Das Urteil ist die erste einer ganzen Reihe von Entscheidungen zu den Voraussetzungen und Rechtsfolgen eines vorzeitigen Auktionsabbruchs bei eBay.[1] Da die eBay-AGB bei einem unberechtigten Abbruch der Auktion von einem Vertragsschluss mit dem Höchstbietenden ausgehen, haben sogenannte „Abbruchjäger" ein lukratives Geschäftsmodell entwickelt: Sie geben bei Auktionen Minimalgebote auf hochwertige Artikel ab und spekulieren darauf, dass der Anbieter sein Angebot ohne eine entsprechende Berechtigung – insbesondere wegen eines Verkaufs außerhalb der Auktion – vorzeitig beendet. Wenn der Abbruchjäger zu diesem Zeitpunkt noch Höchstbietender ist, unter Umständen sogar mit dem Startpreis von 1 Euro, kommt dadurch nach den eBay-AGB ein Kaufvertrag zustande, der den Verkäufer zum Schadensersatz statt der Leistung bzw. zur Erlösherausgabe gemäß § 285 BGB verpflichtet, wenn der Verkäufer den Artikel bereits anderweitig veräußert hat. Sieht man den Schaden des Bieters in der Differenz zwischen dem Wert des angebotenen Artikels und dem (typischerweise geringen) Höchstgebot, so können auf Kosten unvorsichtiger Verkäufer im Extremfall erhebliche Gewinne erzielt werden.[2]

---

1 Siehe neben dem hier besprochenen Fall BGH NJW 2014, 1292; BGH NJW 2015, 548; BGH NJW 2015, 1009; BGH NJW 2016, 395; BGH NJW 2017, 487; BGH NJW 2019, 2475; BGH MMR 2022, 292.
2 Siehe etwa BGH NJW 2015, 548: gebrauchter VW Passat (behaupteter Wert 5.250 Euro) für 1 Euro; BGH NJW 2015, 1009: Stromaggregat (behaupteter Wert: 8.500 Euro) für 1 Euro; OLG Koblenz MMR 2009, 630: Porsche Carrera (behaupteter Wert: 75.005,50 Euro) für 5,50 Euro; OLG Hamm MMR 2014, 108: Pkw für 7,10 Euro; LG Gießen BeckRS 2013, 15862: Jetski (behaupteter Wert: 4.500 Euro) für 5,50 Euro.

75 2. Schon zuvor hatte sich der BGH in zahlreichen Entscheidungen mit dem Zustandekommen und der Auslegung von (Kauf-)Verträgen über die Auktions-Plattform eBay befasst.³ Dabei stellen sich verschiedene Probleme:

76 a) Fraglich ist zunächst die Anwendbarkeit des § 156 BGB. Nach § 156 S. 1 BGB kommt bei einer Versteigerung der Vertrag durch den Zuschlag zustande. Dabei stellt das Gebot einen Vertragsantrag des Bieters dar, während der Zuschlag die nicht empfangsbedürftige Annahmeerklärung des Versteigerers beinhaltet.⁴ Der Versteigerer handelt in der Regel im Namen des Einlieferers; dieser wird dann Vertragspartner des Bieters.⁵ Die Bezeichnung als „Auktion" legt nahe, dass auch die auf Internethandelsplattformen wie eBay veranstalteten Online-Auktionen Versteigerungen iSv § 156 BGB darstellen.⁶ Nach heute wohl einhelliger Auffassung findet § 156 BGB jedoch auf eine über die Auktionsplattform von eBay durchgeführte Internetauktion keine Anwendung.⁷ Dies wird damit begründet, dass es bei Auslegung der von den Beteiligten abgegebenen Erklärungen nach §§ 133, 157 BGB an einem Zuschlag des Plattformbetreibers fehlt.⁸ Vielmehr wird der Vertrag gemäß §§ 145 ff. BGB unmittelbar durch die Willenserklärungen von Verkäufer und Käufer – also durch Antrag und Annahme – geschlossen.

77 b) Wenn danach der Vertragsschluss unmittelbar durch die Willenserklärungen von Verkäufer und Käufer zustande kommt, ist dennoch fraglich, worin der Vertragsantrag zu sehen ist.

78 Teilweise wird vertreten, auch bei Online-Auktionen stelle das Einstellen des zu versteigernden Artikels wie bei anderen Versteigerungen nach § 156 BGB noch keine verbindliche Willenserklärung dar, da aus dem „Angebot" weder der zukünftige Vertragspartner noch der Kaufpreis zu entnehmen sei. Eine davon abweichende Konstruktion eines Vertragsschlusses könnten die Parteien zwar privatautonom vereinbaren; wenn der Erklärungsinhalt aber von den AGB des Auktionshauses vorgegeben werde, seien diese wegen Verstoßes gegen die gesetzliche Wertung des § 156 BGB nach § 307 Abs. 2 Nr. 1 BGB nichtig und eine entsprechende Willenserklärung des Anbietenden unwirksam.⁹

---

3 Siehe zB BGHZ 149, 129 = BGH MDR 2002, 208; BGH NJW 2005, 53; BGHZ 189, 346 = BGH NJW 2011, 2421; BGH NJW 2011, 2643; BGH NJW 2015, 1009. Siehe auch Fall 5 – Beschreibung lesen.
4 BGHZ 138, 339 (342) = BGH NJW 1998, 2350.
5 Grüneberg/*Ellenberger*, § 156 Rn. 1.
6 Ausdrücklich offen gelassen in BGHZ 149, 129 (133) = BGH NJW 2002, 363 (364).
7 BGH NJW 2005, 53 (54); BGH NJW 2010, 989 Rn. 25; BGHZ 211, 331 Rn. 34 f. = BGH NJW 2017, 468; MüKo-BGB/*Busche*, § 156 Rn. 3 mwN; ebenso zur Plattform ricardo.de BGHZ 149, 129 (133) = BGH NJW 2002, 363 (364). Bedeutung hatte die Unanwendbarkeit des § 156 BGB vor allem für das Bestehen eines Widerrufsrechts für den Fall, dass es sich bei dem über die Internetplattform geschlossenen Vertrag um einen Fernabsatzvertrag (vgl. die Definition in § 312c Abs. 1 BGB) handelt. Denn § 312d Abs. 4 Nr. 5 BGB sah in seiner bis zum 21.7.2013 geltenden Fassung einen Ausschluss des Widerrufsrechts nur für Fernabsatzverträge vor, die in der Form von Versteigerungen iSv § 156 BGB geschlossen werden. Davon waren nach hM die ohne einen Zuschlag geschlossenen Internetauktionen nicht erfasst, bei Vorliegen der übrigen Voraussetzungen hatte der Verbraucher mithin ein Widerrufsrecht. In Umsetzung der Verbraucherrechte-Richtlinie 2011/83/EU vom 25.10.2011 (ABl. L 304/64) enthält § 312g Abs. 2 Nr. 10 BGB nF nunmehr aber eine eigenständige Definition der „öffentlich zugänglichen Versteigerung", so dass es für den Ausschluss des Widerrufsrechts auf § 156 BGB nicht mehr ankommt. Durch die Beschränkung auf Vermarktungsformen, bei denen Verbraucher persönlich anwesend sind, ist vielmehr ausdrücklich klargestellt, dass Internetversteigerungen nicht von dem Ausschluss erfasst werden.
8 Zur Auslegung allgemein siehe Fall 2 – Selbstbedienungstankstelle.
9 So *Hager*, JZ 2001, 786 (787 ff.).

IV. Rechtliche Einordnung

In Bezug auf eBay geht die heute ganz herrschende Meinung dagegen davon aus, dass der Verkäufer derjenige ist, der den auf Abschluss eines Kaufvertrags gerichteten Antrag abgibt, indem er einen Artikel bei eBay einstellt und die Internetauktion startet, vgl. § 6 Nr. 2 eBay-AGB.[10] Denn der Erklärungsinhalt der wechselseitigen Willenserklärungen der Parteien richtet sich auch nach den AGB der Auktionsplattform, die im Rahmen von §§ 133, 157 BGB als Auslegungsgrundlage heranzuziehen sind.[11] Diese werden zwar selbst nicht Bestandteil des zwischen dem Verkäufer und dem Bieter geschlossenen Kaufvertrags.[12] Weder der Verkäufer noch der Käufer unterfallen dem Verwenderbegriff des § 305 Abs. 1 BGB, weshalb die AGB des Plattformbetreibers im Verhältnis der Nutzer untereinander lediglich Drittbedingungen, aber keine AGB darstellen. Es ist aber grundsätzlich davon auszugehen, dass die Beteiligten sich an die Regeln halten wollen, die ihnen der Plattformbetreiber vorgibt und denen sie mit ihrer Anmeldung zugestimmt haben.[13] Dass die Person des Vertragspartners und der endgültige Kaufpreis noch nicht feststehen, wenn der Artikel eingestellt wird, steht der Bestimmtheit des Antrags nicht entgegen. Es ist zweifelsfrei erkennbar, dass der Verkäufer nur mit demjenigen Auktionsteilnehmer einen Vertrag schließen will, der innerhalb des festgelegten Angebotszeitraums das Höchstgebot abgibt (*offerta ad incertam personam*).[14]

79

c) Der Vertrag kommt dann mit demjenigen zustande, der innerhalb der Laufzeit der Auktion das höchste Gebot abgibt und dadurch den Antrag des Verkäufers annimmt. eBay fungiert dabei als Empfangsvertreter des Bieters gemäß § 164 Abs. 3 BGB.[15] Uneinheitlich wird nur beurteilt, wie die Gebote der letztlich unterlegenen Bieter rechtlich zu qualifizieren sind. Auch diese Gebote sind darauf gerichtet, das Angebot des Verkäufers anzunehmen, und stellen für eine gewisse Zeit – bis zur Abgabe eines höheren Gebotes – das Höchstgebot dar. Wenn aber jedes dieser Gebote zu einem Vertragsschluss führen würde, wäre der Verkäufer uU durch eine Vielzahl von Verträgen gebunden, obwohl er ersichtlich nur gegenüber dem Höchstbietenden eine rechtliche Verpflichtung eingehen will. In ihrer aktuellen Fassung sehen die eBay-AGB in § 7 Nr. 5 daher vor, dass die Annahme des Antrags unter der aufschiebenden Bedingung erfolgt, dass der Bieter nach Ablauf der Angebotsdauer (noch) Höchstbietender ist. Diese Regelung ist bei der Auslegung der Erklärung des Bieters zu berücksichtigen (siehe dazu unten Rn. 82 ff.).

80

---

10 BGH NJW 2005, 53 (54); LG Berlin NJW 2004, 2831 (2832); Erman/*Armbrüster*, § 145 Rn. 7; BeckOK-BGB/*H.-W. Eckert*, Stand: 1.5.2022, § 145 Rn. 41; Grüneberg/*Ellenberger*, § 156 Rn. 3. Der BGH hatte in seiner Entscheidung zur Auktionsplattform ricardo.de (BGHZ 149, 129 (132) = BGH NJW 2002, 363 (364)) noch offen gelassen, ob in der Willenserklärung des Anbietenden ein Verkaufsangebot zu sehen sei, welches der Bieter durch das Höchstgebot annehme, oder ob die Erklärung des Bietenden eine vorweg erklärte (antizipierte) Annahme des vom Bieter abgegebenen Höchstgebots darstelle. Dies beruhte allerdings darauf, dass sowohl die AGB als auch die auf der Angebots-Seite enthaltene Erklärung die zweite Variante vorsahen. § 7 Nr. 2 der eBay-AGB bestimmt dagegen ausdrücklich, dass der Verkäufer mit dem Einstellen eines Artikels im Auktions- oder Festpreisformat ein verbindliches Angebot zum Abschluss eines Vertrags über diesen Artikel abgibt.
11 BGHZ 149, 129 (132) = BGH NJW 2002, 363 (364); BGH NJW 2011, 2643 Rn. 15, 22; BGH MMR 2012, 451 Rn. 29; BGH NJW 2014, 1292 Rn. 18; BGH NJW 2015, 1009 Rn. 19.
12 Vgl. BGHZ 149, 129 (132) = BGH NJW 2002, 363 (365); BGHZ 189, 346 Rn. 21 = BGH NJW 2011, 2421.
13 *Leenen/Häublein*, § 8 Rn. 132.
14 BGHZ 149, 129 (135) = BGH NJW 2002, 363 (364); LG Berlin NJW 2004, 2831 (2832). Siehe hierzu auch Fall 2 – Selbstbedienungstankstelle. Da sich das Angebot dort an alle Kunden der Tankstelle und damit an eine Vielzahl potenzieller Vertragspartner richtet, lässt sich insoweit, anders als hier, von einer *offerta ad incertas personas* sprechen. Die Begriffe werden aber vielfach synonym verwendet.
15 AG Menden NJW 2004, 1329.

81 3. Diese „Auslegungslösung" des BGH ist auch Ausgangspunkt für die Beurteilung der Abbruchfälle. Wenn die eBay-AGB bei der Auslegung der wechselseitigen Willenserklärungen gemäß §§ 133, 157 BGB berücksichtigt werden müssen, ist es nur konsequent, dass der BGH die Bestimmungen über den vorzeitigen Abbruch einer Auktion einbezieht, wenn er den Antrag des Verkäufers auslegt. Zu diesen Bestimmungen gehören nicht nur die unmittelbar in den AGB enthaltenen Regelungen (Rn. 17 des Urteils), sondern auch die hierzu auf der Website von eBay veröffentlichten Hinweise (Rn. 22 des Urteils). Der BGH legt das Angebot des Verkäufers aus Sicht der an der Auktion teilnehmenden Bieter daher dahin gehend aus, dass es unter dem Vorbehalt einer berechtigten Angebotsrücknahme steht.[16] Mit § 145 BGB ist diese Auslegung vereinbar, da die Vorschrift nach allgemeiner Auffassung dispositiv ist. Der Antragende kann die Bindung an seinen Antrag ausschließen oder beschränken, zum Beispiel indem er sich den Widerruf seines Antrags unter bestimmten Voraussetzungen vorbehält.[17]

82 4. Ein solcher Widerruf ist aber nur so lange möglich, wie das Angebot noch nicht angenommen und der angebotene Vertrag damit noch nicht zustande gekommen ist. Unproblematisch ist eine Angebotsrücknahme bei einer Onlineauktion daher nur bis zur Abgabe des ersten Gebots. Danach kommt es für die Widerruflichkeit des Angebots dagegen darauf an, wie man die Willenserklärung des Bieters auslegt:

83 a) Teilweise wird vertreten, die Abgabe eines Gebots erfolge unter der auflösenden Bedingung (§ 158 Abs. 2 BGB), dass bis zum Ablauf der Auktion ein höheres Gebot abgegeben wird.[18] Danach käme bereits durch das erste Gebot ein bindender Kaufvertrag zustande, von dem sich der Verkäufer nicht durch einen Widerruf seines Antrags einseitig wieder lösen kann. Die „Berechtigung" zur Rücknahme des Angebots ließe sich dann nur als vertragliches Rücktrittsrecht konstruieren.[19]

84 b) Nach der Gegenauffassung ist die Annahme des Antrags dagegen aufschiebend (§ 158 Abs. 1 BGB) dadurch bedingt, dass bis zum Ablauf der Angebotsdauer *keine* höheren Gebote abgegeben werden, der Bieter nach Ablauf der Angebotsdauer also (noch) Höchstbietender ist.[20] So sieht es auch die aktuelle Fassung der eBay-AGB in § 7 Nr. 5 vor.

85 c) Nach einer weiteren Auffassung, die auch der Rechtsprechung des BGH zugrunde liegt, richtet sich das Angebot bei Auslegung nach dem objektiven Empfängerhorizont von vornherein nur an den Höchstbietenden.[21] Für einen Bieter sei auch unter Berücksichtigung der eBay-AGB zweifelsfrei erkennbar, dass der Verkäufer nur mit demjenigen einen Vertrag schließen will, der innerhalb des von ihm festgelegten Angebotszeitraums das Höchstgebot abgibt.[22] Die Gebote anderer Bieter stellen dann keine Annahmeerklärungen, sondern ihrerseits Angebote auf Abschluss eines Kaufvertrags dar, die der Verkäufer jedoch nicht annimmt.[23]

86 d) Problematisch an der ersten Lösung ist, dass ein auflösend bedingtes Rechtsgeschäft bis zum Bedingungseintritt zunächst uneingeschränkte Rechtswirkungen zeitigt und

---

16 Ebenso BGH NJW 2014, 1292 Rn. 20; BGH NJW 2015, 1009 Rn. 14; BGH NJW 2016, 395 Rn. 16.
17 BGH NJW 2011, 2643 Rn. 17.
18 So *Wagner/Zenger*, MMR 2013, 343 (345); *dies.*, MMR 2015, 104 (105).
19 So *Wagner/Zenger*, MMR 2013, 343 (346).
20 AG Menden NJW 2004, 1329; *Leenen/Häublein*, § 8 Rn. 134.
21 BGH NJW 2011, 2643 Rn. 16; BGHZ 211, 331 Rn. 20 = BGH NJW 2017, 468; *Stieper*, MMR 2015, 627 (628).
22 BGHZ 149, 129 (133) = BGH NJW 2002, 363.
23 *Stieper*, MMR 2015, 627 (628); vgl. in diesem Sinne auch *Wagner/Zenger*, MMR 2013, 343 (344), die diese Lösung aber ablehnen.

IV. Rechtliche Einordnung

entsprechende Verpflichtungen der Parteien begründet. Infolge des jeweils zustande gekommenen Vertrags könnten daher beide Seiten bereits vor Auktionsende Erfüllung verlangen, wenn man nicht in den Vertrag eine Stundungsabrede hineinliest[24] oder den Vertragsschluss zusätzlich unter die aufschiebende Bedingung (oder Befristung) des Auktionsendes stellt.[25] Nach den anderen beiden Auffassungen kommt ein Vertrag erst mit Ablauf der Auktion zustande, so dass vor diesem Zeitpunkt das Angebot – bei einer entsprechenden Berechtigung des Verkäufers – widerrufen werden kann.

5. Fraglich ist aber, für welche Fälle die eBay-AGB einen solchen Widerruf gestatten. Der vorliegenden Entscheidung lag eine Fassung der AGB zugrunde, die eine vorzeitige Angebotsbeendigung nur für den Fall vorsah, dass der Verkäufer „gesetzlich" dazu berechtigt ist, das Angebot zurückzunehmen.

a) Zum Teil wird diese Beschränkung lediglich als Hinweis auf die vom Gesetzgeber in §§ 119 ff. BGB vorgesehene Anfechtungsmöglichkeit gewertet.[26] Danach hängt das Recht des Verkäufers, seinen Antrag auf Abschluss eines Kaufvertrags mit dem Höchstbietenden zurückzunehmen, vom Vorliegen eines Anfechtungsrechts gemäß §§ 119, 120 BGB ab.[27]

b) Der BGH meint hingegen, aufgrund der erläuternden Hinweise von eBay sei für alle Auktionsteilnehmer ersichtlich, dass der Hinweis auf eine „gesetzliche" Berechtigung nicht „im engen Sinn einer Verweisung nur auf die gesetzlichen Bestimmungen über die Anfechtung von Willenserklärungen zu verstehen" sei, sondern etwa auch die Zurücknahme wegen eines Verlusts oder Diebstahls der Sache erfasse (Rn. 23 des Urteils).[28] Außerdem stehe ein auf Grundlage dieser eBay-Bedingungen abgegebenes Angebot unter dem Vorbehalt, dass es nur gegenüber einzelnen Bietern und nur dann zurückgenommen werde, wenn hierzu ein berechtigter Grund nach den Bedingungen besteht.[29] Als Grund kämen dabei allerdings ausschließlich Umstände in der Person des Bieters in Betracht, die Umständen vergleichbar sind, die zur Anfechtung des Angebots (§§ 119 ff. BGB) oder zum Rücktritt vom Vertrag (§ 323 Abs. 4 BGB) führen würden.[30]

c) Die aktuell geltenden eBay-AGB enthalten diese Beschränkung auf eine „gesetzliche" Berechtigung zur Angebotsrücknahme nicht mehr. Zudem ist die Passage über die Berechtigung der Angebotsrücknahme nunmehr als Hyperlink ausgestaltet, der den Nutzer bei Aktivierung direkt zu den entsprechenden Hilfeseiten führt. Es kann daher erwartet werden, dass ein Bieter die dort enthaltenen Hinweise über die Berechtigung des Verkäufers zur Angebotsrücknahme zur Kenntnis nimmt.[31] Der Streit um die erforderliche Qualität des Rücknahmegrundes dürfte sich dadurch erledigt haben. Bei Auslegung nach §§ 133, 157 BGB steht der Antrag des Verkäufers auf Abschluss eines Kaufvertrags unter dem Vorbehalt einer im Sinne dieser Hinweise „berechtigten" Rücknahme.

---

24 Dafür *Wagner/Zenger*, MMR 2013, 343 (345).
25 So noch *Leenen*, BGB Allgemeiner Teil: Rechtsgeschäftslehre, 2. Aufl. 2015, § 8 Rn. 134.
26 So KG MMR 2005, 709 (710); vgl. auch *Stieper*, MMR 2015, 627 (629).
27 Vgl. insoweit auch *Kulke*, NJW 2014, 1293.
28 Ebenso BGH NJW 2014, 1292 Rn. 23; BGH NJW 2015, 1009 Rn. 14; BGH NJW 2016, 395 Rn. 16.
29 BGH NJW 2016, 395 Rn. 19.
30 BGH NJW 2016, 395 Rn. 20.
31 Entgegen *Jerger*, GWS 2015, 114 (116) kommt es dafür auf die Qualifizierung der Hinweise auf den Hilfeseiten als AGB nicht an.

91 6. Problematischer ist die Lösung für den Fall, dass der Verkäufer die Auktion abbricht, obwohl ihm kein Recht zur Rücknahme seines Angebots zusteht. Ein wirksamer Vertragsschluss scheitert hier trotz eines etwaigen Missverhältnisses von Leistung und Gegenleistung jedenfalls nicht an § 138 Abs. 1 BGB.[32] Auch der Einwand unzulässiger Rechtsausübung (§ 242 BGB) steht dem Erfüllungsanspruch eines „Abbruchjägers" grundsätzlich nicht entgegen. Solange dessen Absicht nicht von vornherein auf das Scheitern des Vertrags gerichtet ist (er also den angebotenen Gegenstand gar nicht erwerben will, sondern nur auf den Abbruch der Auktion abzielt, um daraufhin Schadensersatzansprüche geltend machen zu können), ist es nicht missbilligenswert, wenn ein Bieter sich solche für den Verkäufer riskanten Auktionsangebote zunutze macht, um ein „Schnäppchen" zu erzielen.[33] Es macht gerade den Reiz einer Internetauktion aus, den Auktionsgegenstand zu einem Schnäppchenpreis zu erwerben, so dass der Verkäufer durch die Wahl eines unterhalb des Marktwertes liegenden Startpreises bewusst das Risiko eines für ihn ungünstigen Auktionsverlaufs eingeht.[34]

92 Der BGH geht daher bei einem unberechtigten Abbruch der Auktion von einem wirksamen Vertragsschluss mit dem aktuell Höchstbietenden aus.[35] Dafür muss er dem Angebot des Verkäufers im Wege der Auslegung nach §§ 133, 157 BGB eine Erklärung dahin gehend entnehmen, für den Fall des Abbruchs der Auktion den Vertrag mit dem in diesem Zeitpunkt Höchstbietenden schließen zu wollen.[36]

V. Vertiefungsfragen

93 1. Der BGH hat unterstellt, dass der Beklagte wegen des Diebstahls der Digitalkamera zum Abbruch der Auktion berechtigt war. Wer muss den Umstand, der zur Rücknahme des Angebots berechtigt, darlegen und im Bestreitensfall beweisen? Lesen Sie BGH NJW 2014, 1292 Rn. 22 und BGH NJW 2016, 395 Rn. 17.
2. Der BGH entnimmt den eBay-AGB einen Vorbehalt der Angebotsrücknahme, der die Bindung an den Antrag auch für den Fall ausschließt, dass dem Verkäufer ein Anfechtungsrecht nach § 119 Abs. 2 BGB wegen Irrtums über eine verkehrswesentliche Eigenschaft des angebotenen Artikels zusteht.[37] Darf der Verkäufer, der sich über eine verkehrswesentliche Eigenschaft der Kaufsache geirrt hat, überhaupt nach § 119 Abs. 2 BGB anfechten? Wie verhält sich das Anfechtungsrecht zu den Gewährleistungsrechten des Käufers wegen eines Mangels der Kaufsache (§§ 434 ff. BGB)? Lesen Sie die Anmerkung von *Kulke*, NJW 2014, 1293 sowie Fall 13 – Leibl.
3. Wäre es für den Beklagten nachteilhaft, wenn er sein Angebot bei einem unverschuldeten Abhandenkommen oder einem unverschuldeten Untergang des Auktionsgegenstands nicht widerrufen dürfte? Welche Rechtsfolgen zöge die Nichterfüllung der kaufvertraglichen Pflicht in diesem Fall nach sich?
4. Was bedeutet die vom BGH zugrunde gelegte Auslegung des Vertragsangebots des Verkäufers für den Fall, dass der Verkäufer selbst über ein zweites Mitgliedskonto

---

32 Siehe dazu BGH NJW 2012, 2723 Rn. 16 ff.
33 Der BGH unterscheidet insoweit begrifflich nicht ganz treffend zwischen „Schnäppchenjägern" und „Abbruchjägern": BGH NJW 2019, 2475 Rn. 23 ff. m. zust. Anm. *Oechsler*; BGH MMR 2022, 292 Rn. 6.
34 BGH NJW 2015, 548 Rn. 10.
35 BGH NJW 2015, 548 Rn. 8; BGH NJW 2015, 1009 Rn. 13.
36 Kritisch hierzu *Stieper*, MMR 2015, 627 (630).
37 Siehe oben Rn. 23 des Urteils; BGH NJW 2014, 1292 Rn. 21.

V. Vertiefungsfragen

auf den angebotenen Artikel bietet, um den Kaufpreis in die Höhe zu treiben („Shill Bidding")? Lesen Sie BGHZ 211, 331 = BGH NJW 2017, 468.
5. Was für ein Vertrag ist Grundlage der Rechtsbeziehung zwischen eBay und den Kunden der Plattform (Rn. 79)? Lesen Sie § 327 Abs. 2 S. 2 Nr. 1 BGB und dazu BT-Drucks. 19/27653, S. 37 ff.

Fall 5: Beschreibung lesen

Auslegung und Anfechtung von Willenserklärungen im Internet
BGH NJW 2017, 1660

I. Sachverhalt

94 Der Beklagte bot im Oktober 2014 über die Internet-Plattform eBay unter Nutzung der Festpreis-Funktion „Sofort-Kaufen" ein E-Bike zum Kauf an. In § 6 der „Allgemeinen Geschäftsbedingungen für die Nutzung der deutschen eBay-Dienste" heißt es:

„2. Stellt ein Verkäufer mittels der eBay-Dienste einen Artikel im Auktions- oder Festpreisformat ein, so gibt er ein verbindliches Angebot zum Abschluss eines Vertrags über diesen Artikel ab. Dabei bestimmt er einen Start- bzw. Festpreis und eine Frist, binnen derer das Angebot angenommen werden kann (Angebotsdauer). [...]

4. Bei Festpreisartikeln nimmt der Käufer das Angebot an, indem er den Button „Sofort-Kaufen" anklickt und anschließend bestätigt. [...]"

An der dafür vom Plattformbetreiber auf der Angebotsseite vorgesehenen Stelle trug der Beklagte einen Sofortkaufpreis von 100 Euro und Versandkosten von 39,90 Euro ein. Die auf der Angebotsseite vom Beklagten in Großbuchstaben und Fettdruck angegebene Artikelbezeichnung lautete: „Pedelec neu einmalig 2.600 Euro Beschreibung lesen!!". Am Ende der Artikelbeschreibung hatte der Beklagte – wiederum in Großbuchstaben – folgende Angaben hinzugefügt: „Bitte Achtung, da ich bei der Auktion nicht mehr als 100 Euro eingeben kann (wegen der hohen Gebühren), erklären Sie sich bei einem Gebot von 100 Euro mit einem Verkaufspreis von 2.600 Euro + Versand einverstanden. Oder machen Sie mir einfach ein Angebot! Danke."

Am 16.10.2014 betätigte der Kläger die Schaltfläche („Button") „Sofort-Kaufen" auf der Angebotsseite, um das E-Bike zu erwerben. In einer noch am selben Tag durch E-Mails über die Höhe des Kaufpreises geführten Korrespondenz wies der Beklagte den Kläger auf den in der Artikelbeschreibung angegebenen Kaufpreis von 2.600 Euro als aus seiner Sicht maßgeblich hin. Der Kläger berief sich hingegen auf den eingegebenen und ihm auch in der Kaufbestätigung von eBay einschließlich der Versandkosten angezeigten Kaufpreis von 139,90 Euro. Auf die am Folgetag übersandte Aufforderung des Beklagten, den nach seiner Auffassung angefallenen Kaufpreis binnen fünf Tagen zu bezahlen, zahlte der Kläger nur 139,90 Euro und bat um den Versand des E-Bikes an seine Anschrift. Trotz erneuter Aufforderung per Anwaltsschreiben leistete der Beklagte nicht.

Der Kläger nimmt den Beklagten auf Herausgabe und Übereignung des E-Bikes in Anspruch.

II. Zentrale Probleme

95 Damit der Kläger gegen den Beklagten einen Anspruch gemäß § 433 Abs. 1 S. 1 BGB auf Übergabe und Übereignung des E-Bikes geltend machen kann, müssen die beiden einen wirksamen Kaufvertrag geschlossen haben. Erforderlich hierfür sind zwei aufeinander bezogene, sich inhaltlich deckende Willenserklärungen der Parteien, die das Gesetz als Antrag und Annahme bezeichnet (§§ 145 ff. BGB).[1] Die Parteien haben über

---

1 Brox/Walker, § 4 Rn. 9; Köhler, § 8 Rn. 2.

die Internet-Auktions-Plattform eBay wechselseitig solche auf Abschluss eines Kaufvertrags über das E-Bike gerichteten Willenserklärungen abgegeben. Problematisch ist allein, ob sich die Willenserklärungen auch im Hinblick auf den Kaufpreis decken. Der Erklärungsgehalt einer empfangsbedürftigen Willenserklärung ist dabei nach herrschender Ansicht gemäß §§ 133, 157 BGB durch Auslegung nach dem „objektiven Empfängerhorizont" zu bestimmen: Die Willenserklärung ist so auszulegen, wie sie der Erklärungsempfänger nach Treu und Glauben unter Berücksichtigung der Verkehrssitte verstehen musste.[2] Das vom Beklagten auf der eBay-Plattform eingestellte Angebot weist aber auf den ersten Blick einen Widerspruch auf: Dem ins Auge springenden Sofortkauf-Angebot über 100 Euro steht die nachfolgend in der Beschreibung des Artikels enthaltene Erklärung gegenüber, nach der bei einer Gebotsabgabe Einverständnis mit einem Verkaufspreis von 2.600 Euro besteht. Zentraler Gegenstand der Entscheidung des BGH ist daher die Frage, welcher dieser Umstände bei der Auslegung des vom Beklagten abgegebenen Vertragsangebots den Ausschlag gibt. Problematisch ist dabei vor allem, inwieweit die Auslegung durch die eBay-AGB beeinflusst wird, die ausdrücklich von einem Vertragsschluss zum festgelegten Festpreis ausgehen. Weiteres zentrales Problem der Entscheidung ist die Anfechtbarkeit der vom Kläger als Käufer im Hinblick auf das deutlich niedrigere Sofortkauf-Angebot abgegebenen Willenserklärung wegen eines Inhaltsirrtums.

III. Die Entscheidung des BGH

Der BGH geht davon aus, dass zwischen den Parteien zunächst ein Vertrag zustande gekommen ist, weil der Beklagte das E-Bike zum Kaufpreis von 2.600 Euro angeboten und der Kläger dieses Angebot auch angenommen habe. Dabei stützt sich das Gericht auf die allgemeinen Auslegungsregeln, wonach empfangsbedürftige Willenserklärungen, bei deren Verständnis regelmäßig auch der Verkehrsschutz und der Vertrauensschutz des Erklärungsempfängers maßgeblich sind, so auszulegen sind, wie sie der Empfänger nach Treu und Glauben unter Berücksichtigung der Verkehrssitte verstehen musste. Wenn die Erklärungen der Teilnehmer einer Verkaufsaktion nicht aus sich heraus verständlich oder lückenhaft sind und der Auslegung bedürfen, seien die AGB der Auktions-Plattform (hier die eBay-AGB), denen die Parteien vor der Teilnahme an der Verkaufsaktion zugestimmt haben, zwar in die Auslegung der abgegebenen Willenserklärungen einzubeziehen.[3] Dies gelte jedoch nicht, wenn einer der Teilnehmer – wie hier – erkennbar von diesen Regelungen der eBay-AGB in bestimmter Hinsicht abweiche. Zur Begründung führt der BGH aus:

▶ [14] Der Beklagte hat – wovon auch das Berufungsgericht noch zutreffend ausgegangen ist – in dem von ihm auf der eBay-Plattform eingestellten Angebot unmissverständlich zum Ausdruck gebracht, dass der Preis für das zum Verkauf stehende E-Bike nicht nur 100 Euro, sondern 2.600 Euro betragen sollte.

[15] Entgegen der Auffassung der Revision kann eine Auslegung des Angebots sich nicht auf den Umstand beschränken, dass das E-Bike aufgrund der Wahl der Verkaufsform und des neben dem Sofortkauf-Button angegebenen Festpreises auf den ersten Blick für einen Preis

96

---

2 BGHZ 36, 30 (33) = BGH NJW 1961, 2251 (2253); BGHZ 195, 126 Rn. 18 = BGH NJW 2013, 598; Grüneberg/Ellenberger, § 133 Rn. 9. Siehe auch Fall 2 – Selbstbedienungstankstelle. Eine Ausnahme besteht nach dem Grundsatz *falsa demonstratio non nocet*, siehe dazu Fall 6 – Haakjöringsköd.
3 Grundlegend BGHZ 149, 129 (135 f.) = BGH NJW 2002, 363 (364 f.); BGHZ 189, 346 Rn. 21 = BGH NJW 2011, 2421; BGH NJW 2015, 1009 Rn. 19.

Fall 5: Beschreibung lesen

von 100 Euro zum (Sofort-)Kauf stehen sollte. Denn eine Auslegung darf sich jedenfalls bei einem – wie hier – Individualangebot [...], auf das § 305c Abs. 1 BGB mit dem darin geregelten Schutz vor überraschenden Klauselinhalten keine Anwendung findet, nicht auf einzelne Aussagen gründen, sondern hat die im Wortlaut des Angebots getroffenen Aussagen in ihrer Gesamtheit zu berücksichtigen und darf sich nicht nur auf die einem Anspruchsteller günstigen Erklärungsbestandteile stützen.

[16] Die Auslegung des vom Beklagten geschalteten Angebots in seiner Gesamtheit ergibt, dass das E-Bike nicht für 100 Euro zum Verkauf gestellt war. Zwar mag ein Kaufinteressent aufgrund der Gestaltung der Angebotsseite nach seinem Empfängerhorizont zunächst davon ausgehen, dass der neben der Schaltfläche „Sofort-Kaufen" erscheinende und optisch hervorgehobene Festpreis betragsmäßig dem Angebot des Verkäufers entspricht. Dabei darf er jedoch nicht stehenbleiben. Vielmehr muss er zur Bestimmung des wirklichen Erklärungstatbestands stets die insgesamt abgegebenen Erklärungen berücksichtigen und darf nicht nur einzelne Erklärungsbestandteile als vermeintlich maßgebend herausgreifen.

[17] Bei der danach gebotenen Vorgehensweise zur Erfassung des Angebotsinhalts fällt zwar zunächst ein Widerspruch auf zwischen dem ins Auge springenden Sofortkauf-Angebot über 100 Euro und der nachfolgend in der Beschreibung enthaltenen Erklärung, nach der bei einer Gebotsabgabe Einverständnis mit einem Verkaufspreis von 2.600 Euro besteht. Dieser Widerspruch löst sich jedoch allein schon durch die abgegebenen Erklärungen unmissverständlich dahin auf, dass der im Eingang genannte Angebotspreis von 100 Euro nur zwecks Einsparung von Verkaufsgebühren genannt, in Wirklichkeit aber nicht gewollt war, sondern auf 2.600 Euro lauten sollte und dass das Angebot bei einer Betätigung des Buttons zu diesem Preis angenommen würde. Zudem hatte der Beklagte bereits in der direkt über dem Sofortkauf-Button platzierten Angebotsüberschrift einen Preis von 2.600 Euro deutlich sichtbar hervorgehoben und zur Erläuterung auf die nachgestellte Beschreibung verwiesen. [...]

[23] Das auf einen Kaufpreis von 2.600 Euro lautende Angebot hat [...] der Kläger angenommen. Der Beklagte durfte zu dem insoweit maßgeblichen Zeitpunkt des Zugangs der den Vertragsschluss vollendenden Annahmeerklärung des Klägers mangels gegenteiliger Anhaltspunkte nach seinem Empfängerhorizont davon ausgehen, dass der Kläger durch die vorbehaltlose Betätigung des Sofortkauf-Buttons die Annahme seines vorstehend beschriebenen Angebots uneingeschränkt erklärt hat. [...] Einen das Vertrauen des Beklagten in eine vorbehaltslose Angebotsannahme beseitigenden Willen, die Annahmeerklärung auf einen Kaufpreisbetrag von 100 Euro zu beschränken, hat der Kläger bei dieser Gelegenheit (noch) nicht zum Ausdruck gebracht. ◂

97 Der Kläger habe seine auf Abschluss des Vertrags gerichtete Willenserklärung aber wegen eines Inhaltsirrtums wirksam angefochten. Seine Annahmeerklärung sei mithin gemäß § 142 Abs. 1 BGB als von Anfang an nichtig anzusehen. Ein Anspruch auf Übergabe und Übereignung des E-Bikes stehe dem Kläger daher nicht zu:

▸ [25] Der Kläger ist, als er den Sofortkauf-Button betätigt hat, einem Inhaltsirrtum iSv § 119 Abs. 1 BGB über den von ihm damit angenommenen Kaufpreisvorschlag unterlegen. Ein solcher Irrtum setzt ein Auseinanderfallen von Wille und Erklärung voraus. Der Erklärende muss also, ohne dies zu bemerken, gegenüber dem Erklärungsempfänger aus dessen Sicht etwas anderes zum Ausdruck gebracht haben als das, was er in Wirklichkeit erklären wollte; er hat seine Erklärung zwar so, wie sie lautet, auch tatsächlich abgeben wollen, sich aber über die Bedeutung, die dem Erklärten unter den gegebenen Umständen im Rechtsverkehr zukam, geirrt. So verhält es sich auch im Streitfall.

IV. Rechtliche Einordnung

[26] Bereits in der am Tage des Kaufs mittels E-Mail geführten Korrespondenz hat der Kläger den vom Beklagten verlangten Kaufpreis von 2.600 Euro nicht gelten lassen wollen, sondern sich auf den eingegebenen und ihm auch in der Kaufbestätigung von eBay angezeigten Kaufpreis von 100 Euro als maßgeblich berufen sowie auch nur diesen kurz darauf bezahlt, um wenig später durch Anwaltsschreiben vom Beklagten seinerseits die Erfüllung des Kaufvertrags nach diesen Bedingungen einzufordern. Allein schon ein derartiger Ablauf lässt mit der erforderlichen Sicherheit darauf schließen, dass diese Sichtweise bei dem Kläger bereits vorhanden war, als er kurz zuvor den Sofortkauf-Button betätigt hat, nämlich mit dem Willen, das Kaufangebot des Beklagten lediglich zu dem neben dem Button aufgeführten Preis von 100 Euro anzunehmen.

[27] Insoweit kann dahinstehen, ob der Kläger, wie er behauptet hat, das Kaufangebot nicht zu Ende gelesen und deshalb die nach seiner Sicht im „Kleingedruckten" stehende Erläuterung nicht zur Kenntnis genommen hat, oder ob er die Erläuterung aus sonstigen Gründen, etwa wegen einer unzulässigen Abweichung von den durch eBay vorgegebenen Regeln, für unmaßgeblich gehalten hat. Selbst wenn er das Angebot nicht zu Ende gelesen hätte, stünde dies einem Inhaltsirrtum nicht entgegen. Denn auch derjenige, der ein Schriftstück ganz oder teilweise ungelesen unterschrieben hat, darf anfechten, wenn er sich – wie hier – von dessen Inhalt eine bestimmte, allerdings unrichtige Vorstellung gemacht hat und dadurch bei Abgabe einer hierauf bezogenen Erklärung Erklärungsinhalt und Erklärungswille miteinander nicht im Einklang stehen.

[28] Wegen dieses Irrtums hat der Kläger seine Annahmeerklärung unverzüglich (§ 121 Abs. 1 BGB) und damit rechtzeitig gegenüber dem Beklagten angefochten.

[29] Eine Anfechtungserklärung iSd § 143 Abs. 1 BGB ist jede Willenserklärung, die unzweideutig erkennen lässt, dass das Rechtsgeschäft rückwirkend beseitigt werden soll. Dazu bedarf es nicht des ausdrücklichen Gebrauchs des Wortes „anfechten". Es kann vielmehr nach den Umständen genügen, wenn eine Verpflichtung, die nach dem objektiven Erklärungswert der – gegebenenfalls durch schlüssiges Handeln getätigten – Willensäußerung übernommen worden ist, bestritten oder nicht anerkannt wird oder wenn ihr sonst widersprochen wird. Erforderlich ist nur, dass sich unzweideutig der Wille ergibt, das Geschäft gerade wegen des Willensmangels nicht bestehen lassen zu wollen. So liegt es nach dem dargestellten Geschehensablauf auch hier.

[30] Der Kläger hat bereits in der unmittelbar nach Abschluss des Geschäfts mittels E-Mail geführten Korrespondenz gegenüber dem Beklagten zum Ausdruck gebracht, dass er nicht bereit sei, eine Verpflichtung zur Kaufpreiszahlung in der vom Beklagten verlangten Höhe anzuerkennen und dies in der wenige Tage später erfolgten Zahlung des nach seiner Auffassung geschuldeten Kaufpreises von lediglich 100 Euro nachdrücklich wiederholt. Dadurch ist die von § 121 Abs. 1 BGB geforderte Unverzüglichkeit der Anfechtungserklärung gewahrt. ◂

IV. Rechtliche Einordnung

1. Der BGH hat sich schon in zahlreichen Fällen mit dem Zustandekommen und der Auslegung von Kaufverträgen über die Internet-Plattform eBay befassen müssen. Die Mehrzahl der Entscheidungen betrifft den Vertragsschluss im Wege der Auktion. Hier gibt der Verkäufer den Antrag gemäß § 145 BGB ab, indem er die Sache in die Plattform einstellt; der Vertrag kommt dann mit demjenigen zustande, der innerhalb

der Laufzeit der Auktion das höchste Gebot abgibt.[4] Hieran knüpft der BGH mit der vorliegenden Entscheidung an, die keine Auktion, sondern ein Festpreisangebot („Sofort-Kaufen") bei eBay betrifft. Dabei handelt es sich wie beim Einstellen eines Artikels in eine Auktion um eine *offerta ad incertam personam*. Unterschiede zum Vertragsschluss bei einer Auktion ergeben sich lediglich hinsichtlich der Annahmeerklärung des Käufers.

99 a) Auch im Hinblick auf den Vertragsschluss im Wege des „Sofort-Kaufs" betont der BGH die Bedeutung der eBay-AGB für die Auslegung der wechselseitigen Willenserklärungen von Verkäufer und Käufer (Rn. 12 des Urteils). Dass sich der Erklärungsgehalt der zu beurteilenden Willenserklärungen „*neben* den sich dafür aus §§ 133, 157 BGB ergebenden Auslegungsregeln" nach den Bestimmungen in den eBay-AGB richte, ist freilich unglücklich formuliert. Vielmehr ist die Tatsache, dass die Parteien den von eBay gestellten AGB jeweils vor der Teilnahme an der Verkaufsaktion zugestimmt haben, lediglich einer der Umstände, die bei der Ermittlung des objektiven Erklärungswerts im Rahmen der normativen Auslegung gemäß §§ 133, 157 BGB zu berücksichtigen sind.[5]

100 Entscheidend ist, dass der Erklärungsempfänger mangels gegenteiliger Anhaltspunkte nach dem objektiven Empfängerhorizont davon ausgehen darf, dass sich der Erklärende in Bezug auf den Vertragsschluss an die Bestimmungen der von ihm akzeptierten AGB halten wolle. Deshalb kommt es bei einer erkennbar von diesen Bestimmungen abweichenden Erklärung auch nach Auffassung des BGH auf den Aussagegehalt der – jeweils nur im Verhältnis zwischen eBay und dem Nutzer geltenden – AGB nicht an (Rn. 13 des Urteils). Auf die wechselseitigen Erwartungen der Auktionsteilnehmer und deren gemeinsames Verständnis über die Funktionsweise der Online-Auktion kann nur zurückgegriffen werden, um Verständnislücken zu schließen.[6] Dagegen überschreitet es die Grenzen der Auslegung, wenn dem Verhalten einer Partei ein Erklärungswert zugewiesen werden soll, der dem unmissverständlich zum Ausdruck gebrachten Willen der Parteien widerspricht.[7] Das gilt selbst dann, wenn die Erklärung in betrügerischer Absicht zulasten von eBay von den AGB abweicht, da sich ein etwaiger Gesetzesverstoß (vgl. § 134 BGB) ebenfalls nur auf das Verhältnis zum Plattformbetreiber, nicht aber auf das zur anderen Partei beziehen würde.[8]

101 b) Im Ergebnis überzeugend misst der BGH daher auch der Wahl der Verkaufsform und dem neben dem Sofortkauf-Button angegebenen Festpreis von 100 Euro keine entscheidende Bedeutung zu, sondern legt der Auslegung „die im Wortlaut des Angebots getroffenen Aussagen in ihrer Gesamtheit" zugrunde (Rn. 16 des Urteils). Daraus ergibt sich hier aber unmissverständlich, dass der im Eingang genannte Angebotspreis von 100 Euro nur zwecks Einsparung von Verkaufsgebühren genannt, in Wirklichkeit aber nicht gewollt war, sondern auf 2.600 Euro lauten sollte (Rn. 17 des Urteils). Dafür muss man nicht – wie das Berufungsgericht[9] – auf § 118 BGB abstellen. In Bezug auf einen Vertragsschluss zum Preis von 100 Euro hat der Beklagte nämlich überhaupt

---

4 Siehe hierzu Fall 4 – Abbruchjäger.
5 Zur Auslegung allgemein siehe Fall 2 – Selbstbedienungstankstelle. Zur Berücksichtigung der eBay-AGB bei der Auslegung siehe bereits Fall 4 – Abbruchjäger.
6 BGHZ 149, 129 (135) = BGH NJW 2002, 363 (364).
7 So auch MüKo-BGB/*Busche*, § 145 Rn. 19.
8 Siehe dazu BGH NJW 2017, 1660 Rn. 21 f. (hier nicht abgedruckt).
9 LG Bielefeld BeckRS 2016, 116069.

IV. Rechtliche Einordnung

keine Erklärung gegenüber dem Kläger abgegeben, auch nicht zum Scherz.[10] Da sich dem Angebot des Beklagten im Wege der Auslegung ein eindeutiger Erklärungsgehalt entnehmen lässt, ist die Erklärung trotz des scheinbaren inhaltlichen Widerspruchs auch nicht wegen Perplexität nichtig.[11]

c) Konsequent ist dann auch die Annahme des BGH, dass der Kläger das Angebot des Beklagten angenommen habe (Rn. 23 des Urteils). Entsprechend den eBay-AGB hat der Kläger, indem er den Button „Sofort-Kaufen" angeklickt hat, seine Zustimmung zu dem angebotenen Vertragsschluss erklärt. Eine inhaltliche Beschränkung seiner Erklärung dahin gehend, dass sich die Zustimmung auf einen anderen als den durch Auslegung ermittelten Erklärungsinhalt des Angebots beziehen sollte, war bei dieser Form der Annahmeerklärung schon tatsächlich nicht möglich. Ein davon möglicherweise abweichender innerer Wille des Erklärenden, der objektiv nicht zum Ausdruck gekommen ist, steht der Wirksamkeit der Annahmeerklärung gemäß §§ 133, 157 BGB nicht entgegen.

d) In der gutachterlichen Fallbearbeitung kann die Frage, ob das Angebot auf 2.600 Euro oder auf 100 Euro lautet, an unterschiedlichen Stellen relevant werden. Der Aufbau der Prüfung hängt davon ab, nach welchem Anspruch gefragt ist: Für das Bestehen des im vorliegenden Fall mit der Klage geltend gemachten Anspruchs auf Übergabe und Übereignung des E-Bikes gemäß § 433 Abs. 1 S. 1 BGB kommt es auf die Höhe des vereinbarten Kaufpreises an sich nicht an, solange überhaupt ein Kaufvertrag zwischen den Parteien zustande gekommen ist. Bei einer gutachterlichen Prüfung müssen daher für das Bestehen des Anspruchs beide Möglichkeiten – Vertragsschluss zum Preis von 100 Euro und Vertragsschluss zum Preis von 2.600 Euro – in Betracht gezogen werden. Die Höhe des Kaufpreises spielt dann allenfalls für die Durchsetzbarkeit des Anspruchs eine Rolle, da der Verkäufer gemäß §§ 320, 322 BGB grundsätzlich nur zur Leistung Zug-um-Zug gegen Zahlung des Kaufpreises verpflichtet ist. Ist dagegen umgekehrt nach einem Anspruch des Verkäufers auf Zahlung des höheren Kaufpreises (§ 433 Abs. 2 BGB) gefragt, so ist von vornherein nur ein Vertragsschluss zum Preis von 2.600 Euro zu prüfen: Denn ein Vertrag, der einen Kaufpreis von 100 Euro zum Gegenstand hat, kommt als Grundlage für diesen Anspruch nicht in Betracht.

2. Im vorliegenden Fall ist zwischen den Parteien ein Kaufvertrag zu dem aus dem Angebot ersichtlichen Preis von 2.600 Euro zustande gekommen. Wenn man davon ausgeht, dass der Kläger bei seiner Annahmeerklärung den Willen hatte, das E-Bike zum Preis von 100 Euro zu kaufen, kommt allerdings eine Anfechtung seiner Erklärung wegen eines Inhaltsirrtums gemäß § 119 Abs. 1 Var. 1 BGB in Betracht. Der BGH unterstellt einen solchen Irrtum des Klägers mit der Begründung, der Kläger habe sich bereits am Tag nach dem Vertragsschluss auf den eingegebenen und ihm auch in der Kaufbestätigung von eBay angezeigten Kaufpreis von 100 Euro als maßgeblich berufen und diesen kurz darauf auch bezahlt (Rn. 26 des Urteils). Ob dieser Geschehensablauf tatsächlich „mit der erforderlichen Sicherheit darauf schließen" lässt, dass der Kläger bei Betätigung des „Sofort-Kaufen"-Buttons einer Fehlvorstellung in Bezug auf die Bedeutung seiner Annahmeerklärung unterlag, ist jedoch zweifelhaft. Näher liegt die Annahme, dass der Käufer den abweichenden Preis zur Kenntnis genommen

---

[10] Vgl. BGH NJW 2017, 1660 Rn. 18 (hier nicht abgedruckt). Zu § 118 BGB ausführlicher Fall 10 – Misslungenes Scheingeschäft.
[11] Siehe hierzu HK-BGB/*Dörner*, § 133 Rn. 14. Zur Perplexität siehe auch Fall 11 – Toilettenpapier.

hat und nicht wusste, ob dieser maßgeblich ist oder nicht, jedenfalls aber versuchen wollte, die Ware zu dem niedrigen Preis zu bekommen.[12] Wenn sich der Erklärende der Möglichkeit einer Fehlvorstellung bewusst ist (sogenannte Risikoerklärung), fehlt es jedoch an einem zur Anfechtung berechtigenden Irrtum.[13] Insofern verfängt auch der Verweis des BGH auf das Unterschreiben einer ungelesenen Urkunde (Rn. 27 des Urteils) nicht: Wird die Unterschrift vorbehaltlos in dem Bewusstsein geleistet, dass ein Teil der Vorstellungen möglicherweise unrichtig ist, so ist eine Irrtumsanfechtung ausgeschlossen.[14] Ebenso problematisch ist die Annahme, der Kläger habe durch sein Beharren auf einem Kaufpreis von 100 Euro gemäß § 143 Abs. 1 BGB die Anfechtung erklärt (Rn. 29 f. des Urteils). Wer auf der Erfüllung eines Vertrags besteht, der nach seiner Rechtsauffassung mit einem bestimmten Inhalt geschlossen worden ist, bringt damit noch nicht eindeutig zum Ausdruck, den – tatsächlich mit anderem Inhalt geschlossenen – Vertrag wegen eines Willensmangels nicht gelten lassen zu wollen.

105   3. Das Urteil hat über den konkret entschiedenen Fall hinaus Bedeutung für alle Verträge, die über Handelsplattformen im Internet geschlossen werden. Auch wenn die AGB des Plattformbetreibers bei der Auslegung der wechselseitigen Erklärungen der Plattformnutzer herangezogen werden können, ist für den Erklärungsgehalt eines über die Plattform abgegebenen Vertragsangebots dessen gesamter Inhalt zu berücksichtigen. Die regelmäßig durch Anklicken eines entsprechenden Buttons (vgl. § 312j Abs. 3 S. 2 BGB) erklärte Annahme bringt dann einen Vertrag zu den durch Auslegung des Angebots ermittelten Bedingungen zustande. Von diesem Vertrag kann sich der Annehmende, der auf einen anderen Vertragsinhalt vertraut hat, allenfalls durch eine Anfechtung seiner Erklärung lösen. Deren Voraussetzungen (insbesondere das Vorliegen eines Irrtums) sind aber stets sorgfältig zu prüfen.

V. Vertiefungsfragen

106   1. Als Revisionsgericht entscheidet der BGH gemäß §§ 545 Abs. 1, 546 ZPO nur darüber, ob die angefochtene Entscheidung des Berufungsgerichts auf einer Verletzung des Rechts beruht. Tatsachenfeststellungen des Berufungsgerichts sind dagegen für das Revisionsgericht bindend, sofern nicht die Tatsachenfeststellung ihrerseits auf einer Verletzung materiellen Rechts beruht oder von einem Verfahrensfehler beeinflusst (§ 559 Abs. 2 ZPO) und wegen dieses Verfahrensfehlers eine ordnungsgemäße Revisionsrüge erhoben ist (§ 551 Abs. 3 S. 1 Nr. 2 lit. b ZPO). Kann der BGH dann überhaupt die Auslegung der von den Parteien abgegebenen Willenserklärungen selbst vornehmen? Wie ist es mit der Feststellung, der Kläger sei bei Abgabe seiner Annahmeerklärung einem Irrtum unterlegen? Lesen Sie BGH NJW 2017, 1660 Rn. 19 und 24 und dazu die Anmerkung von *Sutschet*, NJW 2017, 1663 sowie Grüneberg/*Ellenberger*, § 133 Rn. 30.

2. Der BGH geht davon aus, dass die Anfechtung des Klägers zur Nichtigkeit seiner Annahmeerklärung gemäß § 142 Abs. 1 BGB führt und es damit „letztlich an einem die Klageforderung tragenden Vertragsschluss der Parteien fehlt".[15] Worauf bezieht sich nach dem Wortlaut von § 142 BGB die Rechtsfolge der Nich-

---

12 So auch *Sutschet*, NJW 2017, 1663 (1664).
13 MüKo-BGB/*Armbrüster*, § 119 Rn. 54, 150. Zum Risikogeschäft siehe auch Fall 13 – Leibl.
14 MüKo-BGB/*Armbrüster*, § 119 Rn. 58.
15 BGH NJW 2017, 1660 Rn. 10 (hier nicht abgedruckt).

V. Vertiefungsfragen

tigkeit, worauf das Recht zur Anfechtung gemäß § 119 Abs. 1 BGB? Lesen Sie *Leenen/Häublein*, § 14 Rn. 1 ff.

3. Im Verhältnis zwischen Käufer und Verkäufer stellen die von eBay mit seinen Nutzern vereinbarten AGB keine Allgemeinen Geschäftsbedingungen dar und sind daher insoweit auch einer Inhaltskontrolle gemäß §§ 307 ff. BGB entzogen. Wie kann man auch nach der „Auslegungslösung" des BGH aber zu einer indirekten AGB-Kontrolle in diesem Verhältnis kommen? Lesen Sie *Wittmann*, LMK 2017, 389327 und Wolf/Lindacher/Pfeiffer/*Pfeiffer*, AGB-Recht, 7. Aufl. 2020, § 305 BGB Rn. 29.

4. Wenn man von einer wirksamen Anfechtung des Kaufvertrags durch den Kläger ausgeht, ist dieser dem Beklagten gegenüber zum Ersatz eines etwa erlittenen Vertrauensschadens verpflichtet (§ 122 BGB). Worin könnte dieser bestehen?

5. Angenommen, der Beklagte hätte als Unternehmer iSv § 14 Abs. 1 BGB gehandelt, hätte dann der Widerspruch des Klägers gegen seine Verpflichtung zur Zahlung von 2.600 Euro mit der Begründung des BGH (Rn. 29 f. des Urteils) auch als Widerruf gemäß §§ 312g Abs. 1, 355 Abs. 1 BGB ausgelegt werden können? Lesen Sie BGH NJW 2017, 2337 Rn. 42; HK-BGB/*Fries/Schulze*, § 355 Rn. 5.

6

Fall 6: Haakjöringsköd

Falsa demonstratio non nocet
RGZ 99, 147

I. Sachverhalt

107 Der Kläger kaufte im Jahr 1916 vom Beklagten „etwa 214 Fass Haakjöringsköd per Dampfer Jessica". Der Dampfer steuerte zu diesem Zeitpunkt den Hamburger Hafen an. Beklagter und Kläger dachten beide, „Haakjöringsköd" bedeute auf Norwegisch Walfleisch. Tatsächlich aber bezeichnet der Begriff das Fleisch des Grönland- oder Eishais. Dieses Fleisch hatte der Dampfer auch tatsächlich geladen. Als er in Hamburg einlief, wurde die Ladung wegen Verstoßes gegen Einfuhrbeschränkungen für Haifischfleisch beschlagnahmt. Walfleisch unterlag derartigen Beschränkungen nicht. Für die Beschlagnahme des Fleisches erhielt der Kläger eine Entschädigung. Sie lag 47.515,90 Mark unter dem Betrag, den er dem Beklagten für den Kauf des „Haakjöringsköd" gezahlt hatte. Der Kläger fordert vom Beklagten Ersatz für diesen Schaden, weil er ihm vertragswidrige Ware geliefert habe.

II. Zentrale Probleme

108 Die Parteien haben den Kaufgegenstand übereinstimmend mit dem Begriff „Haakjöringsköd" bezeichnet, der – objektiv betrachtet – eine andere Bedeutung hat, als sie dachten. Fraglich ist, worüber sich die Parteien geeinigt haben und ob in einer solchen Situation das objektiv Erklärte oder das subjektiv Gewollte Vorrang genießt. Haben die Parteien einen Kaufvertrag über Walfleisch abgeschlossen, weil beide dies tun wollten, auch wenn ein objektiver Dritter dies ihren Erklärungen nicht hätte entnehmen können? Wenn ja, hat der Beklagte nicht das geliefert, was er schuldet; der Kläger hat gegen ihn einen Gewährleistungsanspruch wegen eines Mangels der Kaufsache. Oder haben sich die Parteien über den Verkauf von Haifischfleisch geeinigt, weil ihre Willenserklärungen aus Sicht eines objektiven Dritten den Verkauf von Haakjöringsköd und also von Haifisch zum Gegenstand haben? Dann hat der Beklagte vertragsgemäß geliefert.

III. Die Entscheidung des RG

109 Mit wenigen, aber deutlichen Worten urteilt das Reichsgericht, dass dem subjektiv Gewollten Vorrang zukommt:

▶ Wie das Oberlandesgericht bedenkenfrei festgestellt hat, sind beide Parteien beim Abschluss des Vertrages [...] irrigerweise davon ausgegangen, dass die den Gegenstand des Vertrags bildende, in sich bestimmte Ware – 214 Fass Haakjöringsköd, auf Dampfer Jessica verladen – Walfischfleisch sei, während die Ware in Wirklichkeit Haifischfleisch und als solches mit dem norwegischen Worte Haakjöringsköd, dessen Bedeutung die Parteien nicht kannten, richtig bezeichnet war. Diese Feststellung rechtfertigt jedoch die Auffassung nicht, dass, was verkauft gewesen, nämlich Haakjöringsköd, auch geliefert worden sei und dass der Kläger, nachdem ihm die Ware übergeben worden [war], den Kaufvertrag wegen Irrtums über verkehrswesentliche Eigenschaften der verkauften Spezies gemäß § 119 Abs. 2 BGB hätte anfechten können.

IV. Rechtliche Einordnung

Aus der Feststellung folgt vielmehr, dass beide Parteien [einen Kaufvertrag] über Walfischfleisch abschließen wollten, dass sie sich aber bei der Erklärung ihres Vertragswillens irrtümlich der diesem Willen nicht entsprechenden Bezeichnung Haakjöringsköd bedient haben. Das zwischen ihnen bestehende Rechtsverhältnis ist dabei ebenso zu beurteilen, wie wenn sie sich der ihrem Willen entsprechenden Bezeichnung Walfischfleisch bedient hätten. Demgemäß war vertragsmäßig Walfischfleisch zu liefern [...]. ◂

IV. Rechtliche Einordnung

1. Ein Vertrag besteht aus (mindestens) zwei übereinstimmenden empfangsbedürftigen Willenserklärungen. Deren Inhalt – und somit auch der Inhalt des Vertrags – ist durch Auslegung zu ermitteln. Bei der Auslegung empfangsbedürftiger Willenserklärungen ist gemäß §§ 133, 157 BGB den Interessen des jeweiligen Erklärungsempfängers Rechnung zu tragen. Was der Erklärende im Inneren wollte, ist dem Empfänger in aller Regel nicht ersichtlich. Ausgangspunkt ist für ihn das, was der andere nach außen erkennbar erklärt hat. Diesen Erklärungszeichen darf der Empfänger nach Ansicht des BGH und der herrschenden Lehre grundsätzlich die Bedeutung beimessen, die ihnen ein objektiver Verkehrsteilnehmer in der Situation des Empfängers üblicherweise beimessen würde.[1]

110

2. Vorliegend hätte ein objektiver Dritter die Erklärungen von Verkäufer und Käufer – weil er die Bedeutung des Wortes „Haakjöringsköd" kennt oder jemanden danach gefragt hat – so verstanden, dass beide einen Kaufvertrag über 214 Fass Haifischfleisch abschließen wollten. Der Abschluss eines solchen Vertrags entsprach aber zum Zeitpunkt des Vertragsschlusses weder dem Willen des Verkäufers noch dem des Käufers. Beide wollten einen Kaufvertrag über Walfleisch. Das Reichsgericht muss nun über die Frage entscheiden, ob eine empfangsbedürftige Willenserklärung ausnahmsweise den Inhalt hat, den ihr der Erklärende beimessen wollte, wenn der Empfänger den vom objektiven Bedeutungsgehalt abweichenden Inhalt verstanden hat und diesen Inhalt ebenfalls will.

111

Das Gericht beantwortet diese Frage mit Ja: Das objektiv Erklärte ist insoweit irrelevant, als es dem gemeinsam Gewollten entgegensteht. Eine Falschbezeichnung schadet nicht (*falsa demonstratio non nocet*). Das entspricht heute allgemeiner Ansicht.[2] Das Gericht gibt allerdings keine Begründung für seine Entscheidung. Vermutlich hat es sich von dem Gedanken leiten lassen, dass es mit dieser Interpretation dem übereinstimmenden Willen der Parteien bei Vertragsschluss zur Geltung verhilft. Dass die Parteien ihrem Willen auf eine Weise Ausdruck verliehen haben, der für Dritte unverständlich war, ändert daran nichts. Etwaige Drittinteressen, die durch diese Interpretation betroffen werden, sind nicht maßgeblich.

112

3. Indem der Beklagte Haifisch- statt Walfleisch geliefert hat, hat er also nicht das geleistet, was er schuldete. Damit ist seine Leistung (nach heutiger Rechtslage) gemäß § 434 BGB mangelhaft. Dem Kläger stehen daher die in § 437 BGB genannten Rechte zu. Im vorliegenden Fall hatte er sich für die Wandelung entschieden. Sie war das bis zur Schuldrechtsreform von 2002 geltende Pendant zum heutigen Rücktritt wegen

113

---

1 Siehe nur BGHZ 36, 30 (33) = BGH NJW 1961, 2251 (2253); *Bork*, Rn. 527; *Köhler*, § 9 Rn. 7; *Leenen/Häublein*, § 5 Rn. 61 f.; *Leipold*, § 15 Rn. 12; *Medicus/Petersen*, BGB AT, Rn. 323; *Reimer*, S. 82; außerdem Fall 2 – Selbstbedienungstankstelle.

2 Siehe nur *Faust*, § 17 Rn. 3; *Leenen/Häublein*, § 8 Rn. 144 ff.; *Leipold*, § 15 Rn. 29 f.; *Medicus/Petersen*, Bürgerliches Recht, Rn. 124.

mangelhafter Leistung (§ 437 Nr. 2 Var. 1 BGB). Heute würde der Kläger neben dem Rücktritt höchstwahrscheinlich Schadensersatz gemäß § 437 Nr. 3 BGB verlangen (vgl. § 325 BGB). Auf welche Anspruchsgrundlage er sich dafür stützen könnte, hängt von der Art des Mangels ab:

114 a) Das Reichsgericht scheint davon auszugehen, dass der Verkäufer Fleisch aus der Gattung Wal schuldete. Damit hätte der Verkäufer, indem er Haifischfleisch lieferte, eine andere als die geschuldete Sache geliefert (sogenanntes *aliud*). Seit 2002 ist die Lieferung eines *aliud* der Lieferung einer mangelhaften Sache gleichgestellt (§ 434 Abs. 5 BGB). Mit Übergabe der mangelhaften Sache hat sich der Erfüllungsanspruch des Käufers nach § 433 Abs. 1 S. 2 BGB in einen Anspruch auf Nacherfüllung gemäß § 439 Abs. 1 BGB umgewandelt (sogenannter modifizierter Erfüllungsanspruch).[3] Weil sich Haifischfleisch nicht in Walfleisch verwandeln lässt, scheidet eine Beseitigung des Mangels gemäß § 439 Abs. 1 Var. 1 BGB wegen anfänglicher Unmöglichkeit iSv § 275 Abs. 1 BGB aus. Die Nachlieferung von Fleisch der Gattung Wal gemäß § 439 Abs. 1 Var. 2 BGB bleibt aber möglich, so dass Grundlage für den Schadensersatzanspruch §§ 437 Nr. 3, 280 Abs. 1, 3, 281 Abs. 1 BGB ist.

115 b) Überzeugender ist es hingegen, die Vereinbarung einer Stückschuld anzunehmen. Käufer und Verkäufer haben sich über „etwa 214 Fass Haakjöringsköd per Dampfer Jessica" geeinigt. Geleistet werden sollte also das, aber auch nur das auf dem Dampfer Jessica befindliche Walfleisch. Der Verkäufer hatte 214 Fass von diesem Dampfer geleistet. Die Ladung wies allerdings nicht die Beschaffenheit auf, die sie nach der Vereinbarung hätte aufweisen sollen.[4] Sie war also mangelhaft gemäß § 434 Abs. 1, Abs. 2 S. 1 Nr. 1, Abs. 3 Nr. 2 BGB. Die Beseitigung des Mangels gemäß § 439 Abs. 1 Var. 1 BGB ist auch hier anfänglich unmöglich. Fraglich ist aber, ob dies auch für die Nachlieferung von Walfleisch gemäß § 439 Abs. 1 Var. 2 BGB gilt: Zwar gab es die geschuldete Ladung Walfleisch vom Dampfer Jessica nie; sie wurde nicht geleistet und kann wegen anfänglicher Unmöglichkeit auch nicht nachgeliefert werden. Nach Ansicht des BGH sowie der herrschenden Lehre ist eine Nachlieferung bei Stückschulden gleichwohl nicht von vornherein ausgeschlossen. Die Ersatzlieferung ist nach dem Willen der Parteien möglich, wenn die mangelhafte Kaufsache durch eine gleichartige und gleichwertige ersetzt werden kann.[5] Die richtige Grundlage für den Anspruch auf Schadensersatz hängt somit vom Ergebnis der Auslegung des Vertrags ab. Ist die Ersatzlieferung nach dem Willen der Parteien möglich, so sind die weiteren Voraussetzungen eines Schadensersatzanspruchs gemäß §§ 437 Nr. 3, 280 Abs. 1, 3, 281 Abs. 1 BGB zu prüfen. Ist sie hingegen nicht möglich, richtet sich der Anspruch auf Schadensersatz nach §§ 437 Nr. 3, 311a Abs. 2 BGB.[6]

116 4. Wenn die Voraussetzungen der einschlägigen Normenkette erfüllt sind, kann der Kläger also Mangelgewährleistungsrechte gegen den Beklagten geltend machen. Das bedeutet zugleich, wie das Gericht explizit betont, dass der Kläger seine Willenserklärung nicht wegen Irrtums iSd § 119 BGB anfechten kann. Der Kläger hat sich nicht geirrt. Das, was er erklären wollte, und das, was er erklärt hat, fallen nicht auseinander.

---

[3] BeckOK-BGB/*Faust*, Stand: 1.5.2022, § 439 Rn. 7.
[4] Dass es für den Verkäufer gemäß § 275 Abs. 1 BGB von Anfang an unmöglich war, seine vertragliche Pflicht zu erfüllen, steht der Wirksamkeit des Vertrages gemäß § 311a Abs. 1 BGB nicht entgegen.
[5] BGHZ 168, 64 = BGH NJW 2006, 2839 (anlässlich des Verkaufs eines mangelhaften Gebrauchtwagens); MüKo-BGB/*Westermann*, § 439 Rn. 15 f.; *Looschelders*, Schuldrecht BT, 17. Aufl. 2022, § 4 Rn. 4; *Brox/Walker*, Schuldrecht BT, 46. Aufl. 2022, § 4 Rn. 43 f.
[6] Vgl. hierzu *Medicus/Petersen*, Bürgerliches Recht, Rn. 288.

Vielmehr hat die Erklärung ebenjenen Inhalt, den der Kläger ihr beimessen wollte. Die Auslegung geht der Anfechtung vor: Erst wenn der Erklärungsinhalt durch Auslegung ermittelt wurde, lässt sich feststellen, ob der Erklärende einem Irrtum unterlegen ist, der ihn zur Anfechtung gemäß § 119 BGB berechtigen könnte.

V. Vertiefungsfragen

1. Ist eine Falschbezeichnung auch bei formbedürftigen Rechtsgeschäften unschädlich? Lesen Sie *Cordes*, Jura 1991, 352 (354); *Medicus/Petersen*, BGB AT, Rn. 328 ff.; *Riehm*, Rn. 202; *Neuner*, § 35 Rn. 37. Vergleichen Sie auch BGH NJW 2002, 1038 (1039).
2. Das Reichsgericht diskutiert die Frage, ob der Kläger seine Willenserklärung wegen Irrtums gemäß § 119 Abs. 2 BGB hätte anfechten dürfen, wenn sie auf den Abschluss eines Vertrags über Haifischfleisch gerichtet gewesen wäre. Hätte sich der Kläger dann wirklich über eine verkehrswesentliche Eigenschaft geirrt (§ 119 Abs. 2 BGB) oder nicht vielmehr über den Inhalt dessen, was er erklärt hat (§ 119 Abs. 1 Var. 1 BGB)? Lesen Sie *Bork*, Rn. 826 ff., 844 ff.; *Leipold*, § 18 Rn. 14 ff., 31 ff.; *Neuner*, § 41 Rn. 43 ff., 51 ff.
3. Angenommen, nur der Käufer hätte sich geirrt und dem Verkäufer wäre dieser Irrtum aufgefallen, er hätte aber darauf verzichtet, den Käufer auf den Irrtum hinzuweisen: Haben die Parteien einen wirksamen Vertrag geschlossen und wenn ja, worüber? Lesen Sie MüKo-BGB/*Armbrüster*, § 119 Rn. 63. Welchem Irrtum wäre der Käufer in diesem Fall unterlegen? Lesen Sie Staudinger/*Singer*, § 119 Rn. 43.
4. Nach dem Urteil des Reichsgerichts kann der Käufer den Vertrag nicht anfechten. Wie sieht es mit dem Verkäufer aus – hat er einen Anfechtungsgrund? Wenn ja, nach welcher Norm?

Fall 7: Lotterie

Abgrenzung zwischen Gefälligkeit und Rechtsgeschäft
BGH NJW 1974, 1705

I. Sachverhalt

118 Die Kläger hatten sich mit dem Beklagten zu einer Lottospielgemeinschaft zusammengeschlossen. Jeder zahlte pro Woche 10 Euro beim Beklagten ein; mit dem Geld „tippten" sie eine festgelegte Zahlenreihe. Der Beklagte hatte die Aufgabe, das Geld zu verwalten, die Lottozettel im eigenen Namen mit den abgesprochenen Zahlen auszufüllen und sie bei der Annahmestelle abzugeben. Am 23.10.1971 kam der Beklagte dieser Aufgabe nicht nach, weil er seine Arbeitsstelle wider Erwarten erst kurz vor Schluss der Annahmestelle verlassen konnte. Die Lottoscheine auszufüllen hätte zu lange gedauert. Deshalb entschied er sich, mit den wöchentlichen Teilnehmerbeiträgen der Lottospielgemeinschaft andere Wettscheine auszufüllen und einzureichen. Mit der verabredeten Lotto-Zahlenreihe hätte die Tippgemeinschaft 10.550 DM gewonnen. So gingen sie leer aus. Die Kläger verlangen vom Beklagten anteiligen Schadensersatz: Jeder fordert 2.110 DM nebst Zinsen. Der Beklagte weist die Ansprüche zurück; ihm könne kein schuldhaftes Verhalten vorgeworfen werden.

II. Zentrale Probleme

119 Die Kläger könnten gegen den Beklagten einen Anspruch auf Schadensersatz gemäß § 280 Abs. 1 BGB haben. Dafür müsste der Beklagte schuldhaft eine vertragliche Pflicht verletzt haben; den Klägern müsste daraus ein Schaden entstanden sein. Die Kläger werfen dem Beklagten vor, dass er die Lottoscheine nicht verabredungsgemäß ausgefüllt und eingereicht habe. Deshalb sei ihnen der Gewinn entgangen. Der BGH untersucht, ob der Beklagte tatsächlich eine entsprechende rechtliche Pflicht übernommen hat oder ob die Absprache rein sozialer Natur war und daher keinen Anspruch auf Schadensersatz begründen kann.

III. Die Entscheidung des BGH

120 Seine Ausführungen beginnt das Gericht mit einer grundsätzlichen Feststellung zum Verhältnis der Mitglieder von Lottospielgemeinschaften zueinander:

▶ Dass zwischen den Mitgliedern einer mündlich verabredeten Lotto- oder Totospielgemeinschaft überhaupt rechtliche Beziehungen bestehen [...], ist in der Rechtsprechung allgemein anerkannt. Entfällt beispielsweise auf die Spielgemeinschaft oder auf denjenigen, der in ihrem Auftrag an der Ausspielung teilgenommen hat, ein Spielgewinn, so besteht die Rechtspflicht, den Gewinn wie verabredet auf die Mitglieder der Spielgemeinschaft zu verteilen. Eine solche Verpflichtung kann sich selbst dann ergeben, wenn einzelne Mitspieler ihren Beitrag im Zeitpunkt der Ausspielung noch nicht geleistet hatten. Weiterhin können die Mitspieler auch zur Leistung der versprochenen Spieleinsätze rechtlich verpflichtet sein; dies ist insbesondere dann anzunehmen, wenn einer von ihnen in Vorlage getreten ist und den verabredeten Einsatz bereits bei der Lotto- oder Totoannahmestelle einbezahlt hat. ◀

III. Die Entscheidung des BGH

121 Das alleine bedeute aber noch nicht, dass das Mitglied, das sich bereit erklärt hat, die Spielscheine auszufüllen und einzureichen, dazu auch rechtlich verpflichtet sei:

▶ Die Frage, ob und inwieweit ein unentgeltlich übernommener Auftrag rechtsgeschäftlich bindend oder nur unverbindlich ist, kann im Allgemeinen – da insoweit ein ausdrücklich oder stillschweigend erklärter Wille der Beteiligten in der Regel nicht feststellbar ist – nur unter Berücksichtigung der Interessenlage beider Parteien nach Treu und Glauben mit Rücksicht auf die Verkehrssitte geprüft werden. Dabei kommt es einerseits darauf an, ob für den „Auftraggeber" wesentliche Interessen – insbesondere Interessen wirtschaftlicher Art – auf dem Spiele stehen, er also, wenn die versprochene Leistung nicht oder nicht ordnungsgemäß erbracht wird, erhebliche, mit Wahrscheinlichkeit eintretende Schäden zu erwarten hat. Andererseits ist darauf abzustellen, ob die Annahme einer Rechtspflicht und das sich daraus ergebende Schadensersatzrisiko auch für den „Beauftragten" unter Berücksichtigung der Unentgeltlichkeit der übernommenen Geschäftsbesorgung zumutbar ist. ◀

122 Zugunsten des beklagten Spielers seien folgende Interessen in die Waagschale zu werfen:

▶ Würde man eine rechtliche Verbindlichkeit des beauftragten Mitspielers annehmen, so würde dies für ihn ein außerordentliches Schadensersatzrisiko mit sich bringen. [...] [D]ie Gefahr, dass der beauftragte Spieler gegen die von den Mitspielern getroffene Abrede verstößt, [ist] verhältnismäßig groß. Es kann leicht vorkommen, dass er das Ausfüllen der Wettscheine wegen anderweitiger Verpflichtungen unterlässt, es vergisst oder versehentlich andere Zahlen ankreuzt als vereinbart. Allerdings ist die Wahrscheinlichkeit, dass aus einem solchen Fehler ein erheblicher Schaden erwächst – ebenso wie die Chance eines hohen Gewinns – sehr klein. Wenn aber ein Schaden eintritt, kann dieser eine außergewöhnliche Höhe erreichen [...]. Die Ersatzpflicht hätte in diesen Fällen für den beauftragten Spieler vielfach eine Vernichtung seiner wirtschaftlichen Existenz zur Folge; jedenfalls würde sie ihn ungleich härter treffen, als wenn den Mitspielern ein Ersatzanspruch wegen des entgangenen Spielgewinns, mit dem sie nicht ernsthaft rechnen konnten, versagt wird. ◀

123 Die Interessenlage der klagenden Mitspieler bewertet der BGH wie folgt:

▶ Im Allgemeinen ist allerdings ein entgangener Gewinn nicht weniger schadensersatzwürdig als der Verlust bereits vorhandener Vermögenswerte. Doch handelt es sich in den Fällen der vorliegenden Art nicht um einen normalen Gewinn, der – wie etwa ein entgangener Arbeitsverdienst oder der entgangene Gewinn eines Gewerbetreibenden – durch einen in etwa gleichwertigen Einsatz „verdient" war und mit einiger Wahrscheinlichkeit erwartet werden konnte. Sondern zu ersetzen wäre ein Spielgewinn, der, soweit es die höheren Gewinnklassen betrifft, nur einen unverhältnismäßig geringen Einsatz gekostet hat und für den Gewinner, wenn er eingetreten wäre, einen ganz außerordentlichen – zwar erhofften, aber gar nicht zu erwartenden – Glücksfall bedeutet hätte. ◀

124 Zudem stellt er einige generelle Überlegungen zu Sinn und Zweck einer Tippspielgemeinschaft an:

▶ Im Allgemeinen würde es auch dem Gedanken des gemeinsamen Spiels widersprechen, den beauftragten Spieler, der das Ausfüllen der Wettscheine ohne Entgelt übernimmt, für etwaige Fehler nach Rechts- und Schadensersatzgrundsätzen haftbar zu machen. Eine Spielgemeinschaft wird – abgesehen von dem Motiv, Spannung und Erfolg oder Misserfolg des Spiels gemeinsam zu erleben – meist mit dem Ziel verabredet, durch den erhöhten Einsatz die geringe Gewinnchance etwas zu erweitern. Dagegen liegt es völlig außerhalb der Vorstellung der Beteiligten, dass sich aus ihrem Zusammenschluss für einen von ihnen eine – unter Umständen existenzvernichtende – Schadensersatzpflicht ergeben könnte. Keiner der Spieler würde, falls die Frage im Voraus bedacht und ausdrücklich erörtert würde, ein solches Risiko übernehmen oder es den Mitspielern zumuten. Denn auch das Glücksspiel, bei dem hohe Gewinne in Aussicht stehen, bleibt im Regelfall Spiel, dh freies, außerhalb wirtschaftlicher Zwecke und Notwendigkeiten stehendes Handeln, womit ein rechtlicher Zwang und Schadensersatz, wie er sonst zum Schutz wesentlicher Interessen und Güter notwendig ist, nicht vereinbar wäre. Anders ist es nur dort, wo das Glücksspiel von geschäftlichen Zwecken überlagert ist, etwa bei einem Spielbeauftragten, der – wie insbesondere die Lottoannahmestellen – für die Durchführung des Spieleinsatzes ein Entgelt bekommt, oder wenn beispielsweise mehrere Kaufleute sich aufgrund planmäßig spekulativer Überlegungen zusammengetan haben und mit besonders hohen Einsätzen spielen. Liegen aber, wie hier, solche Umstände nicht vor, so widerspricht eine rechtliche Verpflichtung in der Regel der Intention der Parteien, und es bedarf, wenn sie ausnahmsweise doch gewollt ist, einer besonderen Vereinbarung. Eine solche ist im vorliegenden Fall nicht getroffen worden […]. ◀

125 Für Fälle der vorliegenden Art kommt der BGH aufgrund der gebotenen Interessenabwägung zum Ergebnis, dass der beauftragte Mitspieler im Allgemeinen nicht rechtlich dazu verpflichtet ist, die Wettscheine wie verabredet auszufüllen und einzureichen.

IV. Rechtliche Einordnung

126 1. Millionen Menschen spielen regelmäßig oder gelegentlich Lotto. Sie alle eint die Hoffnung auf das große Geld. Manche von ihnen schließen sich zu Tippgemeinschaften zusammen. Eine solche Gemeinschaft stellt, so der BGH gleich zu Beginn seiner Urteilsbegründung, ein Schuldverhältnis dar, aus dem für die Mitglieder gewisse Pflichten erwachsen: Gewinnt das gemeinsame Los, muss die Person, die den Gewinn abholt, ihn mit den anderen teilen. Unter Umständen ist jedes Mitglied der Gemeinschaft verpflichtet, einen gewissen Einsatz zu entrichten.

127 2. Vorliegend steht jedoch keine dieser Pflichten in Frage. Streitig ist vielmehr, wie die Vereinbarung, dass der Beklagte für die Tippgemeinschaft jede Woche Tippscheine ausfüllen und bei der Annahmestelle abgeben wird, rechtlich zu bewerten ist. Nur wenn der Beklagte dadurch eine Rechtspflicht übernommen hat, kann er eine Pflichtverletzung begangen haben, als er am 23.10.1971 andere als die verabredeten Scheine ausfüllte und abgab.

128 a) Nicht alle Absprachen begründen vertragliche Pflichten. Gerade im privaten Bereich gibt es Vereinbarungen, die nach Ansicht keiner der Beteiligten vertraglichen Charakter haben sollen. Zumeist handelt es sich dabei um Zusagen, eine Tätigkeit unentgeltlich zu übernehmen, etwa die Blumen des Nachbarn zu gießen, während sich dieser im Urlaub befindet. Aus einer solchen Abmachung soll der verreisende Nachbar den anderen in der Regel weder zum Gießen verpflichten können, noch soll er Schadensersatzansprüche gegen ihn geltend machen dürfen, wenn er das Gießen vergessen oder aus anderen Gründen unterlassen hat.

129 Auch gesamtgesellschaftlich besteht kein Interesse daran, eine solche Absprache als rechtsgeschäftlich einzuordnen. Bei einer solchen Qualifikation würden Anreize, anderen Menschen kostenlos zu helfen, erheblich sinken. Menschen würden einander nicht mehr beim Wohnungsumzug oder beim Einparken in eine enge Parklücke helfen, weil sie Sorge hätten, dass sie belangt werden würden, wenn dabei Fehler passieren.

IV. Rechtliche Einordnung

Freunde und Familienmitglieder müssten sich über Haftungsfragen unterhalten, bevor sie einander kostenlos unter die Arme greifen.

b) Die Abgrenzung zwischen Rechtgeschäft – insbesondere einem Auftrag iSd § 662 BGB – und schlichter Gefälligkeit ist mithin praktisch wichtig. Oft wird sie unter der Überschrift „Rechtsbindungswille" diskutiert. Diese Formulierung, die der BGH im vorliegenden Urteil nicht verwendet, ist wenig geglückt.[1] Sie suggeriert, dass zu untersuchen ist, ob sich der Erklärende tatsächlich rechtlich binden will. Maßgeblich ist hingegen, ob das Verhalten des Erklärenden für einen objektiven, mit den Umständen des Einzelfalls vertrauten Dritten den Anschein erweckt, als habe er eine rechtlich relevante und mithin bindende Erklärung abgeben wollen. Die Erklärung ist dafür gemäß §§ 133, 157 BGB auszulegen.[2]

c) Bei der Auslegung ist nach dem BGH in aller Regel die „Interessenlage beider Parteien nach Treu und Glauben mit Rücksicht auf die Verkehrssitte" zu prüfen. Zumeist hätten sich die Parteien über die Frage, ob die Absprache rechtlich bindend sein solle, nämlich weder ausdrücklich noch stillschweigend, also konkludent, verständigt. Relevante Faktoren für die Ermittlung der Interessen seien etwa, so der BGH an anderer Stelle, die „Art der Gefälligkeit, ihr Grund und Zweck [sowie] die Umstände, unter denen sie erwiesen wird".[3] Auch „der Wert einer anvertrauten Sache, die wirtschaftliche Bedeutung einer Angelegenheit, das erkennbare Interesse des Begünstigten und die nicht ihm, wohl aber dem Leistenden erkennbare Gefahr, in die er durch eine fehlerhafte Leistung geraten kann", seien zu berücksichtigen.[4]

Dass eine Tätigkeit unentgeltlich ausgeführt wird, ist für sich alleine allerdings noch nicht ausschlaggebend. Schenkung, Leihe, Auftrag und Verwahrung (§§ 516 ff., 598 ff., 662 ff., 688 ff. BGB) begründen Rechtspflichten, obwohl Leistungen (unter Umständen)[5] unentgeltlich erbracht werden. Auch dass der Erklärende uneigennützig tätig wird, steht der Annahme einer Rechtspflicht nicht unbedingt entgegen.[6] Umgekehrt gilt aber: Verfolgt der Erklärende ein eigenes rechtliches oder wirtschaftliches Interesse, so wird der Empfänger in der Regel davon ausgehen, dass die Zusage rechtlich verbindlich ist.[7]

d) Im vorliegenden Fall stellt der BGH darauf ab, dass die Eingehung einer Rechtspflicht für den Beklagten mit einem sehr hohen wirtschaftlichen Risiko verbunden wäre. Diesem möglicherweise existenzvernichtenden Risiko sei der entgangene Gewinn der Kläger gegenüberzustellen. Anders als bei einem „normalen Gewinn" sei der im Raum stehende Lottogewinn nicht durch einen ihm gleichwertigen Einsatz verdient, sondern stelle einen „Glücksfall" dar, der – auch angesichts der Gewinnchancen – nicht zu erwarten gewesen sei. Hinzu komme, dass auch das Lottospiel ein Spiel sei und also „außerhalb wirtschaftlicher Zwecke und Notwendigkeiten stehendes Handeln". Vorab befragt, hätte der Beklagte die ihm aufgetragenen Aufgaben abgelehnt, wenn sie ihm als Rechtspflicht angetragen worden wären; die Kläger hätten ihm aber diese Rolle auch gar nicht zugemutet.

130

131

132

133

---

1 So auch *Leenen/Häublein*, § 8 Rn. 23.
2 Siehe dazu Fall 2 – Selbstbedienungstankstelle.
3 BGH NJW 1956, 1313 (1313 f.); jüngst auch BGH NJW 2015, 2880 Rn. 9. Vertiefend *Neuner*, § 28 Rn. 19.
4 BGH NJW 1956, 1313 (1314).
5 Eine Verwahrung kann entgeltlich oder unentgeltlich erfolgen, vgl. § 689 BGB.
6 Vgl. BGH NJW 1956, 1313 (1313).
7 Vgl. BGH NJW 1956, 1313 (1314).

134 e) Gerade der letzte Punkt hat Anlass zu Kritik gegeben.[8] Beim Lottospiel handele es sich nicht um eine Freizeitaktivität, bei der Spiel und Spaß im Vordergrund stünden. Wer Lotto spiele, tue dies ausschließlich wegen der Chance, dabei Geld zu gewinnen. Anders als der BGH behaupte, gelte vielmehr: Hätte der Beklagte erklärt, er wolle für die Erfüllung der ihm übertragenen Aufgabe nicht haften, hätten die Kläger ihm die Aufgabe nicht übertragen. Der Beklagte habe somit sehr wohl eine Geschäftsbesorgung iSd §§ 662 ff. BGB übernommen.

135 Der Tatsache, dass er damit ein erhebliches wirtschaftliches Risiko eingegangen sei, ohne dafür eine Gegenleistung zu erhalten, lasse sich wie folgt Rechnung tragen: Den Klägern sei erkennbar gewesen, dass sich der Beklagte nur dann habe verpflichten wollen, die Lottoscheine ohne Entgelt auszufüllen und einzureichen, wenn seine Haftung begrenzt sei.[9] Bei korrekter Auslegung gemäß §§ 133, 157 BGB[10] habe das klägerische Angebot mithin die Bedingung enthalten, den Auftrag nur dann zu übernehmen, wenn er für leichte (und womöglich auch grobe)[11] Fahrlässigkeit nicht hafte. Durch ihr Schweigen hätten die Kläger diesem Antrag stillschweigend, also konkludent, zugestimmt.[12]

136 3. Nicht nur Rechtsgeschäfte, sondern auch rechtsgeschäftsähnliche Schuldverhältnisse gemäß § 311 Abs. 2 BGB können Pflichten (zur Rücksichtnahme gemäß § 241 Abs. 2 BGB) begründen. Ihre Verletzung zieht dann ebenfalls Schadensersatzansprüche nach § 280 Abs. 1 BGB nach sich. Wer, wie der BGH, mangels Rechtsbindungswillens das Bestehen eines Schuldverhältnisses ablehnt, sollte anschließend kurz prüfen, ob der Beklagte gemäß §§ 280 Abs. 1, 241 Abs. 2, 311 Abs. 2 BGB Schadensersatz schuldet. Dafür müssten zwischen den Parteien „ähnliche geschäftliche Kontakte" iSd § 311 Abs. 2 Nr. 3 BGB bestehen.

137 a) Die Norm hat Auffangcharakter. Manche wollen unter sie auch „Gefälligkeitsverhältnisse mit rechtsgeschäftlichem Charakter" subsumieren; sie begründeten keine Leistungs-, wohl aber Schutz- und Obhutspflichten.[13] Ein Beispiel dafür seien etwa Bankauskünfte.[14] Vorteil der Anerkennung derartiger „Gefälligkeitsverhältnisse mit rechtsgeschäftlichem Charakter" und ihrer Subsumtion unter § 311 Abs. 2 Nr. 3 BGB sei, dass sich damit die Schwächen des Deliktsrechts umgehen ließen. Das Deliktsrecht sehe eine Haftung für reine Vermögensschäden nicht vor.[15] Überdies ermögliche es über § 831 Abs. 1 S. 2 BGB eine Exkulpation für das Handeln von Hilfspersonen, die der vertraglichen Zurechnung über § 278 BGB fremd sei.[16]

---

8 Vgl. etwa *Säcker*, NJW 2017, 3080 (3081).
9 *Säcker*, NJW 2017, 3080 (3081). Siehe auch *Fleischer/Hahn*, NZG 2017, 1 (7); *Kornblum*, JuS 1976, 571 (575).
10 Siehe dazu Fall 2 – Selbstbedienungstankstelle.
11 Die Entscheidung über die Reichweite des Haftungsausschlusses ist für die Praxis immens wichtig, aber nicht leicht zu fällen. *Säcker*, NJW 2017, 3080 (3081) enthält sich eines abschließenden Urteils. Vgl. dazu auch *Fleischer/Hahn*, NZG 2017, 1 (7).
12 Siehe zu stillschweigenden Willenserklärungen Fall 2 – Selbstbedienungstankstelle.
13 MüKo-BGB/*Emmerich*, § 311 Rn. 50; *Grigoleit*, VersR 2018, 769; Erman/*Dieckmann*, § 311 Rn. 22; *Medicus/Petersen*, Bürgerliches Recht, Rn. 368; *Neuner*, § 28 Rn. 21.
14 MüKo-BGB/*Emmerich*, § 311 Rn. 50; *Neuner*, § 28 Rn. 21.
15 *Neuner*, § 28 Rn. 21.
16 Kritisch zu diesen Motivationen für die Annahme eines Gefälligkeitsverhältnisses mit rechtsgeschäftlichem Charakter MüKo-BGB/*Bachmann*, § 241 Rn. 249.

IV. Rechtliche Einordnung

b) Rechtsprechung und herrschende Lehre lehnen die Figur des „Gefälligkeitsverhältnisses mit rechtsgeschäftlichem Charakter" hingegen ab.[17] Etwaige Lücken im Deliktsrecht seien durch den Gesetzgeber zu schließen.

138

c) Weitgehende Einigkeit besteht aber, dass ein bloß soziales Näheverhältnis, wie es etwa zwischen Mitgliedern einer Lottogemeinschaft besteht, für die Annahme eines „Gefälligkeitsverhältnisses mit rechtsgeschäftlichem Charakter" nicht ausreicht.[18] § 311 Abs. 2 Nr. 3 BGB erfordere bereits seinem Wortlaut nach „geschäftliche Kontakte" und mithin mehr als eine rein private Gefälligkeit.[19] Überdies stelle das Deliktsrecht im Allgemeinen sachgerechte Korrekturmöglichkeiten zur Verfügung.[20] Für den vorliegenden Fall bedeutet dies: Besteht zwischen den Parteien kein Schuldverhältnis, so haftet der Beklagte den Klägern auch nicht gemäß §§ 280 Abs. 1, 241 Abs. 2, 311 Abs. 2 BGB.

139

4. Fraglich ist, ob die Lage anders zu beurteilen gewesen wäre, wenn nicht nur der Beklagte, sondern auch die Kläger jeweils gewisse Aufgaben übernommen hätten, sich die Lottogemeinschaft also etwa jede Woche zur Ziehung der Lottozahlen beim Kläger zu 1 getroffen, Kläger zu 2 und 3 jeweils Getränke und Essen mitgebracht, Kläger zu 4 die Gruppe abgeholt und wieder nach Hause gebracht und alle Kläger gemeinsam mit dem Beklagten die entstehenden finanziellen Ausgaben aus einer Gruppenkasse finanziert hätten, in die alle eingezahlt hätten. Auch hier würde sich die Frage stellen, ob ein Schuldverhältnis zwischen den Parteien besteht, aus dem der Beklagte gemäß § 280 Abs. 1 BGB haftet.

140

a) Einen ähnlichen Fall hat das LG Arnsberg entschieden.[21] Fünf Freunde verbrachten ein gemeinsames Wochenende am See. Jeder steuerte etwas bei: Der eine kümmerte sich um die Anmietung des Ferienhauses, der andere um die Verpflegung, wieder ein anderer um das Bier. Alle gingen in Vorleistung; am Ende des Wochenendes sollten die Ausgaben zusammengezählt und pro Kopf aufgeteilt werden. Der Kronkorken einer der Bierflaschen berechtigte zur Auszahlung eines Gewinns bei einem „Kronkorkengewinnspiel". Einer der Freunde löste den Gewinn ein. Einer der anderen verlangte gemäß § 280 Abs. 1 BGB Auszahlung eines Anteils daran.

141

Nach Ansicht des LG haben die Freunde keine Gelegenheitsgesellschaft gebildet.[22] Zwar könnten Tippgemeinschaften eine Gesellschaft bürgerlichen Rechts (GbR) iSd § 705 BGB darstellen;[23] ihr Zweck bestehe dann in der Erhöhung ihrer Gewinnchancen durch gemeinsame Teilnahme am Lottospiel. Ebenso könne die Verabredung, gemeinsam auf Reisen zu gehen und die dabei entstehenden Kosten aus einer gemeinsamen Kasse zu bezahlen, mit der Begründung einer GbR verbunden sein.[24] Vorliegend seien die Grundsätze zu Lottospielen aber bereits deswegen nicht anwendbar, weil die Parteien nicht an einem Tippspiel hätten teilnehmen wollen.[25] Auch die Organisa-

142

---

17 BGHZ 21, 102 (106) = BGH NJW 1956, 1313; BGH NJW 1992, 2474 (2475); MüKo-BGB/*Bachmann*, § 241 Rn. 250 ff.; Grüneberg/*Grüneberg*, Einl. vor § 241 Rn. 8; Jauernig/*Stadler*, § 311 Rn. 45.
18 Vgl. nur *Neuner*, § 28 Rn. 21. AA *Bork*, Rn. 679: Eltern, die Freunde ihrer Kinder zu einer Geburtstagsparty einlüden, handelten mit Rechtsbindungswillen und verpflichteten sich mithin rechtlich, sorgfältig auf die ihnen anvertrauten Kinder aufzupassen.
19 Vgl. Grüneberg/*Grüneberg*, Einl. vor § 241 Rn. 8.
20 Vgl. beispielsweise *Neuner*, § 28 Rn. 21.
21 NJW 2017, 2421.
22 *Oechsler/Mihaylova*, Jura 2017, 997 (1002).
23 Vgl. dazu OLG München NJW-RR 1988, 1266.
24 OLG Saarbrücken NJW 1985, 811.
25 LG Arnsberg NJW 2017, 2421 Rn. 30.

tion des Wochenendes sei nicht mit erkennbarem Rechtsbindungswillen erfolgt.[26] Die Freunde hätten keine gemeinsame Kasse gehabt, sondern lediglich verabredet, dass sie die durch das Wochenende entstehenden Kosten abrechnen würden. Ein über die Verbringung gemeinsamer Freizeit hinausgehender Gesellschaftszweck sei nicht erkennbar.

143 Dies bedeute aber nicht, dass der beklagte Freund den Gewinn ausschließlich für sich habe behalten dürfen. Er und die anderen Freunde hätten eine Miteigentumsgemeinschaft an dem Kronkorken begründet, denn die Bierkisten einschließlich der Flaschen und der darauf befindlichen Korken seien für alle Freunde gemeinsam erworben worden. Indem der Beklagte den Korken für sich allein genutzt habe, habe er gegen seine Pflichten aus dem Verhältnis der Bruchteilsgemeinschaft verstoßen (§ 745 Abs. 2 BGB). Den dadurch entstandenen Schaden habe er gemäß § 745 Abs. 2 iVm §§ 280 Abs. 1, 823 Abs. 1 BGB zu ersetzen.

144 b) Auch diese Entscheidung wird in der Literatur kritisiert. Die Kritik bezieht sich vor allem auf die Ablehnung des Willens, sich durch Übernahme der unterschiedlichen Aufgaben rechtlich binden zu wollen. Die Freunde hätten sehr wohl eine GbR gebildet, denn sie hätten sich gegenseitig zu teils erheblichen Vorleistungen veranlasst.[27] Dies gelte insbesondere für die Person, die zunächst die Kosten für die Unterkunft übernommen habe. Für einen objektiven Dritten sei erkennbar, dass die Personen, die diese Vorleistungen erbringen, damit rechnen, die entstandenen Kosten ersetzt zu erhalten. Wer solche Kosten produziere und sich anschließend darauf berufe, dass er sich nicht rechtlich habe binden wollen, setze sich zu seinem eigenen Verhalten in Widerspruch.[28] In dem in Rn. 140 gebildeten Beispielsfall wäre die Sachlage sogar noch eindeutiger, denn da hätten Kläger und Beklagte über eine gemeinsame Kasse verfügt.

V. Vertiefungsfragen

145 1. Warum scheitert ein Schadensersatzanspruch nicht bereits an § 762 Abs. 1 BGB? Lesen Sie dazu BGH NJW 1974, 1705 sowie MüKo-BGB/*Habersack*, § 762 Rn. 34; BeckOK-BGB/*Janoschek*, Stand: 1.5.2022, § 762 Rn. 1.
2. Lässt sich der reduzierte Haftungsmaßstab bei unentgeltlichen Verträgen auf die deliktische Haftung übertragen? Nachweise finden Sie bei MüKo-BGB/*Bachmann*, § 241 Rn. 255 ff.; *Daßbach*, JA 2018, 575 (579 ff.); *Heinrich*, S. 43 f.; *Medicus/Petersen*, Bürgerliches Recht, Rn. 364 ff.; *Neuner*, § 28 Rn. 22 ff.
3. Können auch Pflichten, die den engsten persönlichen Freiheitsbereich einer Person betreffen, rechtsgeschäftlicher Natur sein? Siehe den „Pillen-Fall" BGHZ 97, 372 = BGH NJW 1986, 2043.
4. In welchem Verhältnis stehen Rechtsbindungswille und Erklärungsbewusstsein zueinander? Siehe dazu *Faust*, § 3 Rn. 4; *Leenen/Häublein*, § 8 Rn. 22 f.; *Schwab*, Iurratio 2010, 73 ff.
5. § 661a BGB gewährt dem Verbraucher gegenüber einem Unternehmer, der ihm eine Mitteilung über einen gewonnenen Preis zusendet, einen Anspruch auf Leistung dieses Preises, obwohl der Versender typischerweise gerade nicht den Willen hat, ein rechtlich bindendes Versprechen abzugeben. Wie lässt sich das dogmatisch be-

---

26 LG Arnsberg NJW 2017, 2421 Rn. 31.
27 *Hippeli*, ZJS 2017, 441 (444); *Oechsler/Mihaylova*, JA 2017, 997 (1002). Vgl. auch *Mittwoch*, JuS 2017, 591 ff. Dem LG zustimmend hingegen *Foerster*, JA 2017, 627 (629).
28 Vgl. dazu auch *Oechsler/Mihaylova*, JURA 2016, 833 (834 f.).

V. Vertiefungsfragen

gründen? Kann der Unternehmer die Gewinnzusage mit dem Argument anfechten, er habe sich über die Rechtserheblichkeit der Mitteilung geirrt? Lesen Sie *Stieper*, NJW 2013, 2849 ff.

Fall 8: Mobilfunkmast

Folgen einer verspäteten Annahme
BGHZ 209, 105 = BGH NJW 2016, 1441

I. Sachverhalt[1]

146 Die Beklagte, eine Mobilfunkanbieterin, will auf einem Grundstück der Klägerin, auf dem diese als örtliches Versorgungsunternehmen lediglich einen Wasserhochbehälter unterhält, einen Mobilfunkmast errichten. Sie übersandte daher der Klägerin Anfang November 2003 einen noch nicht unterzeichneten schriftlichen Mietvertragstext. Dieser sah eine 30-jährige Laufzeit beginnend ab Vertragsunterzeichnung durch beide Vertragsparteien vor sowie ein ordentliches Kündigungsrecht des Mieters nach Ablauf des 20. Vertragsjahrs. Die Jahresmiete sollte 2.600 Euro zuzüglich Umsatzsteuer betragen. Die Klägerin nahm im Vertragstext eine kleine handschriftliche Änderung – drei statt der vorgesehenen zwei Freihandys – vor, unterschrieb am 9.12.2003 und übersandte den Vertrag per Post an die Beklagte. Diese unterzeichnete am 27.1.2004 und reichte den Vertrag zurück.

In der Folgezeit erstritt die Beklagte nach über siebenjährigem Genehmigungsverfahren im September 2011 eine Baugenehmigung für den Mobilfunkmast. Bevor sie mit dem Bau beginnen konnte, teilte ihr die Klägerin im November 2011 mit, dass sie den Mietvertrag für unwirksam halte. Mit ihrer Klage begehrt die Klägerin die Feststellung, dass zwischen den Parteien kein wirksames Mietverhältnis bestehe.

II. Zentrale Probleme

147 Ob zwischen den Parteien ein Mietvertrag zustande gekommen ist, hängt davon ab, ob die Beklagte das Angebot der Klägerin vom 9.12.2003 rechtzeitig angenommen hat, als sie den Vertrag am 27.1.2004 unterzeichnete. Wenn derjenige, der einem anderen einen Vertragsschluss anträgt, keine Annahmefrist gemäß § 148 BGB bestimmt,[2] richtet sich die Annahmefrist nach § 147 Abs. 2 BGB. Danach kann ein Antrag unter Abwesenden nur bis zu dem Zeitpunkt angenommen werden, in welchem der Antragende den Eingang der Annahmeerklärung unter regelmäßigen Umständen erwarten darf. Fraglich war daher, ob die Annahme nach mehr als 50 Tagen im Hinblick auf die zwischen Angebot und Annahme liegende Weihnachts- und Neujahrszeit noch zu einem wirksamen Vertragsschluss führen konnte und – falls das nicht der Fall ist – welche Folgen eine verspätete Annahmeerklärung nach sich zieht.

III. Die Entscheidung des BGH

148 Nach Auffassung des BGH war die Annahmefrist bereits abgelaufen, als die Annahmeerklärung der Klägerin vom 27.1.2004 zuging. Dabei geht der BGH von folgenden Grundsätzen aus:

▶ [20] [...] Die nach objektiven Maßstäben zu bestimmende Frist zur Annahme setzt sich zusammen aus der Zeit für die Übermittlung des Antrags an den Empfänger, dessen Bearbeitungs- und Überlegungszeit sowie der Zeit der Übermittlung der Antwort an den

---

1 Vereinfachte Version des Original-Sachverhalts.
2 Siehe hierzu Fall 9 – Campingbus.

III. Die Entscheidung des BGH

Antragenden. Sie beginnt daher schon mit der Abgabe der Erklärung und nicht erst mit deren Zugang bei dem Empfänger. Die Überlegungsfrist bestimmt sich vor allem nach der Art des Angebots. Nach seinem Inhalt ist zu beurteilen, ob der Antragende die Behandlung des Angebots als eilbedürftig erwarten darf.
[21] Zu den regelmäßigen Umständen iSd § 147 Abs. 2 BGB gehören auch verzögernde Umstände, die der Antragende kannte oder kennen musste. Als solche kommen etwa die Organisationsstruktur großer Unternehmen, die Erfordernisse der internen Willensbildung bei Gesellschaften oder juristischen Personen oder auch absehbare Urlaubszeiten in Betracht, sofern von einem verzögernden Einfluss auf die Bearbeitungsdauer auszugehen ist. [...] ◀

Anders als das Berufungsgericht, das weite Teile der Weihnachts- und Neujahrszeit ausgenommen hatte, kommt der BGH auf dieser Grundlage für den Regelfall zu einer zeitlichen Obergrenze von zwei bis drei Wochen: 149

▶ [31] In der obergerichtlichen Rechtsprechung und in der Literatur besteht weitgehend Einigkeit darüber, dass die Annahmefrist des § 147 Abs. 2 BGB bei Mietverträgen – selbst solchen über Gewerberaum mit hohen Mieten und Unternehmen mit komplexer Struktur als Annehmenden – in der Regel zwei bis drei Wochen nicht übersteigt.
[32] Diese zeitliche Obergrenze wird auch nach Auffassung des Senats dem Regelfall eines gewerblichen Mietvertrags gerecht und stellt keine zu kurze Frist dar. Binnen zwei bis drei Wochen kann der auf einen Mietvertrag Antragende jedenfalls erwarten, dass sein in Aussicht genommener Vertragspartner die Annahme des Angebots erklärt. Damit in Einklang steht die Rechtsprechung des BGH zur Annahmefrist bei anderen Vertragsarten, die selbst für finanzierte Bauträgerverträge[3] oder den finanzierten Kauf einer Eigentumswohnung, dessen Abschluss eine Bonitätsprüfung vorausgeht[4], von einer Annahmefrist von in der Regel vier Wochen ausgeht. ◀

Anhaltspunkte dafür, von dieser Obergrenze im vorliegenden Fall abzuweichen, hält der BGH nicht für gegeben: 150

▶ [34] Der Beklagten war der Inhalt des Angebots weitestgehend bekannt, stammte der – für eine Vielzahl von Verträgen vorformulierte – Vertragstext doch von ihr. Die von der Klägerin vorgenommene Abänderung war marginal. Die Klägerin musste nach all dem davon ausgehen, dass sich der interne Prüfungs- und Abstimmungsbedarf der Beklagten selbst bei Beteiligung mehrerer Abteilungen in überschaubaren zeitlichen Grenzen halten würde. [...] Der Umstand, dass der Mietgegenstand keine besondere Eilbedürftigkeit bedingte, führt nicht zu einer Verlängerung über die in der Regel bei Mietverträgen geltende Höchstfrist hinaus. Schließlich kann auch die Zeit von Heiligabend bis zum Feiertag Heilige Drei Könige keine Verlängerung der Annahmefrist auf über vier Wochen rechtfertigen. ◀

Gleichwohl hält der BGH aber das Zustandekommen eines Mietvertrags nicht für ausgeschlossen. Denn die verspätete Annahme der Beklagten gilt gemäß § 150 Abs. 1 BGB als neuer Antrag. Diesen hat die Klägerin zwar weder ausdrücklich noch konkludent innerhalb der – wiederum nach § 147 Abs. 2 BGB zu bestimmenden – Annahmefrist angenommen. Auch eine stillschweigende Annahme gemäß § 151 S. 1 BGB kommt nach Auffassung des BGH nicht in Frage: 151

▶ [38] [...] Denn auch wenn der Antragende auf den Zugang der Annahmeerklärung verzichtet hat, ist ein als Willensbetätigung zu wertendes, nach außen hervortretendes

---
3 BGH NJW 2014, 854 Rn. 12.
4 BGH NJW 2010, 2873 Rn. 12.

Verhalten des Angebotsempfängers erforderlich, aus dem sich dessen Annahmewille unzweideutig ergibt. An einem solchen Annahmewillen fehlt es aber demjenigen, der sich als Partner eines bereits geschlossenen Vertrags wähnt. ◀

152 Der BGH hält es jedoch für denkbar, dass die Anwendung der Grundsätze von Treu und Glauben (§ 242 BGB) im Ergebnis dennoch zu einem wirksamen Vertragsschluss führt:

▶ [39] [...] Zum einen kann ein solcher ausnahmsweise durch ein Schweigen der Klägerin auf die verspätete Annahme bewirkt worden sein. Zum anderen ist gegebenenfalls zu berücksichtigen, dass es dem Erstofferenten aufgrund der Umstände des Einzelfalls gemäß § 242 BGB verwehrt sein kann, sich auf die Verspätung der Annahme zu berufen. In Betracht zu ziehen ist dies etwa, wenn er aus dem Vertrag Vorteile gezogen sowie der Vertragspartner im Vertrauen auf die Wirksamkeit des Vertrags Dispositionen getroffen hat und – entsprechend dem § 149 BGB zugrunde liegenden Rechtsgedanken – dem Erstofferenten die verzögerte Geltendmachung der verspäteten Annahme vorwerfbar ist. Das Berufungsgericht hat – von seinem Rechtsstandpunkt aus folgerichtig – zu diesen Fragen keine Feststellungen getroffen. ◀

IV. Rechtliche Einordnung

153 1. Die Entscheidung der Frage, bis zu welchem Zeitpunkt ein Vertragsangebot unter Abwesenden gemäß § 147 Abs. 2 BGB angenommen werden kann, der Antragende also unter regelmäßigen Umständen eine Antwort auf sein Angebot erwarten darf, unterliegt tatrichterlichem Ermessen. Die Entscheidung des Berufungsgerichts kann der BGH als Revisionsgericht daher nur daraufhin überprüfen, ob das Ermessen ausgeübt worden ist, dabei alle wesentlichen Umstände rechtsfehlerfrei ermittelt und berücksichtigt sowie die Grenzen des tatrichterlichen Ermessens richtig bestimmt und eingehalten worden sind.[5]

154 Weil das OLG Karlsruhe diese Grenzen nach Auffassung des BGH überschritten und damit sein Ermessen fehlerhaft ausgeübt hat, hebt der BGH die Entscheidung wegen eines Rechtsverstoßes (§ 545 Abs. 1 ZPO) auf und verweist den Rechtsstreit zur erneuten Entscheidung an das Berufungsgericht zurück (§ 563 Abs. 1, 2 ZPO). Eine konkrete Annahmefrist kann der BGH dabei nicht vorgeben. Ihre Bestimmung im Einzelfall obliegt – unter Berücksichtigung der vom BGH aufgestellten Grundsätze zur Ermessensausübung – dem Berufungsgericht als Tatsacheninstanz. Auch die vom BGH angenommene Obergrenze von vier Wochen ist lediglich ein Anhaltspunkt für die erneute Entscheidung.[6]

155 2. Die Entscheidung zeigt, wie wichtig die Bestimmung einer Annahmefrist gemäß § 148 BGB ist. Sie schafft Klarheit über den Zeitpunkt, bis zu dem die Annahmeerklärung erfolgen kann.[7] Fehlt eine solche Bestimmung, so kann dies zu Unsicherheit hinsichtlich der Frage führen, wann dieser Zeitpunkt gemäß § 147 Abs. 2 BGB anzunehmen ist, bis wann also die Annahme erklärt werden kann. Der BGH zeigt aber anschaulich auf, welche Umstände bei der Ermittlung der Frist zu berücksichtigen sind. Mit der Annahme einer bei Mietverträgen regelmäßig auf zwei bis drei Wochen

---

5 BGHZ 209, 105 Rn. 22 = BGH NJW 2016, 1441.
6 BeckOK-BGB/*H.-W. Eckert*, Stand: 1.5.2022, § 147 Rn. 11.
7 Siehe dazu Fall 9 – Campingbus.

IV. Rechtliche Einordnung

begrenzten Frist zieht der BGH die zeitliche Grenze für eine Annahme im Interesse der Rechtsklarheit vergleichsweise eng.

3. Interessant sind daher vor allem die Ausführungen zu den Folgen einer verspäteten Annahme. Diese ist gemäß § 150 Abs. 1 BGB als neuer Antrag zu werten, den derjenige, der das ursprüngliche Vertragsangebot unterbreitet hat, annehmen oder ablehnen kann. Die damit einhergehende Freiheit des Erstofferenten, den neuen Antrag schlicht zu übergehen, schränkt der BGH allerdings erheblich ein, indem er bei nachfolgendem Schweigen einen wirksamen Vertragsabschluss für denkbar hält (Rn. 39).[8] Dabei deutet der BGH zwei unterschiedliche Wege an, um zu einem Vertragsschluss zu kommen:

a) Zum einen verweist der BGH auf die Möglichkeit eines „beredten" Schweigens. Dabei ist nach einhelliger Auffassung von dem Grundsatz auszugehen, dass bloßem Schweigen im Rechtsverkehr kein Erklärungswert zukommt, also weder Zustimmung noch Ablehnung bedeutet.[9] Nach der Rechtsprechung des BGH soll bei einer verspäteten Annahmeerklärung das Schweigen des Empfängers nach Treu und Glauben aber regelmäßig als konkludente Annahme des neuen Antrags zu werten sein, wenn nicht besondere Umstände die Möglichkeit einer Änderung seiner sachlichen Entscheidung nahelegen.[10] Die Gegenauffassung im Schrifttum entnimmt dem Schweigen auf eine verspätete Annahmeerklärung eine Zustimmung zum neuen Antrag dagegen nur dann, wenn es Anhaltspunkte dafür gibt, dass die Parteien dem Schweigen einen solchen Erklärungswert beimessen wollten.[11] Zur Begründung wird auf § 149 BGB verwiesen, der eine Ausnahme vom Grundsatz des § 150 Abs. 1 BGB nur für den Fall der verspätet zugegangenen, aber rechtzeitig abgesendeten Annahmeerklärung vorsieht. Eine Analogie komme mangels vergleichbarer Interessenlage nicht in Betracht.

b) Außerdem kann es dem Erstofferenten aufgrund der Umstände des Einzelfalls gemäß § 242 BGB verwehrt sein, sich auf die Verspätung der Annahme zu berufen, wenn sich ein solches Verhalten als rechtsmissbräuchlich darstellt.[12] Dieser Fall ist von der Annahme durch beredtes Schweigen vor allem durch die unterschiedlichen Rechtsfolgen zu unterscheiden: Der Einwand missbräuchlichen Verhaltens lässt keinen Vertrag zustande gekommen, es wird nur dem Erstofferenten (aber nicht seinem Vertragspartner) verwehrt, die Unwirksamkeit geltend zu machen. Im vorliegenden Fall lässt der BGH offen, ob ein solcher Fall gegeben ist, da das Berufungsgericht hierzu keine Feststellungen getroffen hat. Vor allem die zeitliche Abfolge der Ereignisse legt einen Verstoß gegen Treu und Glauben nahe. Immerhin hat sich die Klägerin erst acht Jahre nach dem vermeintlichen Vertragsschluss auf die Unwirksamkeit des Vertrags berufen. Zudem hatte die Beklagte in der Zwischenzeit im Vertrauen auf einen wirksamen Vertragsschluss schon erhebliche Dispositionen getroffen. Nach § 242 BGB muss sich der Kläger dann so behandeln lassen, als wäre die Annahmeerklärung rechtzeitig erfolgt und der Mietvertrag somit wirksam zustande gekommen.

---

8 Kritisch insoweit *Kähler*, NJW 2016, 1444 f.
9 Siehe nur *Kramer*, Jura 1984, 235 (243 ff.).
10 BGH NJW-RR 1994, 1163 (1165); BGH NJW 1986, 1807 (1809); BGH NJW 1951, 313; ebenso für den Fall einer geringfügigen oder erkennbar unverschuldeten Verspätung Grüneberg/*Ellenberger*, § 150 Rn. 3.
11 Siehe MüKo-BGB/*Busche*, § 149 Rn. 4 sowie § 150 Rn. 3; *Kähler*, NJW 2016, 1444 (1445).
12 Siehe dazu Fall 17 – Edelmann. Der BGH verweist insoweit auf BGH NJW 2014, 854 Rn. 22 ff.

V. Vertiefungsfragen

1. Wer trägt die Beweislast für die Rechtzeitigkeit der Annahme? Spielt es dafür eine Rolle, dass der BGH über eine negative Feststellungsklage (§ 256 ZPO) zu entscheiden hatte? Lesen Sie BGH NJW 2016, 1441 Rn. 24 f.
2. Die Entscheidung des BGH betrifft einen Vertragsschluss zwischen Unternehmern. Lassen sich die für die Bestimmung der Annahmefrist aufgestellten Grundsätze ohne Weiteres auf die Annahmeerklärung eines Verbrauchers übertragen? Lesen Sie RGZ 142, 402; MüKo-BGB/*Busche*, § 147 Rn. 38.
3. Der BGH verneint sowohl eine konkludente (Rn. 36) als auch eine stillschweigende Annahmeerklärung seitens der Klägerin gemäß § 151 S. 1 BGB (Rn. 38). Kann dann das Schweigen der Klägerin auf die verspätete Annahme zu einem wirksamen Vertragsschluss führen? Worin unterscheidet sich dieser Fall von einer konkludenten Willenserklärung?
4. Welche Grundsätze gelten für das Schweigen auf ein „kaufmännisches Bestätigungsschreiben"? Worauf lassen sich diese Grundsätze stützen? Lesen Sie *Schärtel*, JA 2007, 567.

Fall 9: Campingbus

Zugang einer Willenserklärung per Einschreiben
BGHZ 137, 205 = BGH NJW 1998, 976

I. Sachverhalt

Der Kläger beauftragte und bevollmächtigte Frau M damit, den Verkauf seines Campingbusses zu vermitteln. Am 8.9.1994 gab der Beklagte gegenüber Frau M ein Angebot zum Kauf für 13.950 DM ab. Das von ihm unterzeichnete Bestellformular lautet unter anderem: „Der Käufer ist an diese Bestellung 10 Tage gebunden. Der Kaufvertrag ist abgeschlossen, wenn der Verkäufer durch den Vermittler die Annahme der Bestellung innerhalb dieser Frist schriftlich bestätigt hat oder die Lieferung ausgeführt ist."

Mit Einschreiben vom 10.9.1994 erklärte Frau M für den Kläger die Annahme des Angebots. Beim Versuch, die Postsendung zuzustellen, traf die Postbotin den Beklagten nicht an. Sie hinterließ deshalb in dessen Briefkasten die schriftliche Mitteilung, für ihn sei ein eingeschriebener Brief bei der näher bezeichneten Postanstalt niedergelegt. Der Beklagte holte die Postsendung nicht ab. Mit Stempelaufdruck vom 21.9.1994 und dem Vermerk „Empfänger benachrichtigt, da nicht abgefordert nach Ablauf der Lagerfrist zurück" ging der Einschreibebrief wieder an M zurück. Der Beklagte nahm weder das Fahrzeug ab, noch leistete er die laut Bestellformular zu entrichtende Anzahlung. Eine schriftliche Aufforderung der Frau M vom 24.11.1994 zur Abnahme des Campingbusses und Zahlung des Kaufpreises, verbunden mit einem Hinweis auf die von ihr erklärte Angebotsannahme, blieb ergebnislos.

Der Kläger verlangt vom Beklagten die Zahlung des Kaufpreises in Höhe von 13.950 DM.

II. Zentrale Probleme

Als Anspruchsgrundlage für den geltend gemachten Zahlungsanspruch kommt nur ein zwischen den Parteien geschlossener Kaufvertrag in Betracht, aus dem der Beklagte gemäß § 433 Abs. 2 BGB verpflichtet sein könnte. Es ist fraglich, ob ein solcher Kaufvertrag über den Campingbus zustande gekommen ist. Zwar hat der Beklagte ein Kaufangebot abgegeben, das mit Zugang bei Frau M als Passivvertreterin des Klägers (§ 164 Abs. 3 BGB) wirksam geworden ist. Allerdings hat der Beklagte darin gemäß § 148 BGB eine Annahmefrist bestimmt. Die Annahme des vom Beklagten abgegebenen Kaufangebots konnte daher nur innerhalb der im Bestellformular genannten Zehntagesfrist erfolgen, danach wäre das Angebot erloschen (§ 146 BGB). Der BGH musste klären, ob die Annahme (fristgemäß) zugegangen ist oder ob sich der Beklagte zumindest nach Treu und Glauben (§ 242 BGB) so behandeln lassen muss, als habe ihn die Erklärung rechtzeitig erreicht.

III. Die Entscheidung des BGH

1. Nach Auffassung des BGH fehlt es an den Voraussetzungen für einen Zugang der Annahmeerklärung beim Beklagten:

▶ Zugegangen ist eine Willenserklärung, sobald sie derart in den Machtbereich des Empfängers gelangt, dass bei Annahme gewöhnlicher Verhältnisse damit zu rechnen ist, er könne von ihr Kenntnis erlangen. Danach ist dem Beklagten fristgerecht allein der von der Postzustellerin gefertigte Benachrichtigungsschein zugegangen. Dieser Zettel unterrichtet den Empfänger, dass für ihn eine Einschreibesendung bei der Post zur Abholung bereit liegt. Er enthält aber keinen Hinweis auf den Absender des Einschreibebriefs und lässt den Empfänger im Ungewissen darüber, welche Angelegenheit die Einschreibesendung zum Gegenstand hat. Zu Recht hat deshalb das Berufungsgericht angenommen, der Zugang des Benachrichtigungsscheins habe nicht den Zugang des Einschreibebriefes ersetzt. ◂

163 2. Der BGH hält es aber auch nicht für gerechtfertigt, den Beklagten nach Treu und Glauben so zu behandeln, als habe ihn die infolge seiner Sorgfaltsverletzung nicht zugegangene Willenserklärung doch erreicht:

▸ Die Rechtsprechung hebt hierfür auch auf das Verhalten des Erklärenden ab. Er kann nach den Grundsätzen von Treu und Glauben aus seiner nicht zugegangenen Willenserklärung ihm günstige Rechtsfolgen nur dann ableiten, wenn er alles Erforderliche und ihm Zumutbare getan hat, damit seine Erklärung den Adressaten erreichen konnte. Dazu gehört in der Regel, dass er nach Kenntnis von dem nicht erfolgten Zugang unverzüglich einen erneuten Versuch unternimmt, seine Erklärung derart in den Machtbereich des Empfängers zu bringen, dass diesem ohne Weiteres eine Kenntnisnahme ihres Inhalts möglich ist. Dies folgt daraus, dass eine empfangsbedürftige Willenserklärung Rechtsfolgen grundsätzlich erst dann auslöst, wenn sie zugegangen ist. Welcher Art dieser erneute Versuch des Erklärenden sein muss, hängt von den konkreten Umständen wie den örtlichen Verhältnissen, dem bisherigen Verhalten des Adressaten, den Möglichkeiten des Erklärenden und auch von der Bedeutung der abgegebenen Erklärung ab und kann allgemein nicht entschieden werden.

Ein wiederholter Zustellungsversuch des Erklärenden ist allerdings dann nicht mehr sinnvoll und deshalb entbehrlich, wenn der Empfänger die Annahme einer an ihn gerichteten schriftlichen Mitteilung grundlos verweigert, obwohl er mit dem Eingang rechtserheblicher Mitteilungen seines Vertrags- oder Verhandlungspartners rechnen muss. Gleiches wird zu gelten haben, wenn der Adressat den Zugang der Erklärung arglistig vereitelt. Eine derartige Situation liegt hier jedoch nicht vor. Der Beklagte hat weder die Annahme des Einschreibebriefs verweigert, noch rechtfertigt sein Verhalten den Vorwurf der Arglist. Nach den insoweit nicht angegriffenen Feststellungen des Berufungsgerichts musste er nicht damit rechnen, dass der Einschreibebrief die Annahme seines Kaufangebotes enthielt, weil im Benachrichtigungszettel keine Angaben über den Absender vermerkt waren. Hinzu kommt, dass nach dem Wortlaut des Bestellformulars auch eine Übersendung der schriftlichen Annahmeerklärung durch einfachen Brief der Form genügt hätte. Der Beklagte musste deshalb die Einschreibesendung nicht notwendig mit seinem Kaufangebot in Verbindung bringen. Nicht ausgeschlossen ist auch, worauf das Berufungsgericht ebenfalls hinweist, dass der Beklagte die Abholung vergessen hat oder ihm der Benachrichtigungszettel abhandengekommen ist. [...]

Hiernach durfte es Frau M nicht dabei bewenden lassen, dass sie ihre Annahmeerklärung dem Beklagten nur einmal per Einschreibebrief zuschickte. Da sie nach Erhalt der Mitteilung, dass der Beklagte den Einschreibebrief nicht bei der Post abgeholt hatte, untätig blieb, kann der Kläger auch nach Treu und Glauben aus ihrer Erklärung über die Annahme des Kaufangebots keine Rechte herleiten. [...]

Ohne Belang ist ferner, dass Frau M im Schreiben vom 24.11.1994 an den Beklagten auf ihre in der Einschreibesendung enthaltene Annahmeerklärung Bezug nahm. Auch wenn hierin eine Wiederholung dieser Willenserklärung gesehen werden könnte, rechtfertigt dies keine andere Beurteilung. Zwar ist diese Erklärung dem Beklagten zugegangen. Jedoch wurde sie nicht unverzüglich, sondern erst über einen Monat nach dem Zeitpunkt abgegeben, zu welchem Frau M von der missglückten Zustellung erfahren hatte. ◂

IV. Rechtliche Einordnung

1. Wegen der vom Beklagten bestimmten Annahmefrist wäre ein Vertrag zwischen den Parteien nur dann zustande gekommen, wenn die – empfangsbedürftige – Annahmeerklärung des Klägers innerhalb dieser Frist wirksam geworden wäre. Selbst wenn das Verhalten des Erklärenden den Tatbestand einer Willenserklärung erfüllt, ist damit nämlich noch nicht gesagt, dass die Willenserklärung auch Rechtswirkungen entfaltet. Dazu bedarf es zusätzlich ihrer Entäußerung in den Rechtsverkehr, die das Gesetz als „Abgabe" der Willenserklärung bezeichnet. Bereits mit der Abgabe wirksam werden jedoch nur Willenserklärungen, die nicht empfangsbedürftig sind, zB die Errichtung eines Testaments (§ 2247 Abs. 1 BGB) oder die Auslobung (§ 657 BGB). Für das Wirksamwerden einer Willenserklärung, die „einem anderen gegenüber abzugeben"[1], also empfangsbedürftig ist, müssen weitere Voraussetzungen erfüllt sein.

2. Unter welchen Voraussetzungen Willenserklärungen wirksam werden, ist in §§ 130 bis 132 BGB nur unvollständig geregelt. Nach seinem Wortlaut gilt § 130 Abs. 1 S. 1 BGB nämlich nur für eine empfangsbedürftige Willenserklärung, die gegenüber einem abwesenden Empfänger abgegeben wird. Diese wird gemäß § 130 Abs. 1 S. 1 BGB wirksam, wenn sie dem Empfänger „zugeht".

a) Nur bei einer Erklärung unter Abwesenden kommt es daher auf den „Zugang" der Erklärung beim Empfänger an. Nach herrschender Meinung, der auch der BGH im Ansatz folgt, wird der Zeitpunkt des Zugangs dabei durch zwei Elemente bestimmt: Zum einen muss die Erklärung in den „Machtbereich" des Empfängers gelangt sein, zum anderen muss dies derart erfolgt sein, dass mit einer Kenntnisnahme durch den Empfänger unter gewöhnlichen Umständen gerechnet werden kann. Mit dieser Formel werden die Verantwortungsbereiche von Absender und Empfänger voneinander abgegrenzt. Der Absender trägt das Übermittlungs- und Verlustrisiko nur so lange, wie die Erklärung nicht in den Machtbereich des Empfängers gelangt ist. Danach trägt der Empfänger die Risiken seines räumlichen Machtbereiches, und es obliegt ihm, sich Kenntnis vom Inhalt der Erklärung zu verschaffen. Ob er den Inhalt tatsächlich zur Kenntnis nimmt, ist unerheblich.[2] Eine Willenserklärung geht also auch dann zu, wenn der Empfänger durch Krankheit, Urlaub oder sonstige Abwesenheit daran gehindert ist, die Erklärung zu lesen. Dies gilt auch dann, wenn der Erklärende von der Abwesenheit weiß.

b) Wann Willenserklärungen unter Anwesenden wirksam werden, ist hingegen gesetzlich nicht geregelt. Für solche nicht verkörperten[3] Willenserklärungen von Person zu Person, zu denen auch telefonisch übermittelte Erklärungen zählen (vgl. § 147 Abs. 2 BGB), kommt es nach herrschender Meinung ebenfalls auf zwei Elemente an: Zum einen muss die Erklärung vernehmbar geäußert worden sein, und zum anderen dürfen aus Sicht eines sorgfältigen Erklärenden keine Anhaltspunkte vorliegen, die Anlass

---

1 Vgl. §§ 116, 117 Abs. 1, 122 Abs. 1, 123 Abs. 2 S. 1, 130 Abs. 1 S. 1, 143 Abs. 3 S. 1 BGB.
2 Mit tatsächlicher Kenntnisnahme ist eine Erklärung aber auch dann zugegangen, wenn noch nicht mit einer Kenntnisnahme zu rechnen war, siehe MüKo-BGB/*Einsele*, § 130 Rn. 16; *Neuner*, § 33 Rn. 18.
3 Für verkörperte Erklärungen (etwa Briefe), die einem Anwesenden überreicht werden, gilt wegen der vergleichbaren Interessenlage § 130 BGB analog, siehe MüKo-BGB/*Einsele*, § 130 Rn. 28; *Faust*, § 2 Rn. 30.

zu Zweifeln geben können, dass der Adressat die Erklärung richtig und vollständig vernommen hat (eingeschränkte Vernehmungs- oder Wahrnehmungstheorie).[4]

168 3. Die Entscheidung des BGH betrifft eine Erklärung unter Abwesenden, die per Einschreiben versandt worden ist. Das entspricht dem heutigen Übergabe-Einschreiben. Anders als beim Einwurf-Einschreiben, das in den Briefkasten eingeworfen wird und hinsichtlich des Zeitpunkts des Zugangs keine Besonderheiten zur gewöhnlichen Briefsendung aufweist, wird hier bei Abwesenheit des Adressaten lediglich ein Benachrichtigungsschein hinterlassen. Dies war hier deswegen problematisch, weil der Beklagte das an ihn gerichtete Einschreiben nicht bei der Post abgeholt hat. Es kam daher darauf an, ob der Erhalt des von der Postzustellerin gefertigten Benachrichtigungsscheins für einen Zugang der Annahmeerklärung ausreicht.

169 a) Nach Auffassung des BGH geht ein solches Einschreiben erst zu, wenn der Empfänger das Schreiben bei der Post abholt. Offenbar geht der BGH also davon aus, dass der bei der Post deponierte Brief noch nicht in den Machtbereich des Empfängers gelangt ist. Das wird im Schrifttum zum Teil anders gesehen. Danach reicht die Möglichkeit, den bei der Post hinterlegten Brief abzuholen, für einen Zugang aus.[5] Mit der Definition des Zugangs lässt sich das jedoch kaum vereinbaren. Denn in den Machtbereich oder „Zugriffsbereich" ist eine Erklärung danach erst dann gelangt, wenn es nur noch am Empfänger liegt, von der Erklärung Kenntnis zu nehmen. Den Machtbereich des Empfängers erreicht eine Willenserklärung danach durch den Einwurf in den eigenen Briefkasten oder das Postschließfach des Empfängers, bei einer E-Mail durch den Eingang auf dem (automatisierten) Mail-Server.[6] Bei einem Schreiben, das noch von einem nicht zum Verantwortungsbereich des Empfängers zählenden Dritten ausgehändigt werden muss, ist das jedoch nicht der Fall. Wenn sich der Erklärende eines eingeschriebenen Briefes als Erklärungsmittel bedient, muss er auch das Risiko tragen, dass der Postzusteller den Empfänger nicht antrifft und das Schreiben zur Abholung bei der Post hinterlegt wird. Es ist daher nur konsequent, wenn der BGH einen Zugang in diesem Fall verneint.

170 b) Eine Ausnahme kommt dann nur in den Fällen der unberechtigten Annahmeverweigerung sowie der absichtlichen Zugangsvereitelung in Betracht. Wenn der Adressat aufgrund bestehender oder angebahnter vertraglicher oder gesetzlicher Beziehungen mit dem Zugang rechtserheblicher Erklärungen zu rechnen hat, trifft ihn eine Obliegenheit, entsprechende Empfangsvorkehrungen zu treffen. Verletzt er diese Obliegenheit schuldhaft (zB durch Umzug an eine unbekannte Adresse oder das Ausschalten des Faxgeräts), so muss er sich gemäß § 242 BGB bzw. analog § 162 Abs. 1 BGB[7] so behandeln lassen, als habe ihn die tatsächlich nicht zugegangene Willenserklärung doch erreicht.[8] Im vorliegenden Fall verneint der BGH die Voraussetzungen einer solchen Zugangsfiktion: Da im Benachrichtigungszettel keine Angaben über den Absender vermerkt waren und eine Versendung der Annahmeerklärung als Einschreiben auch nicht vorgesehen war, habe der Beklagte nicht damit rechnen müssen, dass der Einschreibebrief die Annahme seines Kaufangebotes enthielt.

---

4 *Bork*, Rn. 631; MüKo-BGB/*Einsele*, § 130 Rn. 28; *Medicus/Petersen*, BGB AT, Rn. 289.
5 *Neuner*, § 33 Rn. 12, 16.
6 Näher zu elektronischen Erklärungen *Dörner*, AcP 202 (2002), 363.
7 Vgl. BeckOK-BGB/*Wendtland*, Stand: 1.5.2022, § 130 Rn. 22.
8 RGZ 110, 34 (36); BGH VersR 1971, 262 (263); *Grüneberg/Ellenberger*, § 130 Rn. 18.

4. Die Frage nach dem Zeitpunkt des Wirksamwerdens der Willenserklärung stellt sich nur, wenn die Voraussetzungen für einen Zugang (oder eine Zugangsfiktion) vorliegen (siehe den Wortlaut von § 130 Abs. 1 S. 1 BGB: „wird […] in dem Zeitpunkt wirksam, in welchem […]"). Relevant ist die Frage außer für die Einhaltung von Annahmefristen vor allem für fristgebundene Gestaltungserklärungen, zB die Kündigung eines Miet- oder Arbeitsverhältnisses. Die Voraussetzung, dass „bei Annahme gewöhnlicher Verhältnisse" mit einer Kenntniserlangung zu rechnen ist, soll dabei vor allem einen „Zugang zur Unzeit" verhindern. Es handelt sich dabei um einen normativ festgelegten Zeitpunkt, der wie die zugrunde liegende Verkehrsanschauung einem zeitlichen Wandel unterworfen ist.[9]

5. Führt ein Umstand aus der Sphäre des Empfängers dazu, dass die Erklärung verspätet in seinen Machtbereich gelangt, so ist ihm diese Zugangsverzögerung zuzurechnen: Er muss die Erklärung nach Treu und Glauben (§ 242 BGB) als rechtzeitig gegen sich gelten lassen. Voraussetzung dafür ist aber, dass die Erklärung – gegebenenfalls aufgrund eines erneuten Zustellversuchs des Absenders – dem Empfänger tatsächlich zugeht. Von den oben genannten Fällen der schuldhaften Obliegenheitsverletzung unterscheidet sich diese Fallgestaltung dadurch, dass lediglich der Zeitpunkt des Zugangs fingiert wird, die Erklärung aber – wenn auch verspätet – in den Machtbereich des Empfängers gelangt. In diesem Sinne wird man auch den BGH verstehen müssen, wenn er seine Entscheidung darauf stützt, dass Frau M nach Kenntnis von dem nicht erfolgten Zugang nicht unverzüglich einen erneuten Zustellversuch unternommen hat. Hätte eine zweite Zustellung tatsächlich den Zugang der Annahmeerklärung bewirkt, so hätte fingiert werden können, dass der Beklagte die Erklärung bereits zu dem Zeitpunkt erhalten habe, in dem er ohne die in seiner Sphäre liegende Zugangsverzögerung das Schreiben hätte abholen können. Ein bloßer (dann möglicherweise wiederum erfolgloser) Zustellversuch kann entgegen der missverständlichen Formulierung des BGH hierfür jedoch nicht ausreichen.[10]

V. Vertiefungsfragen

1. Der BGH stellt darauf ab, dass Frau M nicht „unverzüglich" einen erneuten Zustellversuch unternommen hat. Was bedeutet das? Lesen Sie § 121 Abs. 1 S. 1 BGB.
2. Der Kläger selbst hatte von der missglückten Zustellung der Annahmeerklärung keine Kenntnis, da er Frau M mit der Abwicklung des Fahrzeugs beauftragt hatte. Muss er sich das Wissen der M zurechnen lassen? Lesen Sie § 166 BGB sowie *Petersen*, Jura 2008, 914; zur Vertiefung: *Grigoleit*, ZHR 181 (2017), 160.
3. Ist die Begründung des BGH, mit der er eine arglistige Zugangsvereitelung seitens des Beklagten ablehnt, überzeugend? Wer muss eine schuldhafte Obliegenheitsverletzung des Empfängers im Falle des fehlenden Zugangs darlegen und beweisen?
4. Kann eine Willenserklärung wirksam werden, die ohne oder gegen den Willen des Erklärenden in den Rechtsverkehr gelangt, etwa weil ein Dritter sie versehentlich absendet? Lesen Sie § 794 Abs. 1 BGB. Was lässt sich daraus ableiten? Welche alternativen Lösungsmöglichkeiten gibt es für diesen Fall? Siehe zum Streitstand Fall 14 – Abhandengekommene Vollmachtsurkunde (Rn. 268 ff.).

---

9 Vgl. *Neuner*, § 33 Rn. 16; als weitgehend willkürlich abgelehnt von Staudinger/*Singer*, § 130 Rn. 75, der eine zeitliche Beschränkung der Zugangsmöglichkeit nur bei entsprechender Widmung der Empfangseinrichtung zulässt.
10 So auch MüKo-BGB/*Einsele*, § 130 Rn. 38.

Fall 10: Misslungenes Scheingeschäft

Auswirkungen eines vom Vertragspartner nicht erkannten inneren Vorbehalts
BGHZ 144, 331 = BGH NJW 2000, 3127

I. Sachverhalt

174   Mit notariellem Vertrag erwarben die Kläger 1994 ein Grundstück zum Preis von 43.200 DM. Im folgenden Jahr verkauften sie das Grundstück an die Beklagten. Kläger und Verhandlungsführer der Beklagten vereinbarten einen Kaufpreis in Höhe von 385.000 DM. Sie beschlossen, als Kaufpreis lediglich 43.200 DM zu beurkunden, um die steuerlichen Folgen eines Weiterverkaufs zu einem höheren Preis innerhalb von zwei Jahren zu umgehen. Als Kaufpreis beurkundeten Kläger und Beklagte (persönlich) denn auch diesen Betrag. Die Beklagten hatten keine Kenntnis von der Abrede zwischen ihrem Verhandlungsbevollmächtigten und den Klägern. Sie dachten, die Kläger hätten das Grundstück tatsächlich zu dem notariell beurkundeten Preis von 43.200 DM verkaufen wollen. Die Kläger verlangen die Rückabwicklung des ihrer Ansicht nach nichtigen Vertrags.

II. Zentrale Probleme

175   Die Kläger machen geltend, sie und die Beklagten hätten ihre notariell beurkundeten Willenserklärungen im gegenseitigen Einverständnis nur zum Schein abgegeben. Die Erklärungen seien deswegen gemäß § 117 Abs. 1 BGB nichtig, die empfangenen Leistungen gemäß § 812 Abs. 1 S. 1 Var. 1 BGB herauszugeben. Allerdings wussten die Beklagten nicht, dass ihr Verhandlungsführer mit den Klägern einen wesentlich höheren als den beurkundeten Kaufpreis vereinbart hatte. Fraglich ist nun, wie dieser Umstand zu werten ist.

III. Die Entscheidung des BGH

176   Nach Auffassung des BGH sind die Voraussetzungen des § 117 Abs. 1 BGB nicht erfüllt. Die Parteien seien sich nicht einig gewesen, dass sie ihre Erklärungen zum Schein abgeben:

▶ Nach den getroffenen Feststellungen wollten die Beklagten den Vertrag so schließen, wie er tatsächlich beurkundet wurde, und mussten so auch die Vertragserklärungen der Kläger verstehen. Damit fehlt es an dem in § 117 BGB vorausgesetzten tatsächlichen Konsens über die Simulation. ◀

177   Die Beklagten müssten sich auch nicht die Kenntnis ihres Verhandlungsbevollmächtigten zurechnen lassen. § 166 Abs. 1 BGB sei weder direkt noch analog anwendbar:

▶ Es geht im vorliegenden Zusammenhang nicht um eine Wissenszurechnung, sondern um das bei Geschäftsabschluss unter den Beteiligten notwendige Einverständnis, nur den äußeren Schein eines Rechtsgeschäfts hervorzurufen, dessen Rechtswirkungen aber nicht eintreten lassen zu wollen. Diese Willensübereinstimmung, die hinter der zum Schein abgegebenen Erklärung steht, ist ihrerseits nicht eine selbstständige rechtsgeschäftliche Willenserklärung, die einer Auslegung zugänglich wäre, sondern gehört zum Tatbestand des Scheingeschäfts. Für den Fall einer vom objektiven Erklärungsinhalt abweichenden Willensübereinstimmung, die der Auslegung vorgeht, hat der *Senat* bereits entschieden,

IV. Rechtliche Einordnung

dass das Verständnis des Verhandlungsbevollmächtigten nur insoweit von Bedeutung sein könne, als die abschließende Vertragspartei diese Vorstellungen selbst kannte. ◄

Der vorliegende Fall sei ebenso zu behandeln: 178

▶ Auch insoweit geht es um eine Willensübereinstimmung, nämlich zum Abschluss eines Scheingeschäfts. Dieser Wille muss bei den abschließenden Vertragsparteien vorhanden sein und nur aus ihm ergibt sich wertungsmäßig die vom Gesetz festgelegte Nichtigkeitsfolge, weil eine Erklärung keine rechtsgeschäftlichen Folgen haben kann, die die Handelnden übereinstimmend nicht wollen. Insoweit wird § 117 Abs. 1 BGB auch als Konkretisierung der negativen Kehrseite der Privatautonomie bezeichnet. Daraus folgt, dass die notwendige Willensübereinstimmung nicht über eine Wissenszurechnung ersetzt werden kann. ◄

Statt § 117 Abs. 1 BGB sei § 118 BGB anwendbar. 179

▶ Der Fall ist nach den Grundsätzen des misslungenen Scheingeschäfts zu beurteilen, das von § 118 BGB erfasst wird [...]. ◄

Den Klägern steht also der geltend gemachte Anspruch gemäß § 812 Abs. 1 S. 1 Var. 1 BGB gegen die Beklagten zu. Im Gegenzug müssen sie den Beklagten einen etwaigen Vertrauensschaden gemäß § 122 Abs. 1 BGB ersetzen. 180

IV. Rechtliche Einordnung

1. Für die Frage, welchen Inhalt eine Willenserklärung hat, ist grundsätzlich der objektive Erklärungsgehalt maßgeblich. Eine Ausnahme gilt, wenn die Parteien übereinstimmend etwas anderes wollen als das, was sie objektiv erklärt haben. Auf den objektiven Erklärungsgehalt kommt es dann nicht an; das subjektiv Gewollte geht dem objektiv Erklärten vor *(falsa demonstratio non nocet)*.[1] 181

2. § 117 Abs. 1 BGB ist Ausdruck dieses Grundsatzes: Der übereinstimmende Wille der Parteien, dass sie das objektiv Erklärte *nicht* wollen, genießt Vorrang gegenüber dem, was sie objektiv erklärt haben. Das ist konsequent: Wäre die Willenserklärung gültig, obwohl die Parteien dies nicht wünschen, würde das Gesetz sie an ein Rechtsgeschäft binden, das ihren Präferenzen nicht entspricht. 182

a) Die Kläger berufen sich vorliegend auf diese Vorschrift. Sie und der Verhandlungsbevollmächtigte der Beklagten hätten einen deutlich höheren Kaufpreis für das Grundstück vereinbart, als notariell beurkundet worden war. Die Kläger hätten ihre Willenserklärung mithin nur zum Schein abgegeben. Dies sei mit Einverständnis der Beklagten erfolgt, denn sie hätten dieses Vorgehen mit dem Verhandlungsbevollmächtigten der Beklagten abgesprochen. 183

b) Hätte der Verhandlungsbevollmächtigte die Beklagten auch bei Abschluss des Kaufvertrags vertreten, wäre in der Tat sein Wille maßgeblich gewesen.[2] Die Voraussetzungen des § 117 Abs. 1 BGB hätten dann vorgelegen. 184

c) Der notariell beurkundete Kaufvertrag war aber nicht durch den Verhandlungsbevollmächtigten, sondern durch die Beklagten selbst unterschrieben worden. Die Beklagten wiederum wussten nichts von der Abmachung. Sie dachten, die Kläger meinten ihre Erklärung ernst, und wollten eben den Kaufpreis zahlen, den der Kaufvertrag 185

---

1 Siehe dazu Fall 6 – Haakjöringsköd.
2 Vgl. auch *Emmerich*, JuS 2001, 80; *Neuner*, § 40 Rn. 16.

auswies. Damit, so der BGH, fehle es an dem erforderlichen Konsens zwischen den Parteien.

186 c) Weil dieser Konsens, ein Rechtsgeschäft nur vortäuschen zu wollen, kein separates Rechtsgeschäft darstelle,³ ändere sich an dem Ergebnis auch dann nichts, wenn man den Beklagten das Wissen des Verhandlungsbevollmächtigten gemäß § 166 Abs. 1 BGB analog zurechne. Maßgeblich sei, ob die Parteien sich tatsächlich einig waren. Diese Übereinstimmung im *Willen* lasse sich durch eine Zurechnung des *Wissens* einer anderen Person nicht ersetzen.

187 3. Auf ein derart „misslungenes Scheingeschäft" finde, so der BGH, § 118 BGB Anwendung. Das Schrifttum pflichtet dieser Lösung ganz überwiegend bei.⁴ Die Kläger hätten ihre Erklärung nicht ernst gemeint. Sie seien fälschlicherweise davon ausgegangen, dass die Beklagten dies auch erkennen würden. Ihre Willenserklärung sei deswegen nichtig. Die Kläger hafteten den Beklagten gemäß § 122 Abs. 1 BGB auf Ersatz eines etwaigen Vertrauensschadens.

188 4. Die Ausführungen des Gerichts zu § 117 Abs. 1 BGB überzeugen, die zu § 118 BGB bieten hingegen Anlass zu Kritik.

189 a) In Betracht käme allenfalls eine analoge Anwendung des § 118 BGB.⁵ Die Kläger gaben ihre Erklärung nicht im Scherz ab. Sie meinten sie ernst und dachten nur, dass die Beklagten das, was sie wirklich erklären wollten – Verkauf zum Preis von 385.000 DM anstatt von 43.200 DM – verstehen würden.

190 b) Für eine analoge Anwendung der Norm besteht aber beim misslungenen Scheingeschäft keine Veranlassung.⁶ § 118 BGB stellt eine Ausnahme zu den allgemeinen Auslegungsgrundsätzen dar. Als solche ist sie restriktiv auszulegen. Nach den allgemeinen Grundsätzen, die auch in § 116 S. 1 BGB ihren Ausdruck gefunden haben, berührt ein objektiv nicht erkennbarer innerer Vorbehalt die Wirksamkeit einer Willenserklärung nicht.⁷ § 118 BGB hingegen bestimmt, dass ein solcher Vorbehalt beachtlich ist und zur Nichtigkeit der Erklärung führt, wenn der Erklärende dachte, der Vorbehalt würde erkannt werden.⁸ Aus Sicht des Erklärungsempfängers macht es aber keinen Unterschied, ob der Erklärende den Vorbehalt bewusst verheimlicht hat, wie bei § 116 BGB, oder ob er ihn offenlegen wollte, wie bei § 118 BGB,⁹ solange er den Vorbehalt objektiv nicht erkennen konnte. Mehr noch: Jeweils weiß der Erklärende etwas, was der Erklärungsempfänger nicht weiß. Jeweils betrifft dieses Wissen die Präferenzen des Erklärenden und also eine (innere) Tatsache, für deren Kenntnis der Erklärende keine Anstrengungen unternehmen musste. Dass das Gesetz für eine dieser beiden Situatio-

---

3 In der Literatur ist diese Frage umstritten. Wie der BGH: *Larenz/Wolf*, BGB AT, 9. Aufl. 2004, § 35 Rn. 18; *Preuß*, Jura 2002, 815 (819). Als „rechtsgeschäftsähnlich" werten die Abrede: *v. Hein*, ZIP 2005, 191 (197); *Neuner*, § 40 Rn. 16. Siehe auch *Singer*, LM H. 1/2001, § 117 Nr. 20.
4 *Leipold*, § 17 Rn. 6; *Preuß*, Jura 2002, 815 (820); Staudinger/*Singer*, § 117 Rn. 2, § 118 Rn. 7; *Neuner*, § 40 Rn. 9.
5 Siehe dazu auch *Leenen/Häublein*, § 6 Rn. 110.
6 AA *Leenen/Häublein*, § 6 Rn. 110.
7 Dies gilt jedenfalls dann, wenn der andere den Vorbehalt nicht gleichwohl erkannt hat, § 116 S. 2 BGB.
8 Die Ansicht, nach der § 118 BGB nur dann anwendbar ist, wenn die mangelnde Ernstlichkeit der Erklärung objektiv erkennbar ist (vgl. *Pawlowski*, Rn. 476 f.; etwas vorsichtiger *Kellmann*, JuS 1971, 609 (613)), überzeugt nicht: Wäre die Scherzhaftigkeit der Erklärung objektiv erkennbar, hätte der Empfänger (er)kennen müssen, dass sie nicht ernst gemeint war. Die Schadensersatzpflicht gemäß § 122 Abs. 1 BGB würde also stets nach § 122 Abs. 2 BGB entfallen, der Verweis des § 122 Abs. 1 BGB auf § 118 BGB wäre überflüssig. So auch *Coester-Waltjen*, Jura 1990, 362 (364); *Preuß*, Jura 2002, 815 (819); Staudinger/*Singer*, § 118 Rn. 3.
9 Vgl. dazu auch *Singer*, JZ 1989, 1030 (1034).

IV. Rechtliche Einordnung

nen eine Ausnahme von den allgemeinen Grundsätzen vorsieht, überzeugt nicht; § 118 BGB ist mithin rechtspolitisch verfehlt.[10]

Wenn § 118 BGB also nach richtiger Ansicht auf misslungene Scheingeschäfte nicht (analog) anwendbar ist, bleibt es bei den allgemeinen Grundsätzen: Wirksamkeit und Inhalt der Erklärung richten sich nach dem, was der Erklärende objektiv erklärt hat. Dass er die Erklärung nur zum Schein abgegeben hat, also subjektiv etwas anderes wollte, ist unerheblich. Die Erklärung der Kläger ist also nicht gemäß § 118 BGB (analog) unwirksam; ihnen steht aus diesem Grund kein Anspruch gegen die Beklagten gemäß § 812 Abs. 1 S. 1 Var. 1 BGB zu.

5. Wäre das Scheingeschäft nicht misslungen, sondern hätte zwischen Klägern und Beklagten Einigkeit bestanden, dass sie die Beurkundung nur zum Schein abgeben, so wäre nach der Rechtsprechung[11] und der herrschenden Ansicht in der Literatur[12] neben § 117 Abs. 1 BGB auch § 117 Abs. 2 BGB einschlägig gewesen: Die Parteien wollten durch das Scheingeschäft – Verkauf des Grundstücks zum Preis von 43.2000 DM – ein anders Geschäft verdecken, nämlich den Verkauf des Grundstücks zum Preis von 385.000 DM. § 117 Abs. 2 BGB bestimmt, dass dieses verdeckte Rechtsgeschäft wirksam ist, sofern dessen Voraussetzungen erfüllt sind.

Zutreffend weisen allerdings manche darauf hin, dass in einem solchen Fall nur die Voraussetzungen des § 117 Abs. 2 BGB erfüllt sind, nicht hingegen jene des § 117 Abs. 1 BGB.[13] Wenn die Parteien übereinstimmend ein Rechtsgeschäft mit anderem Inhalt vornehmen wollen als nach außen ersichtlich, wird in Bezug auf den nur zum Schein erklärten Inhalt kein selbstständiges Rechtsgeschäft begründet, das nichtig sein könnte; § 117 Abs. 1 und Abs. 2 BGB sind daher, anders als der Wortlaut von § 117 Abs. 2 BGB suggeriert, nicht nebeneinander anwendbar.[14] Wer beide Normen für einschlägig erachtet, nimmt an, dass vor dem Notar zwei unterschiedliche Verträge abgeschlossen wurden: ein Kaufvertrag mit einem Kaufpreis von 43.200 DM und ein anderer, bei dem ein Kaufpreis in Höhe von 385.000 DM vereinbart wurde. Weil die Parteien aber übereinstimmend einen Kaufpreis von 385.000 DM wollten, sind ihre Willenserklärungen auf diesen Kaufpreis gerichtet. Dass ihre Erklärungen bei objektiver Auslegung gemäß §§ 133, 157 BGB einen anderen Inhalt haben, ist insoweit unbeachtlich (*falsa demonstratio non nocet*).[15]

Dass das verdeckte Geschäft (und damit die auf seinen Abschluss gerichteten Willenserklärungen) nach § 117 Abs. 2 BGB grundsätzlich wirksam sind, lässt sich ebenso rechtfertigen wie die Unwirksamkeit der nur zum Schein abgegebenen Willenserklärung. Letztere ist unwirksam, weil ihre Wirksamkeit den Interessen der Beteiligten nicht entspricht. Das verdeckte Geschäft hingegen entspricht den Präferenzen der Beteiligten – darum ist es wirksam. Anders als § 117 Abs. 1 BGB hat § 117 Abs. 2 BGB aber einen eigenen Regelungsgehalt. Er ist in der Praxis durchaus relevant. Nach der Grundregel, dass sich das gemeinsam Gewollte gegenüber dem objektiv Erklärten

---

10 Ebenso Grüneberg/*Ellenberger*, § 118 Rn. 2.
11 BGHZ 54, 56 (62 f.) = BGH NJW 1970, 1541 (1542 f.); BGHZ 89, 41 (43) = BGH NJW 1984, 973.
12 *Leipold*, § 17 Rn. 9 f.; *Medicus/Petersen*, BGB AT, Rn. 595; Staudinger/*Singer*, § 117 Rn. 28; *Neuner*, § 40 Rn. 19 f.
13 *Faust*, § 20 Rn. 4; *Leenen/Häublein*, § 6 Rn. 102 ff.
14 *Leenen/Häublein*, § 6 Rn. 102.
15 Siehe dazu auch Fall 6 – Haakjöringsköd. Nach *Leenen/Häublein*, § 6 Rn. 100 ist § 117 Abs. 1 BGB überdies deswegen unanwendbar, weil die Willenserklärungen nicht nur (im Sinne von ausschließlich) zum Schein abgegeben worden seien.

durchsetzt, ist ein etwaiges Formerfordernis auch bei (versehentlicher) Falschbezeichnung erfüllt.[16] Ist die Bezeichnung hingegen, wie beim Scheingeschäft, bewusst unrichtig erfolgt, ist das gewollte, verdeckte Rechtsgeschäft wegen Formmangels bis zu einer etwaigen Heilung (etwa nach § 311b Abs. 1 S. 2 BGB) unwirksam gemäß § 125 S. 1 BGB.[17] So hätte es sich auch vorliegend verhalten: Den Vertrag über den Verkauf des Grundstücks zum Preis von 385.000 DM hätten die Parteien nicht in der gesetzlich vorgeschriebenen Form geschlossen, als sie den Vertrag über einen Verkauf des Grundstücks zum Preis von 43.200 DM notariell beurkunden ließen.

V. Vertiefungsfragen

195   1. Nach dem Vortrag der Kläger wäre ihre Willenserklärung gemäß § 117 Abs. 1 BGB nichtig gewesen. Der BGH urteilt, die Nichtigkeit ergebe sich stattdessen aus § 118 BGB (analog). Nach beiden Ansichten haben die Kläger mithin einen Anspruch gegen die Beklagten gemäß § 812 Abs. 1 S. 1 Var. 1 BGB. Inwiefern und unter welchen Voraussetzungen macht es einen Unterschied, ob eine Willenserklärung gemäß § 117 Abs. 1 BGB oder gemäß § 118 BGB nichtig ist? Lesen Sie § 122 Abs. 1 BGB sowie *Neuner*, § 40 Rn. 11 ff., 17 f.; *Leenen/Häublein*, § 6 Rn. 98, 111.

2. Wenn man der Argumentation des BGH folgt, dass § 118 BGB auf ein misslungenes Scheingeschäft (analog) anwendbar ist: Gilt dies auch dann, wenn das betreffende Geschäft einer bestimmten Form bedarf, um Wirksamkeit zu entfalten? Siehe dazu BGHZ 144, 331 = BGH NJW 2000, 3127; RGZ 168, 204 (205 f.). Zur Formbedürftigkeit allgemein siehe Fall 17 – Edelmann.

3. Falls das missglückte Scheingeschäft § 118 BGB (analog) hingegen nicht unterfällt, können die Kläger ihre Willenserklärung dann wegen Irrtums gemäß § 119 Abs. 1 BGB rückwirkend vernichten und also deswegen – so die übrigen Voraussetzungen für eine Anfechtung erfüllt sind – im Ergebnis ebenfalls einen Anspruch gegen die Beklagten gemäß § 812 Abs. 1 S. 1 Var. 1 BGB geltend machen? Wenn ja, welche Irrtumskategorie ist einschlägig? Lesen Sie zu den Irrtumskategorien im Allgemeinen *Leenen/Häublein*, § 14 Rn. 29 ff.; *Medicus/Petersen*, BGB AT, Rn. 744 ff.; *Neuner*, § 41 Rn. 37 ff.

---

16 MüKo-BGB/*Busche*, § 133 Rn. 15; Grüneberg/*Ellenberger*, § 133 Rn. 8, 19; Staudinger/*Singer*, § 133 Rn. 34. Der BGH verlangt hier in ständiger Rechtsprechung zusätzlich, „dass der einschlägige rechtsgeschäftliche Wille der Parteien in der formgerechten Urkunde einen wenn auch nur unvollkommenen oder andeutungsweisen Ausdruck gefunden hat". Vgl. nur BGHZ 63, 359 (362) = BGH NJW 1975, 536 (537).
17 Vgl. *Flume*, § 20 2. Ähnlich auch *Neuner*, § 40 Rn. 19.

Fall 11: Toilettenpapier

Anfechtung wegen Inhaltsirrtums
LG Hanau NJW 1979, 721

I. Sachverhalt

Die Beklagte war Konrektorin einer Realschule. Sie bestellte als Vertreterin ihrer Schule „25 Gros Rollen" Toilettenpapier bei der Klägerin. Dazu unterzeichnete sie einen Bestellschein, auf dem unter anderem stand: „Gros = 12 × 12". Als die Klägerin 3.600 Rollen Toilettenpapier anliefern wollte, verweigerte die Schule Annahme und Bezahlung. Die Konrektorin sei zum Kauf einer derart großen Menge nicht befugt gewesen. Daraufhin nahm die Klägerin die Konrektorin gerichtlich in Anspruch. Die Konrektorin focht das Rechtsgeschäft an. Sie habe die Bedeutung der Mengenbezeichnung „Gros" nicht gekannt und eigentlich 25 Doppelpack Toilettenpapier bestellen wollen. Zwar sei bei der Bestellung die Bezeichnung „Gros" genannt, aber in Verbindung mit der Maßangabe 12 × 12 als Verpackungsart bezeichnet worden.

II. Zentrale Probleme

Die beklagte Konrektorin hat den Bestellschein erkennbar nicht im eigenen Namen, sondern im Namen der Schule ausgefüllt. Sie ist also als Vertreterin der Schule aufgetreten. Allerdings hat sie ohne Vertretungsmacht gehandelt. Daher kommt ein Anspruch der Klägerin gegen die Beklagte aus § 179 Abs. 1 BGB in Betracht.

Fraglich ist, was genau die Beklagte mit dem ausgefüllten Bestellschein erklärt hat. Das LG Hanau geht davon aus, dass sie 3.600 Rollen Toilettenpapier bestellt hat. Es prüft sodann, ob die Beklagte ihre Willenserklärung durch Anfechtung rückwirkend vernichten konnte (§ 142 Abs. 1 BGB), weil sie sich bei deren Abgabe in einem Irrtum gemäß § 119 BGB befand. Wenn die Anfechtung wirksam war, besteht kein Anspruch nach § 179 Abs. 1 BGB.

III. Die Entscheidung des LG Hanau

Das LG Hanau geht davon aus, dass sich die Beklagte in einem Inhaltsirrtum gemäß § 119 Abs. 1 Var. 1 BGB befunden hat:

▶ Die Klägerin hat keine Ansprüche gemäß § 179 BGB gegenüber der Beklagten. Zwar hat die von der Beklagten vertretene Schule das Rechtsgeschäft [...] nicht genehmigt. Eine Erfüllung des Vertrages durch die Beklagte entfällt jedoch, weil dieser von der Beklagten wirksam angefochten worden ist. Die Beklagte war nämlich bei der Abgabe ihrer Willenserklärung darüber im Irrtum, welchen Inhalt ihre Äußerung hatte (§ 119 Abs. 1 BGB). Sie wollte keineswegs 25 × 12 × 12 = 3.600 Rollen Toilettenpapier kaufen, sondern lediglich 25 große Rollen. Zwar behauptet die Klägerin, die Beklagte hätte genau gewusst, welcher Inhalt ihrer Erklärung beizulegen gewesen wäre. Von dieser Tatsache ist jedoch nicht auszugehen. Es widerspricht völlig der Lebenserfahrung, dass jemand als Vertreterin einer Schule, die nur als kleines Institut zu bezeichnen ist, auf einen Schlag 3.600 Rollen Toilettenpapier à 1.000 Blatt bestellt, eine Menge, die den Bedarf des Hauses auf mehrere Jahre gedeckt hätte. Abgesehen davon, dass dies aus Gründen der Haushaltsabrechnung, die normalerweise jährlich erfolgt, kaum denkbar erscheint, führen allein die Schwierigkeiten der Lagerung einer solchen Warenmenge zu der Annahme, dass ein bewusstes Vorgehen dieser Art ausgeschlossen sein dürfte. Für die Kenntnis der Beklagten über die Bedeutung des verwendeten Maßes spricht auch nicht zwingend, dass sie als Pädagogin damit hätte vertraut sein müssen. Abgesehen davon, dass nicht feststeht, welche Fächer von ihr gegeben werden, ist die Mengenbezeichnung „Gros" heute völlig unüblich und veraltet, so dass sie nicht mehr unbedingt als dem Lehrstoff zugehörig angesehen werden kann. Auch der Hinweis „Gros = 12 x 12" bringt insoweit keine Klarheit, da hieraus nicht zwingend auf die Anzahl der Rollen geschlossen werden kann, sondern durchaus auch andere Maßeinheiten gemeint sein konnten, insbesondere auch im Hinblick auf die von den Vertretern der Klägerin gefertigten Rechtschreibungsfehler auf dem Bestellschein. ◀

IV. Rechtliche Einordnung

200 1. Eine Willenserklärung, die eine Person (der Vertreter) im Namen einer anderen Person (des Vertretenen) abgibt, wirkt gemäß § 164 Abs. 1 S. 1 BGB nur dann für und gegen den Vertretenen, wenn der Vertreter über Vertretungsmacht verfügt.[1] Handelt der Vertreter ohne Vertretungsmacht, so hängt die Wirksamkeit seiner Erklärung für und gegen den Vertretenen gemäß § 177 Abs. 1 BGB davon ab, ob der Vertretene das Rechtsgeschäft genehmigt; bis zur Genehmigung ist es dem Vertretenen gegenüber schwebend unwirksam. Das Gesetz sieht also vor, dass der Vertretene nur dann gebunden wird, wenn das Rechtsgeschäft seinen Präferenzen entspricht.

201 Bei Verträgen hat diese Wahlmöglichkeit des Vertretenen folgende Konsequenz: Genehmigt der Vertretene den Vertrag nicht, so erhält der andere Vertragsteil (der Dritte) seinen vermeintlichen Vertragspartner auch dann nicht, wenn er gerne am Vertrag festhalten würde. Zum Ausgleich erhält er nach seiner Wahl einen Anspruch gegen den Vertreter ohne Vertretungsmacht auf Erfüllung oder Schadensersatz (§ 179 Abs. 1 BGB).

202 Vorliegend war die Konrektorin nicht befugt, im Namen der Schule einen Kaufvertrag über 3.600 Rollen Toilettenpapier zu schließen. Als sie eine Bestellung in dieser Höhe aufgab, handelte sie mithin ohne Vertretungsmacht. Die Schule verweigerte ihre Genehmigung. Gemäß § 177 Abs. 1 BGB wurde der Kaufvertrag ihr gegenüber damit endgültig unwirksam. Deshalb macht die Klägerin nun gemäß § 179 Abs. 1 Var. 1 BGB iVm § 433 Abs. 2 BGB einen Anspruch auf Erfüllung gegen die Beklagte geltend. Sie möchte, dass die Beklagte das Toilettenpapier abnimmt und bezahlt.

203 2. Gegenstand des Urteils ist die Frage, ob dieser Anspruch der Klägerin aus § 179 Abs. 1 Var. 1 iVm § 433 Abs. 2 BGB rückwirkend, also *ex tunc*, entfallen ist, weil die Beklagte ihre Willenserklärung gemäß § 142 Abs. 1 BGB angefochten hat. Dafür müsste die Beklagte nicht nur innerhalb der Anfechtungsfrist (§ 121 Abs. 1 BGB) die Anfechtung gegenüber der Klägerin erklärt (§ 143 Abs. 1, 2 Var. 1 BGB), sondern vor allem auch über einen Anfechtungsgrund gemäß § 119 BGB verfügt haben.

204 a) Nach Ansicht des Gerichts befand sich die Beklagte in einem Inhaltsirrtum gemäß § 119 Abs. 1 Var. 1 BGB. Wer sich in einem solchen Irrtum befindet, gibt eine Erklärung ab, von der er irrtümlich denkt, sie habe eine andere Bedeutung, als ihr bei objektiver Betrachtung zukommt. Der Erklärende weiß also, „was er sagt, er weiß

---

[1] Siehe zur Vertretungsmacht nur *Faust*, § 26 Rn. 1 ff.; *Medicus/Petersen*, BGB AT, Rn. 923 ff.; *Neuner*, § 49 Rn. 27 ff.

IV. Rechtliche Einordnung

aber nicht, was er *damit* sagt."[2] Er verspricht sich nicht, aber er wählt ein Erklärungszeichen, das etwas anderes bedeutet als das, was er eigentlich sagen will.

b) Ob der Erklärende tatsächlich einem solchen Fehler unterlegen ist, lässt sich in der Praxis nur schwer feststellen. Das liegt daran, dass der innere Wille des Erklärenden dem Beweis nicht zugänglich ist. Wie soll man etwas beweisen, was sich allein in der Gefühls- und Gedankenwelt eines anderen Menschen abgespielt hat? Der Richter ist in aller Regel auf Indizien angewiesen, um zu beurteilen, ob sich der Erklärende zum Zeitpunkt des Vertragsschlusses tatsächlich in einem Irrtum befand, oder ob er seine Willenserklärung nur anfechten möchte, weil das Rechtsgeschäft inzwischen nicht mehr seinen Präferenzen entspricht. Das LG Hanau glaubt der Beklagten: Der Erwerb einer derart großen Menge ergab für die Schule offensichtlich keinen Sinn.

3. Die Entscheidung wird zu Recht kritisiert.[3] Bevor über die Anfechtung zu befinden ist, muss mittels Auslegung untersucht werden, welchen Inhalt die betreffende Willenserklärung hat. Zunächst ist also zu klären, ob überhaupt ein Anspruch entstanden ist. Wird dies bejaht, so ist anschließend zu untersuchen, ob der Anspruch durch Anfechtung erloschen sein könnte. Angewendet auf den vorliegenden Fall bedeutet dies: Nur wenn die Auslegung ergibt, dass die Beklagte tatsächlich erklärt hat, sie wolle 3.600 Rollen Toilettenpapier kaufen, ist der Anspruch der Klägerin gegen sie gemäß § 179 Abs. 1 Var. 1 iVm § 433 Abs. 2 BGB auf Zahlung und Abnahme des Toilettenpapiers entstanden. Erst dann stellt sich die Frage, ob die Beklagte diesen Anspruch durch Anfechtung ihrer Willenserklärung gemäß §§ 142 Abs. 1, 119 Abs. 1 Var. 1 BGB rückwirkend vernichtet hat.

Bei der Auslegung empfangsbedürftiger Willenserklärungen wie jener, die zum Abschluss eines Vertrags führen (sollen), muss gemäß §§ 133, 157 BGB grundsätzlich ermittelt werden, welche Bedeutung eine durchschnittliche Person in der Situation des Empfängers der in Frage stehenden Erklärung üblicherweise beimessen würde.[4] Vorliegend war die Erklärung der Beklagten widersprüchlich (perplex). Das Gericht führt selbst an: „Es widerspricht völlig der Lebenserfahrung, dass jemand als Vertreterin einer Schule, die nur als kleines Institut zu bezeichnen ist, auf einen Schlag 3.600 Rollen Toilettenpapier à 1.000 Blatt bestellt, eine Menge, die den Bedarf des Hauses auf mehrere Jahre gedeckt hätte." Auch haushaltsrechtliche Gründe sowie Lagerschwierigkeiten sprächen dagegen, dass die Beklagte so viel Toilettenpapier bestellen wollte. Nach Auffassung des Gerichts war also objektiv erkennbar, dass die Beklagte bei Abgabe ihrer Erklärung einem Irrtum unterlegen war und keine 3.600 Rollen Toilettenpapier kaufen wollte. Nicht erkennbar war allerdings, wie viel Toilettenpapier sie tatsächlich bestellen wollte. Dann war die Erklärung aber bei objektiver Betrachtung nicht auf den Kauf von 3.600 Rollen Toilettenpapier gerichtet. Vielmehr war ihr Inhalt unklar. Eine Willenserklärung, die trotz Auslegung einen unbestimmten Inhalt hat, ist nichtig.[5]

Wenn das Gericht die Willenserklärung der Beklagten sorgsam ausgelegt hätte, wäre es also höchstwahrscheinlich zu dem Ergebnis gekommen, dass die Erklärung wegen

---

2 *Lessmann*, JuS 1969, 478 (480).
3 *Cziupka*, JuS 2009, 887. Vgl. auch *Leenen/Häublein*, § 8 Rn. 150; *Medicus/Petersen*, BGB AT, Rn. 745.
4 Siehe hierzu Fall 2 – Selbstbedienungstankstelle.
5 Vgl. *Medicus/Petersen*, BGB AT, Rn. 759.

Perplexität nichtig war.⁶ Dann hätte die Klägerin bereits deshalb keinen Anspruch gemäß § 179 Abs. 1 Var. 1 iVm § 433 Abs. 2 BGB gegen die Beklagte gehabt. Die Frage, ob eine Anfechtung möglich ist, hätte sich damit erübrigt.

V. Vertiefungsfragen

1. Inwiefern unterscheidet sich die Fallkonstellation hier von jener bei der *falsa demonstratio non nocet*? Siehe dazu Fall 6 – Haakjöringsköd und lesen Sie *Medicus/Petersen*, BGB AT, Rn. 745.
2. Wie lassen sich Inhaltsirrtum gemäß § 119 Abs. 1 Var. 1 BGB und Erklärungsirrtum gemäß § 119 Abs. 1 Var. 2 BGB voneinander abgrenzen? Liegt der Fehler jeweils auf unterschiedlichen Ebenen? Lesen Sie dazu *Bork*, Rn. 826 ff.; *Brox/Walker*, § 18 Rn. 5 ff.; *Faust*, § 19 Rn. 2 f.; *Köhler*, § 7 Rn. 16 f.; *Medicus/Petersen*, BGB AT, Rn. 745 f.
3. Muss der Vertreter ohne Vertretungsmacht wissen, dass die Vertretungsmacht fehlt, damit er gemäß § 179 Abs. 1 BGB haftet? Lesen Sie hierzu § 179 Abs. 2 BGB sowie *Medicus/Petersen*, BGB AT, Rn. 985 ff.; *Stadler*, § 32 Rn. 8; *Neuner*, § 51 Rn. 22 ff.
4. Angenommen, die Rektorin der Schule hätte die Beklagte zum Kauf von 100 Doppelpack Toilettenpapier bevollmächtigen wollen, sie aber versehentlich gebeten, 1.000 Doppelpack zu kaufen. Könnte die Rektorin die Bevollmächtigung anfechten, wenn die Beklagte bereits einen Kaufvertrag mit der Klägerin über 1.000 Doppelpack geschlossen hätte? Lesen Sie § 166 BGB sowie *Bork*, Rn. 1470 ff.; *Brox/Walker*, § 25 Rn. 37 ff.; *Stadler*, § 30 Rn. 31.
5. Im Originalfall hat die Schule – für das im Urteil eigentlich diskutierte Problem unerheblich – einen kleinen Teil des Toilettenpapiers angenommen und bezahlt. Sie hat die Genehmigung also nur teilweise verweigert. Wie ist eine solche Teilgenehmigung rechtlich zu bewerten? Was sind die Rechtsfolgen? Lesen Sie hierzu *Bork*, Rn. 1470 ff.; BeckOK-BGB/*Schäfer*, Stand: 1.5.2022, § 177 Rn. 23.

---

6 Eine Ausnahme hätte etwa dann bestanden, wenn die Beklagte objektiv den Eindruck erweckt hätte, dass sie das Toilettenpapier für mehrere Schulen gleichzeitig bestellt. Dann hätte eine derart große Menge unter Umständen Sinn ergeben.

Fall 12: Rubel

Anfechtung wegen Kalkulationsirrtums
RGZ 105, 406

I. Sachverhalt

Der Kläger hatte dem Beklagten 30.000 Sowjetrubel gegeben und sich dafür Schuldscheine in Höhe von 7.500 Mark ausstellen lassen. Kurze Zeit später verlangte er vom Beklagten Zahlung in dieser Höhe. Der Beklagte machte zutreffend geltend, dass 30.000 Rubel am Tag ihrer Hingabe einen Kurswert von 300 Mark hatten. Mehr als diesen Betrag müsse er darum nicht zahlen. Beide Parteien waren bei der Hingabe des Geldes davon ausgegangen, dass ein Rubel 25 Pfennig wert war; dass man für einen Rubel tatsächlich nur einen Pfennig bekam, wussten sie damals nicht.

II. Zentrale Probleme

Das Reichsgericht unterstellt, die Parteien hätten vereinbart, dass der Beklagte dem Kläger für die erhaltenen 30.000 Rubel 7.500 Mark zurückzahlen würde und beide dabei von einem falschen Umrechnungskurs ausgingen. In Wirklichkeit hatte die Darlehenssumme nur einen Gegenwert von 300 Mark. Fraglich ist, ob der Beklagte deshalb einen Anfechtungsgrund gemäß § 119 Abs. 1 BGB geltend machen kann, oder ob er sich bei Abgabe seiner Willenserklärung in einem unbeachtlichen Motivirrtum befand.

III. Die Entscheidung des RG

Das Berufungsgericht hat den Irrtum als Motivirrtum gewertet und eine etwaige Anfechtung des Beklagten für unwirksam gehalten,

▶ da er nach seinem eigenen Vorbringen weder über den Inhalt der Erklärung im Irrtum gewesen sei, noch etwas anderes habe erklären wollen als das tatsächlich Erklärte, es sich vielmehr nur um eine[n] Irrtum über den Wert des Sowjetrubels, also über den Beweggrund für die abgegebene Erklärung handele. ◀

Das Reichsgericht beurteilt den Fall anders. Seiner Ansicht nach bezieht sich der Irrtum „auf die Grundlagen des Rechtsgeschäfts und hat somit als Irrtum über den Inhalt der Erklärung zu gelten, der die Anfechtung aus § 119 Abs. 1 BGB rechtfertigt." Zur Begründung führt das Gericht aus:

▶ Das Darlehen war in Sowjetrubeln gegeben, deshalb [...] an sich in derselben Währung zurückzuerstatten. Durch eine Sonderabmachung, die in den Schuldscheinen niedergelegt wurde, verpflichtete sich indes der Beklagte, statt der 30.000 Rubel 7.500 Mark zurückzuzahlen. Hierzu gelangten die Parteien, indem sie [...] übereinstimmend davon ausgingen, dass der Sowjetrubel in Deutschland einen Wert von 25 Pfennig darstelle. Somit umfasst die Erklärung des Beklagten, an Stelle der eigentlichen Darlehenssumme dem Kläger 7.500 Mark schulden zu wollen, in einer diesem ohne Weiteres erkennbaren Weise die Kundgabe des Willens, die Darlehenssumme nach jenem Kurse in deutsche Währung umzurechnen. Diese von der irrigen Meinung, der Rubel sei nicht 1 Pfennig, sondern 25 Pfennig wert, unmittelbar beeinflusste Willensrichtung war zwar bestimmend für den Entschluss des Beklagten, aber sie bezog sich nicht auf solche Umstände, die seiner rechtsgeschäftlichen Erklärung vorausgingen und nur innere Erwägungen von seiner Seite bedeuteten, sondern sie war Teil der Erklärung selbst und wurde bei der Vertragsverhandlung dem Gegner verlautbart. Dass dies durch Erwähnung in den Urkunden oder durch ausdrückliche mündliche Erklärung geschah, war nicht erforderlich; der Wille, zu dem als richtig angenommenen Kurswerte umzurechnen, lag ohne Weiteres in den bei der Sonderabmachung ausgetauschten Erklärungen. ◄

IV. Rechtliche Einordnung

214 1. Irren ist menschlich – dem trägt das BGB Rechnung: Unter bestimmten Voraussetzungen gestattet es demjenigen, der bei Abgabe seiner Willenserklärung einem Irrtum unterliegt, die Erklärung anzufechten und damit rückwirkend zu vernichten (§ 142 Abs. 1 BGB). Anfechtungsgründe sind in §§ 119, 120, 123 BGB geregelt. Sie sauber voneinander sowie von Irrtümern abzugrenzen, die nicht zur Anfechtung berechtigen, fällt nicht immer leicht.

215 2. Anders als ein Inhaltsirrtum (§ 119 Abs. 1 Var. 1 BGB) und ein Erklärungsirrtum (§ 119 Abs. 1 Var. 2 BGB) ist ein Motivirrtum grundsätzlich unbeachtlich. Ein Motivirrtum betrifft die Phase, in der sich der Erklärende eine Meinung darüber bildet, ob und wenn ja welche Willenserklärung er abgeben möchte. Der in einem solchen Irrtum Befindliche irrt über subjektive Faktoren, die für die Bildung seiner Präferenzordnung maßgeblich sind, etwa über die geplante Verwendung des Geschäftsgegenstands.

216 Im vorliegenden Fall wertet das Reichsgericht den Irrtum des Beklagten aber nicht als einen solchen Motivirrtum. Der Irrtum des Beklagten sei nicht im Vorfeld der Erklärung erfolgt, sondern „Teil der Erklärung selbst" gewesen. Damit betreffe der Irrtum nicht die Grundlage der Erklärung. Vielmehr habe die Erklärung selbst einen anderen Inhalt gehabt, als der Beklagte ihr beimessen wollte. Der Irrtum sei daher als „erweiterter Inhaltsirrtum" gemäß § 119 Abs. 1 Var. 1 BGB zu werten. Dem Beklagten habe mithin ein Anfechtungsgrund zugestanden.

217 3. Die Entscheidung gibt Anlass zu Kritik. Das Gericht hätte zunächst herausarbeiten müssen, welchen Inhalt die Erklärungen von Kläger und Beklagtem hatten. Erst danach hätte es sich der Frage nach der Anfechtbarkeit zuwenden dürfen: Die Auslegung geht der Anfechtung vor.[1]

218 Hätte das Reichsgericht die Erklärungen der Parteien gemäß §§ 133, 157 BGB ausgelegt,[2] so wäre es zu dem Ergebnis gelangt, dass die Willenserklärung des Beklagten keiner Anfechtung bedurfte. Die Auslegung ergibt, dass die Erklärung ebenjenen Inhalt hatte, den Beklagter (und Kläger) ihr beimessen wollten.[3] Beide sind demselben Irrtum unterlegen. Sie gingen übereinstimmend davon aus, dass ein Rubel 25 Mal so viel wert sei, wie er tatsächlich war. Mehr noch: Sie wollten beide, dass der Beklagte durch die Schuldscheine verpflichtet wird, dem Kläger das Äquivalent des in Rubel ausgezahlten Darlehensbetrags in Mark zurückzuzahlen. Dass sie den Betrag falsch berechnet haben (7.500 Mark statt richtig 300 Mark), ist unschädlich. Auf den objektiven Erklärungsgehalt kommt es nicht an, wenn die Parteien übereinstimmend etwas anderes wollen als das, was sie objektiv erklärt haben. Das subjektiv Gewollte geht dann dem objektiv Erklärten vor (*falsa demonstratio non nocet*).[4] Mit seiner Willenserklärung hat sich

---

1 Vgl. Fall 11 – Toilettenpapier.
2 Siehe zur Auslegung Fall 2 – Selbstbedienungstankstelle.
3 So auch *Flume*, § 26 4 a; *Medicus/Petersen*, BGB AT, Rn. 758; *Neuner*, § 41 Rn. 75 f.
4 Siehe dazu auch Fall 6 – Haakjöringsköd.

IV. Rechtliche Einordnung

der Beklagte mithin nur zur Rückzahlung des Darlehensbetrags in Mark nach dem am Tag der Darlehensgabe geltenden Wechselkurs verpflichtet. Seine Willenserklärung war also auf Zahlung von 300 Mark gerichtet.

4. Hätte seine Erklärung hingegen – wie es das Reichsgericht unterstellt – die Zahlung von 7.500 Mark zum Gegenstand gehabt, so hätte sich der Beklagte in einem Kalkulationsirrtum befunden. Kalkulationsirrtümer können entweder darauf beruhen, dass dem Erklärenden bei der Berechnung der von ihm genannten Summe ein Fehler unterläuft, er also einen falschen Rechenweg wählt, oder dass sich der Erklärende über einen Umstand irrt, den er seiner Berechnung zugrunde legt, etwa über einen Rechnungsfaktor.

a) Das Reichsgericht unterscheidet zwei Fälle von Kalkulationsirrtümern: verdeckte und offene Kalkulationsirrtümer. Ein verdeckter Kalkulationsirrtum liege vor, wenn die andere Seite keine Mitteilung über die Berechnung oder ihre Grundlage erhalten habe. Dann gelte die Regel, „dass Kalkulationsfehler des Verkäufers bei der Berechnung des Kaufpreises […] grundsätzlich nur Irrtum im Beweggrund sind und für sich allein nicht die Annahme eines Irrtums über den Inhalt des Preisangebots rechtfertigen."[5] Beim offenen Kalkulationsirrtum habe der Irrende der anderen Seite die Berechnung oder ihre Grundlage mitgeteilt; der Irrtum sei damit erkennbar. „Dann umfasst der Inhalt der Erklärung bei dem Vertragsschluss auch diese Kalkulation, und ein Irrtum in dieser Kalkulation ist im Zweifel […] ein Irrtum über die Erklärung, der die Anfechtung aus § 119 Abs. 1 BGB rechtfertigt."[6] Das Gericht wertet diesen Irrtum als „erweiterten Inhaltsirrtum" gemäß § 119 Abs. 1 Var. 1 BGB.

b) BGH und herrschende Lehre beurteilen dies heute anders. Der BGH definiert den Kalkulationsirrtum als „einen schon im Stadium der Willensbildung unterlaufenen Irrtum im Beweggrund (Motivirrtum), der von keinem der gesetzlich vorgesehenen Anfechtungsgründe erfasst wird."[7] Er berechtige nicht zur Anfechtung, weil „derjenige, der aufgrund einer für richtig gehaltenen, in Wirklichkeit aber unzutreffenden Berechnungsgrundlage einen bestimmten Preis oder eine Vergütungsforderung ermittelt und seinem Angebot zugrunde legt, auch das Risiko dafür trägt, dass seine Kalkulation zutrifft."[8] Dies gelte auch dann, wenn der Erklärende dem Empfänger den Irrtum mitgeteilt habe. Offener und verdeckter Kalkulationsirrtum seien gleich zu behandeln, weil sonst ein geschwätziger Geschäftspartner ungerechtfertigt bessergestellt werde als jemand, der weniger Fakten mitteile.[9] Gesamtwirtschaftlich betrachtet: Würde ein offener Kalkulationsirrtum zur Anfechtung berechtigen, würden Verkehrsteilnehmer dazu angehalten, ihren Geschäftspartnern auch dann Informationen über die eigene Berechnung oder deren Grundlage mitzuteilen, wenn die Mitteilung für das betreffende Geschäft nicht erforderlich ist. Damit könnten sie nämlich ihr Kalkulationsrisiko auf die andere Seite abwälzen.

Selbst wenn der Empfänger die fehlerhafte Kalkulation erkannt hat, steht dem Erklärenden nach Auffassung des BGH kein Anfechtungsrecht gemäß § 119 Abs. 1 BGB zu. Ein Kalkulationsirrtum berechtigt danach also unter keinen Umständen zur Anfechtung. Bei einem erkannten Kalkulationsirrtum dürfe der Erklärende unter Umständen

---

5 RGZ 64, 266 (268).
6 RGZ 64, 266 (268).
7 BGHZ 139, 177 (180).
8 St. Rspr., vgl. nur BGHZ 139, 177 (181) = BGH NJW 1998, 3192 (3193).
9 Vgl. nur *Medicus/Petersen*, BGB AT, Rn. 758; *Neuner*, § 41 Rn. 80 ff.

aber einen Anspruch aus §§ 280 Abs. 1, 241 Abs. 2, 311 Abs. 2 BGB (*culpa in contrahendo*) auf Rückgängigmachung des Vertrags geltend machen – etwa wenn ihm „bei wirtschaftlicher Betrachtung schlechterdings nicht mehr angesonnen werden kann, sich mit dem irrig kalkulierten Preis als einer auch nur annähernd äquivalenten Gegenleistung für die zu erbringende Bau-, Liefer- oder Dienstleistung zu begnügen."[10] In der Literatur stimmen manche dem BGH zu, dass ein solcher Fall außerhalb des Irrtumsrechts zu lösen sei.[11] Andere wollen dagegen § 119 Abs. 1 BGB analog anwenden, weil Verkehrsschutzerwägungen einer Anfechtung nicht entgegenstünden.[12]

223 c) Richtig verstanden betreffen Fälle des objektiv erkennbaren Kalkulationsirrtums nicht das Recht der Irrtumsanfechtung. Sie lassen sich – wie eben gezeigt – mit den vorrangig anwendbaren Auslegungsregeln lösen. Wenn sich der mit einem offenen Kalkulationsirrtum behafteten Erklärung entnehmen lässt, welchen Inhalt sie hätte haben sollen, dann hat die Willenserklärung bei objektiver Auslegung eben diesen Inhalt. Kann der Empfänger hingegen nur erkennen, dass dem Erklärenden ein Fehler unterlaufen ist, nicht aber, wie die Kalkulation korrekterweise hätte lauten sollen, so ist die Erklärung mehrdeutig (perplex) und damit nichtig.[13]

224 Gleiches gilt für die allermeisten Fälle, in denen der BGH einen Anspruch aus §§ 280 Abs. 1, 241 Abs. 2, 311 Abs. 2 BGB auf Rückgängigmachung des Vertrags gewährt, weil der Empfänger den Irrtum erkannt hat. In aller Regel werden nur Irrtümer erkannt, die objektiv erkennbar sind. Wichtig ist dabei jeweils: Nicht jede einseitige Mitteilung der Berechnung oder ihrer Grundlage macht einen Irrtum objektiv erkennbar. Der Empfänger ist nicht generell verpflichtet, die Berechnung der anderen Seite nachzuvollziehen oder zu überprüfen, ob sie auf einer richtigen Grundlage beruht. Objektiv erkennbar sind nur solche Kalkulationsirrtümer, die ein objektiver Dritter unter Einsatz des für den jeweiligen Vertragstyp rationalen Maßes an Sorgfalt erkannt hätte.

225 5. Übrigens wäre der Rubel-Fall auch dann nicht mit den Regeln der Anfechtung zu lösen gewesen, wenn die Parteien gewusst hätten, dass ihre Annahme über den Wechselkurs möglicherweise falsch war. Dann hätte das Geschäft nämlich für beide Parteien ein Risikogeschäft dargestellt. So verhielt es sich etwa im Altmetall-Fall.[14] Die Parteien hatten das Gewicht des Altmetalllagers, das Gegenstand ihres Kaufvertrags war, falsch eingeschätzt und auf Basis dieser Schätzung den Kaufpreis für das Lager ermittelt. Nachdem sie den Fehler bemerkt hatten, erklärte der Verkäufer die Anfechtung des Kaufvertrags. Nach Ansicht des OLG München stand dem Verkäufer kein Anfechtungsrecht zu, weil der Vertrag ein „gewagtes Geschäft mit gleichem Risiko für beide Teile" dargestellt habe.[15] Das Reichsgericht hingegen urteilte, der Verkäufer habe nach § 119 Abs. 1 BGB anfechten dürfen, weil die Schätzung grob falsch gewesen sei. Die Parteien hatten angenommen, das Lager umfasse 40 Eisenbahnwaggons, während es in Wirklichkeit 80 Eisenbahnwaggons schwer war. Die Parteien hätten den Preis „innerhalb eines gewissen Spielraums als bestimmt" angesehen; insofern hätten sie sich geirrt.[16]

---

10 BGH NJW 2015, 1513 ff.
11 *Bork*, Rn. 837; *Flume*, § 25; *Köhler*, § 7 Rn. 26; *Neuner*, § 41 Rn. 82.
12 Vgl. nur *Singer*, JZ 1999, 342 (347).
13 Siehe hierzu auch Fall 11 – Toilettenpapier.
14 RGZ 90, 268 ff.
15 RGZ 90, 268 (269).
16 RGZ 90, 268 (270).

Auch diese Entscheidung überzeugt nicht. Der Verkäufer hat sich nicht geirrt, nur weil sich das bewusst eingegangene Risiko beider Parteien, dass sich ihre Annahme über die Menge des veräußerten Altmetalls als falsch herausstellt, für ihn stärker realisiert hat, als die Parteien bei Vertragsschluss für möglich gehalten haben. Heutzutage könnte der Verkäufer vom Käufer aber Anpassung des Vertrags wegen Wegfalls der Geschäftsgrundlage verlangen (§ 313 Abs. 2 iVm Abs. 1 BGB): Die Parteien haben den Preis des Altmetalls auf Basis ihrer Schätzung „innerhalb eines bestimmten Spielraums" berechnet.

V. Vertiefungsfragen

1. Bei zutreffender Lösung des Falls befindet sich der Beklagte nicht in einem Irrtum (siehe rechtliche Einordnung unter 3.). Wie steht es um den Kläger? Steht ihm wegen Irrtums ein Anfechtungsrecht gemäß § 119 Abs. 1 BGB zu?
2. Stellt der Eigenschaftsirrtum gemäß § 119 Abs. 2 BGB einen beachtlichen Motivirrtum dar? Vergleichen Sie dazu die Argumente von *Flume*, § 24 2; *Medicus/Petersen*, BGB AT, Rn. 767 ff. mit jenen von *Neuner*, § 41 Rn. 52, 64 ff.; *Bork*, Rn. 853, 860 ff.
3. In welchen Fällen ist ein (nicht unter § 119 Abs. 2 BGB fallender) Motivirrtum ausnahmsweise beachtlich? Siehe dazu *Faust*, § 19 Rn. 8; *Medicus/Petersen*, BGB AT, Rn. 744.
4. Wie sind beiderseitige Motivirrtümer zu beurteilen? Siehe *Leipold*, § 18 Rn. 24 f.
5. Schauen Sie sich Art. 24 Schweizerisches Obligationenrecht an. Inwiefern unterscheidet sich die dortige Regelung für Kalkulations- und Motivirrtümer von jener des deutschen Rechts?
6. Angenommen der Beklagte hat die in den Schuldscheinen genannten 7.500 Mark bereits gezahlt, als die Parteien ihren Irrtum bemerken: Steht ihm ein Anspruch auf Rückzahlung zu? Wenn ja, nach welcher Anspruchsgrundlage und in welcher Höhe? Lesen Sie dazu *Flume*, § 26 4 a.

Fall 13: Leibl

Anfechtung wegen Eigenschaftsirrtums
BGH NJW 1988, 2597

I. Sachverhalt

228 Der Kläger verkaufte das ihm gehörende Ölgemälde „Bildnis eines jungen Mannes" zum Preis von 6.000 DM an den Beklagten. Die Quittung enthält die Erklärung des Klägers, das Bild sei von Dr. S als eindeutiges Original von Frank Duveneck begutachtet worden. Das Bild wurde dem Beklagten übergeben, der Kaufpreis gezahlt. Der Beklagte ließ das Gemälde kurze Zeit später von dem Konservator Dr. R untersuchen, der es dem Maler Wilhelm Leibl zuschrieb. Der Beklagte veräußerte das Bild nach seiner Darstellung zusammen mit einer Vielzahl anderer Kunstgegenstände und Antiquitäten zu einem Gesamtpreis von 6.220.000 DM an eine Galerie; hiervon entfielen 25.000 DM auf das streitgegenständliche Gemälde, das in einer Liste zum Kaufvertrag bezeichnet wurde als „Frank Duveneck (1848 bis 1919) zugeschrieben (Wilhelm Leibl oder Leibl-Umkreis?)". Im folgenden Jahr entdeckte der Kläger das Bild in der Ausstellung einer Städtischen Galerie über Wilhelm Leibl und dessen Malerkreis. Es war dort als Werk von Wilhelm Leibl ausgestellt. Der Kläger erklärte daraufhin die Anfechtung des Kaufvertrags wegen Irrtums und verlangte Rückgabe des Bildes Zug um Zug gegen Rückzahlung der bezahlten 6.000 DM. Der Beklagte verweigerte dies. Die Beweisaufnahme vor dem Landgericht ergab, dass das Bild tatsächlich von Wilhelm Leibl stammt.

II. Zentrale Probleme

229 Der Kläger macht gegen den Beklagten einen Herausgabeanspruch gemäß § 812 Abs. 1 S. 1 Var. 1 BGB geltend. Der Beklagte hat Eigentum und Besitz am Gemälde erlangt. Beides hat ihm der Kläger geleistet. Allerdings erbrachte er die Leistung, um seine Verpflichtung aus dem Kaufvertrag zu erfüllen, den er und der Beklagte – zunächst wirksam – geschlossen hatten. Zum Zeitpunkt der Leistungserbringung erfolgte die Leistung also mit Rechtsgrund.

230 Der Beklagte kann dem Kläger aber das Bestehen des Kaufvertrags nicht entgegenhalten, wenn der Kläger seine auf Abschluss des Kaufvertrags gerichtete Willenserklärung wirksam angefochten hat. Dann ist die Erklärung nämlich gemäß § 142 Abs. 1 BGB von Anfang an (*ex tunc*) nichtig. Die Wirksamkeit des Kaufvertrags wäre also rückwirkend entfallen; der Kläger hätte ohne Rechtsgrund iSd § 812 Abs. 1 S. 1 Var. 1 BGB geleistet. Er könnte deshalb vom Beklagten Herausgabe des Bildes Zug um Zug gegen die erhaltenen 6.000 DM verlangen.

231 Der BGH prüft nun, ob das Anfechtungsrecht anwendbar ist und wenn ja, ob der Kläger einen Anfechtungsgrund hat. In Betracht kommt ein Eigenschaftsirrtum gemäß § 119 Abs. 2 BGB. Er liegt vor, wenn sich der Erklärende über verkehrswesentliche Eigenschaften einer Person oder Sache geirrt hat. Ob vorliegend ein solcher Irrtum gegeben ist, ist insbesondere deswegen fraglich, weil Gemälde von Duveneck und von Leibl in etwa gleich wertvoll sind.

III. Die Entscheidung des BGH

Der Beklagte hat seine Revision unter anderem damit begründet, eine Anfechtung gemäß § 119 Abs. 2 BGB sei ausgeschlossen, weil das Gewährleistungsrecht anwendbar sei. Wie die Vorinstanz erteilt auch der BGH dieser Ansicht eine Absage: 232

▶ Zwar schließen nach der Rechtsprechung des BGH die kaufrechtlichen Gewährleistungsvorschriften die Anfechtung des Käufers wegen eines Irrtums über solche Eigenschaften der Kaufsache aus, die Gewährleistungsansprüche begründen. Dagegen kann von einer „Konkurrenz" zwischen den Sachmängelansprüchen und einem Anfechtungsrecht des Verkäufers gem. § 119 Abs. 2 BGB keine Rede sein, weil dem Verkäufer Gewährleistungsrechte nie zustehen. ◀

Dies bedeute aber nicht, dass sich ein Verkäufer stets auf ein Anfechtungsrecht nach § 119 Abs. 2 BGB berufen könne. 233

▶ Wäre dem so, so könnte sich der Verkäufer, der irrig Mangelfreiheit der Sache annimmt, durch Irrtumsanfechtung unter Inkaufnahme der auf das negative Interesse gerichteten Schadensersatzpflicht nach § 122 BGB von seiner Gewährleistungspflicht befreien. Mit der im Schrifttum ganz überwiegend vertretenen Ansicht ist vielmehr davon auszugehen, dass es dem Verkäufer nach dem Gedanken des Rechtsmissbrauchs verwehrt ist, von dem Anfechtungsrecht Gebrauch zu machen, wenn die Folge wäre, dass er sich gesetzlich angeordneten Zurechnungen, nämlich seiner Gewährleistungspflicht, entzöge. ◀

Vorliegend habe der beklagte Käufer allerdings keine Gewährleistungsansprüche geltend gemacht, derer sich der klagende Verkäufer durch Anfechtung entziehen könnte. 234

▶ Liegt – wie hier – ein Spezieskauf vor, so führt der Umstand, dass das Bild entgegen dem Vertragsinhalt nicht von dem Maler Duveneck herrührt, nicht zur Annahme einer Falschlieferung, sondern stellt einen Fehler iSd § 459 Abs. 1 BGB [aF, heute § 434 BGB] dar. Daran ändert nach Auffassung des RG[1] nichts, dass der „Leibl" – wie der Kläger behauptet – wesentlich mehr wert ist, als es ein „Duveneck" gewesen wäre. Stand dem Beklagten mithin ein Wandelungsanspruch[2] zu, so hindert das den Kläger gleichwohl nicht an einer Anfechtung. Denn der Beklagte ist mit der ihm vorprozessual und mit dem Hauptantrag der Klage angebotenen Rückabwicklung des Kaufvertrages, die auch Rechtsfolge einer Wandelung wäre (§§ 467, 346 ff. BGB [aF, heute Rücktritt gemäß §§ 437 Nr. 2, 346 Abs. 1 BGB]), nicht einverstanden; was der Käufer nicht will, kann der Verkäufer nicht treuwidrig vereiteln.

Einen Anspruch auf Schadensersatz wegen Nichterfüllung gemäß § 463 BGB [aF, heute § 437 Nr. 3 BGB[3]], dem eine Anfechtung durch den Kläger den Boden entziehen könnte, macht der Beklagte ebenfalls nicht geltend. Das Berufungsgericht stellt rechtsfehlerfrei fest, dass der Kläger beim Verkauf des Bildes der festen Vorstellung gewesen sei, bei dem Maler handele es sich um Frank Duveneck; ein arglistiges Verhalten des Klägers […] scheidet daher aus. Der Beklagte hat sich auch nicht darauf berufen, dass ihm die Eigenschaft des

---

1 RGZ 135, 339 (342 f.).
2 Bei der in § 462 BGB aF geregelten Wandelung handelte es sich um einen Gewährleistungsanspruch, der den Käufer dazu berechtigte, den Kauf rückgängig zu machen. Sie wurde mit Inkrafttreten des Gesetzes zur Modernisierung des Schuldrechts am 1.1.2002 durch die Vorschriften zum Rücktritt gemäß §§ 437 Nr. 2, 323, 326 Abs. 5 BGB abgelöst.
3 § 463 BGB aF: „Fehlt der verkauften Sache zur Zeit des Kaufes eine zugesicherte Eigenschaft, so kann der Käufer statt der Wandelung oder der Minderung Schadensersatz wegen Nichterfüllung verlangen. Das Gleiche gilt, wenn der Verkäufer einen Fehler arglistig verschwiegen hat."

Bildes als von Duveneck herrührend zugesichert worden und dementsprechend der Kläger ihm zum Schadensersatz verpflichtet sei. ◀

235 Die Frage nach der Berechtigung zur Anfechtung ist dadurch noch nicht abschließend geklärt. Der Beklagte hatte nämlich vorgetragen, ein Gemälde von Duveneck sei in den USA ebenso viel wert wie ein Gemälde von Leibl in Deutschland. Er hatte sich damit eine im Schrifttum vertretene Ansicht zu eigen gemacht, nach der einem Verkäufer ein Anfechtungsrecht gemäß § 119 Abs. 2 BGB nur dann zustehe, wenn er eine Sache von besserer Beschaffenheit als der vertraglich geschuldeten geliefert oder ein besonderes subjektives Interesse an dem betreffenden Gegenstand habe.[4] Dazu führt der BGH aus:

▶ Nach der unter Beweis gestellten Behauptung des Beklagten, die sich auf eine Äußerung des Sachverständigen Dr. L stützen kann, werden die Bilder des Malers Duveneck in den USA etwa so hoch gehandelt wie Werke von Leibl in Deutschland. Das Berufungsgericht hat dies für unerheblich gehalten. Der Revision ist aber einzuräumen, dass die Begründung, es komme auf den Wert „am Ort des Verkaufsgeschäfts" an und jedenfalls in München genieße ein Bild von Leibl höhere Wertschätzung als ein solches von Duveneck, Bedenken begegnen kann; auch die Parteien hätten das Bild, wäre es von Duveneck gewesen, zu dem in den USA erzielbaren Preis verkaufen können.

Die Frage bedarf jedoch keiner abschließenden Entscheidung. Denn dem Kläger ist die Anfechtung auch dann nicht verwehrt, wenn das vom Beklagten behauptete Wertverhältnis bestünde. Die oben dargestellte Auffassung eignet sich zwar als Faustregel für den Normalfall – weil nämlich dann, wenn die Sache infolge ihres „Andersseins" nicht mehr wert ist als mit der nach dem Vertrag vorausgesetzten Eigenschaft, der Verkäufer mit einer Anfechtung in der Regel nur den Zweck verfolgen wird, sich den Gewährleistungsansprüchen des Käufers zu entziehen –, sie bedarf aber der Einschränkung in Fällen wie dem vorliegenden, wo diese Folge der Anfechtung des Verkäufers ausscheidet. Dann kann entscheidend letztlich nur sein, ob der Verkäufer eine Sache mit anderen Eigenschaften geliefert hat, als sie nach dem Vertrag vorausgesetzt waren, ohne dass – mit der Grenze des Verbots rechtsmissbräuchlichen Verhaltens – maßgeblich sein kann, ob die erbrachte Leistung gegenüber der vertraglich vorausgesetzten höher- oder gleichwertig ist. Ein Grund, ihm darüber hinaus das ihm gesetzlich zustehende Anfechtungsrecht nach § 119 Abs. 2 BGB zu versagen, ist nicht ersichtlich. ◀

236 Damit wendet sich das Gericht der Frage zu, ob die Voraussetzungen des § 119 Abs. 2 BGB erfüllt sind. Diese Frage bejaht der BGH:

▶ In der Urheberschaft des Gemäldes ist eine verkehrswesentliche Eigenschaft zu sehen. Auch hier ändert daran nichts, dass ein Bild von Duveneck nach dem Vortrag des Beklagten ebenso viel wert sein kann wie ein solches von Leibl. Dies trifft sich mit der zitierten Auffassung des RG,[5] dass ein Fehler des Bildes im Sinne des Gesetzes selbst dann gegeben sein kann, wenn der wahre Schöpfer des Bildes noch höher geschätzt wird als der Künstler, dem es die Vertragsparteien zugeschrieben haben.

Zu Unrecht meint die Revision, das Anfechtungsrecht des Klägers sei deshalb ausgeschlossen, weil er durch die angefochtene Erklärung wirtschaftlich keinen Nachteil erlitten habe. Dies gilt zwar für den Regelfall und dient als Anhaltspunkt für die Abgrenzung zwischen

---

4 Im Urteil werden für diese Ansicht angeführt: Soergel/*Hefermehl*, 12. Aufl. 1987, § 119 Rn. 80 (siehe heute 13. Aufl. 1999, § 119 Rn. 80); *Reinicke/Tiedtke*, Kaufrecht, 3. Aufl. 1987, S. 155 (siehe heute 8. Aufl. 2009, S. 303 f.); *Raape*, AcP 150, 504; Staudinger/*Honsell*, 1995, Vorb. zu § 459 Rn. 25.
5 RGZ 135, 339 (342 f.).

einem beachtlichen Irrtum und bloßem „Eigensinn, subjektiven Launen und törichten Anschauungen",[6] bei denen „bei verständiger Würdigung des Falles" (§ 119 Abs. 1 BGB) ein Einfluss des Irrtums auf die Abgabe der Erklärung zu verneinen ist. Bei Verkauf von Kunstgegenständen ist hingegen der wirtschaftliche Wert nicht allein ausschlaggebend. Wenn das Berufungsgericht in diesem Zusammenhang ausgeführt hat, in München – und gemeint ist offenbar: auch für den Kläger, wie dessen Vorgehen und auch die Zeugenaussage seiner Ehefrau zeigen – komme einem Bild von Leibl auch unabhängig von dem reinen Geldeswert höhere Wertschätzung als einem Gemälde Duvenecks zu, so kann dies nicht als rechtsfehlerhaft beanstandet werden. ◀

Der Kläger hat den Kaufvertrag also wirksam angefochten. Damit ist der Rechtsgrund für seine Leistung rückwirkend entfallen. 237

IV. Rechtliche Einordnung

1. Das Urteil ist berühmt wegen der darin enthaltenen Ausführungen zum Eigenschaftsirrtum gemäß § 119 Abs. 2 BGB. Lehrreich ist es aber auch wegen der ausführlichen Erörterungen des Verhältnisses zwischen Anfechtung nach § 119 Abs. 2 BGB und §§ 434 ff. BGB. Letztere haben die Haftung für Sachmängel von Kaufsachen zum Gegenstand. Sie sind abschließend; die Rechte und Pflichten beider Parteien regeln sich also ausschließlich nach diesen Normen. 238

a) Der Käufer darf nur zwischen den in § 437 BGB genannten Möglichkeiten wählen. Seine Ansprüche muss er innerhalb der Frist des § 438 BGB geltend machen. Sie ist relativ knapp bemessen; bei beweglichen Sachen beträgt sie zwei Jahre ab Ablieferung der Kaufsache (§ 438 Abs. 1 Nr. 3 iVm Abs. 2 BGB). Stünde ihm daneben ein Anfechtungsrecht gemäß § 119 Abs. 2 BGB mit dem Argument zu, er habe gedacht, die Sache sei mangelfrei, und habe sich mithin über die Eigenschaft der Sache geirrt, wäre die Konsequenz: Er könnte die Kaufsache über § 812 Abs. 1 S. 1 Var. 1 BGB auch dann zurückgeben (und den Kaufpreis zurückerhalten), wenn er den Mangel der Kaufsache erst nach Ablauf der in § 438 BGB genannten Frist entdeckt hätte, also keine kaufrechtlichen Gewährleistungsansprüche mehr geltend machen könnte.[7] Die Anfechtung aufgrund des § 119 Abs. 2 BGB kann nämlich innerhalb von zehn Jahren nach Abgabe der Willenserklärung erfolgen (§ 121 Abs. 2 BGB), solange der Anfechtungsberechtigte sie nur unverzüglich erklärt, nachdem er vom Anfechtungsgrund Kenntnis erlangt hat (§ 121 Abs. 1 BGB). 239

Dass die Mängelgewährleistungsregeln beim Kauf der Anfechtung wegen Eigenschaftsirrtums vorgehen, ist aus diesem Grund allgemein anerkannt.[8] Streit herrscht aber hinsichtlich der Frage, ab welchem Zeitpunkt sie Vorrang genießen. Nach Ansicht des BGH ist dies ab Gefahrübergang der Fall, weil §§ 434 ff. BGB dann zu greifen beginnen.[9] Nach der herrschenden Auffassung in der Literatur genießt das Gewährleistungsrecht hingegen schon vor Übergabe Vorrang.[10] Als Argument führen ihre Vertreter § 442 Abs. 1 S. 2 BGB an. Die Norm bestimmt: Ist dem Käufer ein Mangel infolge grober Fahrlässigkeit unbekannt geblieben, so kann er Rechte wegen dieses 240

---

6 RGZ 62, 201 (206).
7 Mit anschaulichem Beispiel *Leenen/Häublein*, § 14 Rn. 75.
8 Siehe nur BGHZ 16, 54 (57) = BGH NJW 1955, 340; *Flume, BGB AT*, § 24 3; *Leipold*, § 18 Rn. 41 f.; *Medicus/Petersen*, BGB AT, Rn. 775; *Neuner*, § 41 Rn. 69.
9 BGHZ 16, 54 (57) = BGH NJW 1955, 340; BGHZ 34, 32 (37 f.) = BGH NJW 1961, 772 (774); *Bork*, Rn. 856.
10 MüKo-BGB/*Armbrüster*, § 119 Rn. 29; *Flume*, § 24 3 a; *Medicus/Petersen*, BGB AT, Rn. 775.

Mangels nur geltend machen, wenn der Verkäufer den Mangel arglistig verschwiegen oder eine Garantie für die Beschaffenheit der Sache übernommen hat. Ansonsten sind die Mängelgewährleistungsrechte ausgeschlossen. Diesem Ausschluss könnte der grob fahrlässige Käufer entgehen, wenn er vor Gefahrübergang die Anfechtung erklären dürfte.

241 b) Ein Verkäufer kann keine Gewährleistungsrechte gemäß §§ 434 ff. BGB geltend machen. Es liegt in der Natur der Sache, dass diese Rechte nur dem Käufer zustehen. Eine Konkurrenz zwischen ihnen und dem Recht des Verkäufers auf Anfechtung wegen Eigenschaftsirrtums ist also nicht möglich – so auch der BGH im vorliegenden Fall. Trotzdem gibt es Fälle, in denen ein Verkäufer, der sich über eine verkehrswesentliche Eigenschaft einer Kaufsache geirrt hat, nicht nach § 119 Abs. 2 BGB anfechten darf:

242 (1) So ist die Anfechtung ausgeschlossen, wenn sich der Verkäufer dadurch seinen Pflichten nach §§ 434 ff. BGB entziehen würde. Die Anfechtung könnte für den Verkäufer deswegen attraktiv sein, weil er dann statt auf Nacherfüllung, Rücktritt oder Schadensersatz wegen Nichterfüllung (vgl. § 437 BGB) nur noch auf Ersatz eines etwaigen Vertrauensschadens, also auf das negative Interesse, haften würde (§ 122 BGB).

243 Vorliegend ist der Beklagte mit der Beschaffenheit des Gemäldes zufrieden. Er will keine Gewährleistungsrechte geltend machen, sondern hat das Angebot des Klägers, den Kaufvertrag rückgängig zu machen, ausgeschlagen. Auch Schadensersatz begehrt er nicht. Der BGH urteilt daher: „was der Käufer nicht will, kann der Verkäufer nicht treuwidrig vereiteln."

244 (2) Nach einer Ansicht in der Literatur ist eine Anfechtung des Verkäufers überdies dann nicht möglich, wenn die Kaufsache zwar eine andere als die vertraglich geschuldete Eigenschaft hat, dadurch aber nicht wertvoller ist als die geschuldete Sache.[11] Von dieser Regel soll wiederum dann eine Ausnahme gelten, wenn der Verkäufer an der geleisteten Sache ein besonderes subjektives Interesse hat.[12]

245 Dieses Argument eigne sich, so der BGH, um im Normalfall zu überprüfen, ob der Verkäufer die Anfechtung nur erkläre, um Gewährleistungsansprüche des Käufers zu verhindern. Mache die Abweichung von der geschuldeten Beschaffenheit – das „Anderssein", wie der BGH es nennt – die Sache nicht wertvoller und habe der Verkäufer zu ihr keine emotionale Bindung, liege ihm in aller Regel nichts an dem Erhalt der konkreten Sache. Dann bestehe die Vermutung, dass er sich lediglich der Haftung entziehen wolle. Sei hingegen – wie im vorliegenden Fall – ausgeschlossen, dass die Anfechtung des Verkäufers diesem Ziel diene, komme es grundsätzlich nur darauf an, ob die gelieferte Sache andere Eigenschaften habe als die geschuldete. § 119 Abs. 2 BGB sei also anwendbar.

246 2. Nach Ansicht des Gerichts sind die Voraussetzungen von § 119 Abs. 2 BGB erfüllt: Die Urheberschaft stelle eine verkehrswesentliche Eigenschaft eines Gemäldes dar; über diese Eigenschaft habe sich der Verkäufer geirrt.

247 a) In der Literatur erntet der BGH dafür Zustimmung.[13] Bereits *Savigny* hatte vertreten, es stelle einen Wertungswiderspruch dar, wenn der Käufer eine Erklärung anfechten dürfe, wenn er irrtümlich davon ausgegangen sei, dass die Kaufsache eine für ihn

---

11 Siehe oben bei Fn. 4 die im Urteil genannten Nachweise.
12 *Flume*, Eigenschaftsirrtum und Kauf, 1948, S. 148.
13 Siehe nur *Bork*, Rn. 858; *Medicus/Petersen*, BGB AT, Rn. 775; *Neuner*, § 41 Rn. 71.

günstige Eigenschaft habe, dem Verkäufer die Anfechtung aber verwehrt sei, wenn die Kaufsache über eine für ihn günstige Eigenschaft verfüge, um die er bei Vertragsschluss nicht wusste.[14]

b) Dagegen wird eingewandt, dass das Werk dann, wenn die einschlägigen Fachkreise das Gemälde zum Zeitpunkt des Vertragsschlusses als Werk des Künstlers betrachtet hätten, als dessen Werk es verkauft worden sei, die Eigenschaft gehabt habe, mit der es verkauft worden sei. Maßgeblich sei nämlich der Zeitpunkt des Vertragsschlusses.[15] Etwaige Vorteile, die daraus erwüchsen, dass es sich nachträglich als Gemälde eines anderen Künstlers herausgestellt habe, stünden der Person zu, in deren Eigentum das Gemälde zum Zeitpunkt der Entdeckung stehe. Wirtschaftlich gesprochen: Zwar hat der Verkäufer, als er die Kaufsache bei Vertragsschluss gewertet hat, die für ihn werterhöhende Eigenschaft nicht eingerechnet. Allerdings hätte jeder andere die gleiche Wertung vorgenommen wie er. Nach allgemeinem Wissensstand bei Vertragsschluss wies die Sache genau die Eigenschaften auf, von deren Vorliegen der Verkäufer ausging.[16] Damit war seine Wertung nicht fehlerhaft. Der Verkäufer unterlag keinem Irrtum.

248

c) Im vorliegenden Fall sind zusätzlich zu den soeben genannten, für andere Bereiche überzeugenden, Erwägungen allerdings auch die Besonderheiten des Kunstmarkts zu beachten. Die Urheberschaft von Gemälden verstorbener Künstler lässt sich oft nicht zweifelsfrei feststellen; einmal erfolgte Zuschreibungen können sich durch verbesserte Untersuchungsmethoden verändern. Ein Kaufvertrag über ein solches Gemälde ist für beide Parteien objektiv ein Risikogeschäft.[17] Zwar verfügt der Kunstmarkt mit Werkverzeichnissen und Sachverständigengutachten – wie jenen von Dr. S und Dr. R. – über Mechanismen, um dieses Risiko zu minimieren. Auch dadurch lassen sich falsche Zuschreibungen aber nicht vollständig verhindern.

249

Als sich herausstellte, dass das Gemälde von Leibl stammte, hat sich für den Verkäufer also nur das Risiko realisiert, das er mit Vertragsschluss eingegangen ist. Der Verkäufer ist lediglich dann zur Anfechtung wegen eines Eigenschaftsirrtums gemäß § 119 Abs. 2 BGB berechtigt, wenn er bei Vertragsschluss trotz des objektiv bestehenden Risikos subjektiv mit Sicherheit davon ausgegangen ist, dass das Bild von Duveneck stammte. Bei den hinlänglich bekannten Unsicherheiten über Zuschreibungen im Kunstmarkt wird ein solcher (praktisch kaum zu beweisender) Irrtum allerdings nur ganz selten vorliegen.

250

V. Vertiefungsfragen

1. Ist der Kaufvertrag unwirksam, weil die Parteien als Vertragsgegenstand ein Gemälde von Duveneck bestimmt haben, obwohl tatsächlich Leibl das Bild gemalt hat? Lesen Sie die Ausführungen zu Fall 6 – Haakjöringsköd.

251

2. Als der Kläger dem Beklagten Eigentum und Besitz am Gemälde geleistet hat, war der Kaufvertrag noch wirksam. Erst später wurde er rückwirkend vernichtet. Ist § 812 Abs. 1 S. 1 Var. 1 BGB (*condictio indebiti*) dann tatsächlich die richtige Anspruchsgrundlage? Oder ist nicht vielmehr § 812 Abs. 1 S. 2 Var. 1 BGB (*condictio ob causam finitam*) einschlägig? Lesen Sie *Medicus/Petersen*, BGB AT, Rn. 726.

---

14 *V. Savigny*, System des heutigen römischen Rechts, Bd. III, 1840, § 137, S. 298.
15 *Flume*, JZ 1991, 633 (634).
16 Vgl. hierzu auch *Fleischer*, Informationsasymmetrie im Vertragsrecht, 2001, S. 375.
17 Zum Risikogeschäft siehe auch Fall 12 – Rubel (Rn. 225 f.).

3. Im vorliegenden Fall hat der Kläger sowohl einen Anspruch aus § 812 BGB als auch aus § 985 BGB geltend gemacht. Was hätte er darlegen und beweisen müssen, um mit seinem Anspruch gemäß § 985 BGB Erfolg zu haben? Lesen Sie dazu *Grigoleit*, AcP 199 (1999), 379; *Haferkamp*, Jura 1998, 511 sowie Staudinger/ *Wiegand*, § 929 Rn. 2, 19; *Brox/Walker*, § 18 Rn. 40 ff.

4. Ist eine Anfechtung gemäß § 119 Abs. 2 BGB wegen Irrtums über die eigene Leistungsfähigkeit zulässig? Siehe *Leenen/Häublein*, § 14 Rn. 76.

Fall 14: Abhandengekommene Vollmachtsurkunde

Voraussetzungen einer Rechtsscheinvollmacht
BGHZ 65, 13 = BGH NJW 1975, 2101

I. Sachverhalt[1]

Die Beklagte ist Eigentümerin eines Firmengeländes. Durch notariell beurkundete Erklärung vom 15.12.1967 erteilte sie ihrem Ehemann Vollmacht, die ihr gehörenden Grundstücke zu veräußern. Die Klägerin war seit Jahren daran interessiert, einen Teil des Firmengeländes zu erwerben. Als Ergebnis der hierüber mit dem Ehemann der Beklagten geführten Verhandlungen gab dieser im Juni 1969 gegenüber der Klägerin ein notariell beurkundetes Vertragsangebot ab, das auf den Verkauf des Grundstücks zum Kaufpreis von 418.000 DM gerichtet war. Er überreichte dabei eine beglaubigte Abschrift der Vollmacht vom 15.12.1967. Bei einem gemeinsamen Notartermin am 25.9.1969 erklärte die Klägerin gegenüber dem Ehemann der Beklagten die Annahme dieses Verkaufsangebots. Im Anschluss an diese Beurkundung übergab der Ehemann der Beklagten der Klägerin die Ausfertigung der Vollmacht vom 15.12.1967.

Die Beklagte hatte die am 15.12.1967 erteilte Vollmacht ihrem Ehemann jedoch bereits im Januar 1969 wieder entzogen. Dieser hatte ihr auch die Vollmachtsurkunde zurückgegeben, die sie dann in einem in ihrem – von ihr allein benutzten – Schlafzimmer eingebauten Tresor deponiert hatte; den einzigen Schlüssel dazu hatte sie im Wäscheschrank versteckt. Mit diesem Schlüssel hatte ihr Ehemann am 25.9.1969 eigenmächtig den Tresor geöffnet und die Vollmachtsurkunde an sich genommen. Von den von ihrem Ehemann in ihrem Namen getätigten Grundstücksgeschäften erhielt sie erst nach dem 25.9.1969 Kenntnis. Da sich die Beklagte in der Folgezeit auf den Standpunkt stellte, sie sei aus dem von ihrem Ehemann abgegebenen Vertragsangebot und dessen Annahme durch die Klägerin nicht verpflichtet worden, begehrt die Klägerin die Feststellung, dass zwischen den Parteien ein rechtswirksamer Grundstückskaufvertrag zustande gekommen sei.

II. Zentrale Probleme

Die Entscheidung betrifft die Bindungswirkung einer „abhandengekommenen" Vollmachtsurkunde. Die Beklagte selbst hat keine rechtsgeschäftliche Erklärung gegenüber der Klägerin abgegeben. Ein rechtswirksamer Grundstückskaufvertrag ist mithin nur dann zustande gekommen, wenn sie beim Vertragsschluss von ihrem Ehemann gemäß § 164 Abs. 1 BGB wirksam vertreten worden ist. Hierzu muss der Ehemann unter anderem innerhalb seiner Vertretungsmacht gehandelt haben. Nach dem vom Berufungsgericht festgestellten Sachverhalt hatte die Beklagte ihrem Ehemann zwar eine Vollmacht zum Verkauf ihrer Grundstücke erteilt, diese aber noch vor Abschluss des Kaufvertrags mit der Klägerin widerrufen. Dadurch ist die Vollmacht gemäß § 168 S. 2 BGB erloschen und die von der Beklagten ausgestellte Vollmachtsurkunde gegenstandslos geworden. Fraglich ist, ob die Vorlage der Vollmachtsurkunde durch den Ehemann der Beklagten in analoger Anwendung von § 172 Abs. 1 BGB dennoch Rechtwirkungen gegenüber der Klägerin entfaltet.

---

[1] Vereinfachte Version des Original-Sachverhalts.

III. Die Entscheidung des BGH

254 Der BGH lehnt eine entsprechende Anwendung des § 172 Abs. 1 BGB ab: Der Vollmachtgeber müsse das Rechtsgeschäft, das der Vertreter unter Verwendung der auf ihn ausgestellten Urkunde getätige habe, nicht gegen sich gelten lassen. Die Analogie ist nach Auffassung des BGH durch den Sorgfaltsverstoß der Beklagten nicht gerechtfertigt:

▶ Schon der Wortlaut des § 172 BGB, der eine „Aushändigung" der Vollmachtsurkunde durch den Geschäftsherrn verlangt, lässt zweifeln, ob unter Heranziehung der Grundsätze über die Haftung aus verursachtem Rechtsschein, wie sie von Rechtsprechung und Lehre entwickelt worden sind, von diesem Erfordernis abgesehen und dieselbe Rechtsfolge bereits dann angenommen werden kann, wenn der Geschäftsherr die Urkunde nicht sorgfältig genug verwahrt hat. [...]

Vor allem aber kann auch nicht anerkannt werden, dass im Interesse der Verkehrssicherheit ein so weitgehender Schutz gutgläubiger Dritter erforderlich wäre. [...] Ebenso wie generell bei schriftlichen „Willenserklärungen", die mangels Begebung – nach allgemeiner Meinung – noch nicht als solche existent geworden sind, erscheint es auch dann, wenn der Aussteller einer Vollmachtsurkunde sich dieser noch nicht von sich aus entäußert hat, sie ihm vielmehr abhandengekommen ist, nicht gerechtfertigt, das aus der Verwendung dieser Urkunde im Rechtsverkehr entstandene Risiko allein dem Aussteller aufzubürden, indem er die von dem angeblichen Vertreter abgegebenen Erklärungen gegen sich gelten lassen müsste. Dies gilt auch dann, wenn der Aussteller der Vollmacht durch nicht hinreichend sorgfältige Verwahrung die Entwendung der Urkunde ermöglicht hat. Der gutgläubig auf die Vollmacht vertrauende Dritte muss sich in einem solchen Fall vielmehr nach den Grundsätzen, wie sie zu der Haftung auf das negative Interesse entwickelt worden sind, mit dem Ersatz seines Vertrauensschadens begnügen. ◀

255 Auch ansonsten bestehe kein Anlass dafür, der Beklagten das Verhalten ihres Ehemannes zuzurechnen:

▶ Das Berufungsgericht hat weder eine Kenntnis der Beklagten von den Verhandlungen ihres Ehemannes mit der Klägerin für erwiesen erachtet noch eine Kenntnis von Umständen, aus denen die Beklagte auf solche Verhandlungen hätte schließen müssen. Damit fehlt – mangels sonstiger Anhaltspunkte – auch eine Grundlage für die Annahme, dass die Beklagte bei pflichtgemäßer Sorgfalt das Verhalten ihres Ehemannes hätte erkennen müssen; dies aber wäre – von weiteren Erfordernissen abgesehen – nach ständiger Rechtsprechung Voraussetzung für die Annahme einer Anscheinsvollmacht. Ein solches Kennenmüssen kann auch nicht bereits daraus hergeleitet werden, dass die Beklagte es ihrem Ehemann fahrlässig ermöglicht hat, die Vollmachtsurkunde an sich zu bringen.

Damit entfällt auch der Gesichtspunkt der Duldungsvollmacht, die nach ebenfalls ständiger Rechtsprechung voraussetzt, dass der Geschäftsherr das Verhalten des angeblichen Vertreters positiv kennt und duldet. ◀

IV. Rechtliche Einordnung

256 1. Die Stellvertretung ist dadurch gekennzeichnet, dass die Wirkungen einer Willenserklärung, die eine Person (der Vertreter) für einen anderen (den Vertretenen) abgibt, den

IV. Rechtliche Einordnung

Vertretenen und nicht den Vertreter treffen.² Dafür müssen gemäß § 164 Abs. 1 BGB drei Voraussetzungen erfüllt sein:

a) Der Vertreter muss eine eigene Willenserklärung abgeben. Dadurch unterscheidet sich die Stellvertretung von der Botenschaft, bei welcher der Bote lediglich eine fremde Willenserklärung übermittelt.³

257

b) Der Vertreter muss im Namen des Vertretenen handeln (sogenanntes Offenkundigkeitsprinzip): Für den Geschäftsgegner muss erkennbar werden, dass der Vertreter nicht für sich selbst, sondern für einen Dritten handeln will. Entsprechend den für die Auslegung von Willenserklärungen geltenden Regelungen in §§ 133, 157 BGB reicht es gemäß § 164 Abs. 1 S. 2 BGB aus, dass sich der Wille, in fremdem Namen zu handeln, aus den Umständen ergibt. Wird dieser Wille nicht hinreichend deutlich zum Ausdruck gebracht, so wird der Handelnde selbst durch das Rechtsgeschäft verpflichtet (sogenanntes Eigengeschäft). Eine Anfechtung des vermeintlichen Vertretergeschäfts wegen Irrtums ist dann ausgeschlossen (§ 164 Abs. 2 BGB).

258

c) Schließlich muss der Vertreter innerhalb der ihm zustehenden Vertretungsmacht handeln. Die Vertretungsmacht kann sich aus dem Gesetz ergeben (zB §§ 1626 Abs. 1, 1629 Abs. 1 BGB) oder gemäß § 167 BGB durch einseitiges Rechtsgeschäft erteilt werden. Im letzteren Fall spricht man von einer Vollmacht (siehe die Legaldefinition in § 166 Abs. 2 BGB).⁴ Die Bevollmächtigung kann entweder gegenüber dem Vertreter selbst (Innenvollmacht, § 167 Abs. 1 Var. 1 BGB) oder gegenüber dem Geschäftsgegner erfolgen (Außenvollmacht, § 167 Abs. 1 Var. 2 BGB). Wenn der Vertreter einen Vertrag ohne die erforderliche Vertretungsmacht schließt, hängt die Wirksamkeit des Vertrags gemäß § 177 BGB von der Genehmigung des (angeblich) Vertretenen ab; bis dahin ist der Vertrag schwebend unwirksam (für einseitige Rechtsgeschäfte gilt § 180 BGB). Verweigert der Vertretene die Genehmigung, so kann der Geschäftsgegner gemäß § 179 BGB den Vertreter als *falsus procurator* selbst in Anspruch nehmen.

259

2. Problematisch ist im vorliegenden Fall lediglich die Frage, ob der Ehemann der Beklagten mit Vertretungsmacht gehandelt hat, als er für die Beklagte den Vertrag mit der Klägerin schloss.

260

a) Die Beklagte hatte ihn zwar durch Aushändigung der Vollmachtsurkunde zunächst bevollmächtigt (§ 167 Abs. 1 Var. 1 BGB). Obwohl sich die Vollmacht auf den Verkauf von Grundstücken bezog, war die Vollmacht gemäß § 167 Abs. 2 BGB auch ohne die für den Kaufvertrag bestimmte notarielle Beurkundung (§ 311b Abs. 1 BGB) formwirksam. Die Vollmacht hatte die Beklagte jedoch gemäß § 168 S. 2 BGB gegenüber ihrem Ehemann widerrufen, bevor dieser von ihr Gebrauch machen konnte. Damit war die Vollmacht erloschen.

261

b) Ein Vertragsschluss mit Wirkung für und gegen die Beklagte kommt daher nur in Betracht, wenn sich der Kläger auf eine Vertretungsmacht kraft Rechtsscheins berufen

262

---

2 Siehe dazu auch Fall 11 – Toilettenpapier.
3 Ein Geschäftsunfähiger, dessen Willenserklärungen gemäß § 105 Abs. 1 BGB nichtig sind, kommt daher nicht als Stellvertreter (wohl aber als Bote) in Betracht. Dass der Vertreter in der Geschäftsfähigkeit beschränkt ist, ist dagegen gemäß § 165 BGB unschädlich, da das Vertretergeschäft für den Vertreter selbst rechtlich neutral ist (vgl. § 179 Abs. 3 S. 2 BGB).
4 Eine Zwischenstellung nimmt die Organschaft bei juristischen Personen ein, bei der es sich streng genommen nicht um eine Stellvertretung (sondern um ein Handeln der juristischen Person selbst) handelt, auf die aber die §§ 164 ff. BGB entsprechend angewandt werden, siehe Grüneberg/*Ellenberger*, Einf. v. § 164 Rn. 5a; *Neuner*, § 49 Rn. 30; *Wörlen/Metzler-Müller*, Rn. 351.

kann.⁵ Bei einer solchen Rechtsscheinvollmacht muss sich der Vertretene trotz fehlender Vollmacht so behandeln lassen, als habe er Vertretungsmacht erteilt, weil (a) der Rechtsschein einer Vertretungsmacht besteht, der (b) dem Vertretenen zurechenbar ist, und (c) der Geschäftsgegner auf das Bestehen einer Vertretungsmacht vertrauen durfte.

263 Das BGB nennt in §§ 170 bis 172 drei solcher Rechtsscheintatbestände. Sie beruhen darauf, dass eine Mitteilung des Vertretenen über die Erteilung einer Vollmacht entweder unrichtig ist (§§ 171 Abs. 1, 172 Abs. 1 BGB) oder später unrichtig wird, weil die mitgeteilte Vollmacht widerrufen wird (§§ 170, 171 Abs. 2, 172 Abs. 2 BGB).⁶ In all diesen Fällen muss sich der Vertretene an dem durch die Mitteilung der Vollmacht als Wissenserklärung begründeten Rechtsschein festhalten lassen. Den Unterschied zu einer „echten" Vollmacht zeigt § 173 BGB: Die Tatbestände in §§ 170 bis 172 BGB begründen eine Vertretungsmacht des ohne Vollmacht Handelnden danach nur dann, wenn der Geschäftsgegner gutgläubig ist, also weder weiß noch fahrlässig nicht weiß,⁷ dass in Wirklichkeit keine Vertretungsmacht besteht.

264 c) Im vorliegenden Fall hat sich die Klägerin auf eine Rechtsscheinvollmacht gemäß § 172 Abs. 1 BGB berufen. In diesem Fall wird der Rechtsschein einer Bevollmächtigung dadurch begründet, dass der Vertreter dem Geschäftsgegner eine vom Vertretenen ausgehändigte Vollmachtsurkunde vorlegt. Diese steht dann der Kundgabe einer Innenvollmacht gegenüber dem Geschäftsgegner (§ 171 Abs. 1 BGB) gleich. Der durch die Aushändigung der Vollmachtsurkunde begründete Rechtsschein wirkt so lange fort, bis die Urkunde dem Vollmachtgeber zurückgegeben oder für kraftlos erklärt wird (§ 172 Abs. 2 BGB).

265 Die Voraussetzungen von § 172 Abs. 1 BGB liegen hier jedoch nicht vor: Die von der Beklagten ausgestellte Vollmachtsurkunde begründete zwar zunächst den Rechtsschein einer Bevollmächtigung ihres Ehemanns. Er endete jedoch gemäß § 172 Abs. 2 BGB mit der Rückgabe der Urkunde an die Beklagte. Als der Ehemann der Beklagten die Urkunde der Klägerin am 25.9.1969 vorgelegt hat, war der durch ihre Aushändigung begründete Rechtsschein daher schon erloschen. Dass ihr Ehemann die Urkunde wieder an sich genommen hat, lässt diesen Rechtsschein auch nicht wieder aufleben, weil es an einer erneuten „Aushändigung" durch die Beklagte fehlt.

266 3. In Betracht kommt daher allenfalls eine analoge Anwendung von § 172 Abs. 1 BGB. Weil die Beklagte mit der Möglichkeit rechnen musste, dass ihr Ehemann die Urkunde entwenden und von ihr Gebrauch machen würde, hat sie mit der Verwahrung der Vollmachtsurkunde in ihrem Schlafzimmer die im Verkehr gebotene Sorgfalt nicht beachtet und damit fahrlässig ermöglicht, dass ihr Ehemann die Originalausfertigung der Vollmachtsurkunde am 25.9.1969 vorlegen konnte. Ob die unsorgfältige Verwahrung einer Vollmachtsurkunde einen mit dem Fall des § 172 Abs. 1 BGB vergleichbaren Rechtsschein begründen kann, ist jedoch problematisch.

267 a) Man könnte in § 172 Abs. 1 BGB eine Ausprägung des allgemeinen Grundsatzes sehen, dass der schuldhaft veranlasste Rechtsschein einer Vollmachtserteilung einer tatsächlichen Bevollmächtigung gleichkommt. Bei fahrlässiger Ermöglichung der Ansichtnahme der Vollmachtsurkunde ließen sich die Voraussetzungen einer Analogie dann durchaus bejahen.

---

5 Für eine abweichende Konzeption vgl. *de la Durantaye*, Erklärung und Wille, 2020, S. 195 ff.
6 Instruktiv zu den einzelnen Fällen *Faust*, § 24 Rn. 22 ff.
7 § 173 BGB spricht von „kennen müssen". Damit ist eine fahrlässige Unkenntnis gemeint, siehe die Legaldefinition in § 122 Abs. 2 BGB.

IV. Rechtliche Einordnung

b) Der BGH lehnt eine derart extensive Rechtsscheinlehre jedoch ab.[8] Dabei stützt sich der BGH auf die Erwägung, dass der Schutz desjenigen, der auf die Kundgabe einer erteilten Innenvollmacht als Wissenserklärung vertraut, nicht weiter reichen könne als der Schutz des auf eine Willenserklärung Vertrauenden. Entscheidend für die Ablehnung einer Zurechnung der vom Ehemann der Beklagten abgegebenen Willenserklärung nach Rechtsscheingrundsätzen ist dementsprechend die Annahme des BGH, dass „nach allgemeiner Meinung" auch eine abhandengekommene Willenserklärung mangels „Begebung" keine Rechtswirkungen entfalte. Ob dieser Schluss gerechtfertigt ist, ist jedoch fraglich. Die Auswirkungen einer fehlenden Abgabe auf die Wirksamkeit einer Willenserklärung sind heute nämlich durchaus umstritten:

(1) Zum Teil wird noch immer vertreten, dass die Abgabe Wirksamkeitsvoraussetzung einer Willenserklärung sei. Eine dem Erklärenden „abhandengekommene" Willenserklärung sei mangels willentlicher Entäußerung in den Rechtsverkehr unwirksam.[9] In Betracht komme dann lediglich ein Anspruch auf Ersatz des Vertrauensschadens. Dabei ist umstritten, ob dieser – wie der BGH annimmt – gemäß §§ 280 Abs. 1, 241 Abs. 2, 311 Abs. 2 BGB Verschulden voraussetzt,[10] oder ob in Analogie zu § 122 BGB eine Veranlasserhaftung besteht.[11]

(2) Die herrschende Meinung zieht jedoch eine Parallele zum Fall des fehlenden Erklärungsbewusstseins[12]: Sie rechnet dem Erklärenden die abhandengekommene Willenserklärung zu, wenn dieser bei Anwendung der verkehrserforderlichen Sorgfalt hätte erkennen und vermeiden können, dass sein Verhalten für einen objektiven Betrachter als Willenserklärung erscheint.[13] Wenn man dem folgt, ist der Argumentation des BGH die Grundlage entzogen, da die Annahme einer Vertretungsmacht kraft Rechtsscheins bei unsorgfältiger Verwahrung einer Vollmachtsurkunde dann der Rechtslage bei einer abhandengekommenen Willenserklärung entspricht.

4. Anstelle einer analogen Anwendung von § 172 Abs. 1 BGB kommt dann auch eine Heranziehung der Grundsätze über die Anscheinsvollmacht in Betracht. Bei der Anscheinsvollmacht handelt es sich ebenso wie bei der Duldungsvollmacht um eine Rechtsscheinvollmacht, die von Rechtsprechung und Lehre über die gesetzlich geregelten Tatbestände in §§ 170 bis 172 BGB hinaus entwickelt worden ist.

a) Eine Duldungsvollmacht liegt vor, wenn der Vertretene es willentlich geschehen lässt, dass ein anderer für ihn wie ein Vertreter auftritt, und der Geschäftspartner dieses Dulden nach Treu und Glauben dahin versteht und auch verstehen darf, dass der als Vertreter Handelnde zu den vorgenommenen Erklärungen bevollmächtigt ist.[14] Dies kommt im vorliegenden Fall nicht in Betracht, da die Beklagte keine Kenntnis vom Handeln ihres Ehemanns hatte.

b) Eine Anscheinsvollmacht ist dagegen gegeben, wenn der Vertretene das Handeln des Scheinvertreters nicht kennt, es aber bei pflichtgemäßer Sorgfalt hätte erkennen und verhindern können, und wenn der Geschäftspartner annehmen durfte, der Vertretene

---

[8] Siehe dazu auch Fall 15 – VIP-Lounge.
[9] *Bork*, Rn. 611 bis 615; *Köhler*, § 6 Rn. 12; *Meyer*, JuS 2017, 962 f.; *Neuner*, § 32 Rn. 11 bis 18; *Schack*, Rn. 185.
[10] So außer dem BGH auch *Köhler*, § 6 Rn. 12; Jauernig/*Mansel*, § 130 Rn. 1.
[11] So Staudinger/*Singer*, § 122 Rn. 11.
[12] Siehe hierzu Fall 1 – Trierer Weinversteigerung.
[13] *Faust*, § 2 Rn. 20 iVm § 19 Rn. 24 f.
[14] BGH NJW 2002, 2325 (2327) mwN.

kenne und billige das Handeln des Vertreters.[15] Ob das Institut der Anscheinsvollmacht überhaupt anzuerkennen ist, ist allerdings umstritten:

274 (1) Dagegen wird angeführt, dass es an einem hinreichenden Zurechnungsgrund fehle, wenn der Vertretene anders als in den Fällen der §§ 170 bis 172 BGB nicht bewusst über das Vorliegen einer Vollmacht informiere, sondern lediglich fahrlässig handele. In Betracht komme nur eine Haftung auf Ersatz des negativen Interesses gemäß §§ 280 Abs. 1, 241 Abs. 2, 311 Abs. 2 BGB.[16]

275 (2) Die herrschende Meinung erkennt die Existenz der Anscheinsvollmacht hingegen an. Für sie spricht, dass es nicht um einen Fahrlässigkeitsvorwurf im Sinne eines Verschuldens geht, sondern – wie bei einer abhandengekommenen Willenserklärung oder einem Handeln ohne Erklärungsbewusstsein (siehe oben Rn. 270) – um die Frage der Zurechnung eines Rechtsscheins. Fraglich kann dann nur sein, welche Anhaltspunkte man als ausreichend ansieht, um bei objektiver Auslegung des Verhaltens (§§ 133, 157 BGB) den Schluss auf eine vom Vertretenen erteilte Vollmacht zu rechtfertigen. Dafür verlangt die herrschende Meinung grundsätzlich „eine gewisse Häufigkeit und Dauer" des Verhaltens des angeblichen Vertreters.[17] Da sich die Vertragsverhandlungen zwischen dem Ehemann der Beklagten und der Klägerin über einen längeren Zeitraum hinzogen, in dem die Vollmachtsurkunde auch mehrfach vorgelegt wurde, kann man die Voraussetzung der Anscheinsvollmacht im vorliegenden Fall durchaus bejahen.

276 Fraglich ist dann aber, ob man eine Zurechnung dieses Rechtsscheins tatsächlich mit der Begründung des BGH ablehnen kann, die Beklagte habe das Verhalten ihres Ehemanns auch bei pflichtgemäßer Sorgfalt nicht erkennen können. Immerhin geht der BGH selbst davon aus, dass die Beklagte im Hinblick darauf, dass ihr Ehemann die Urkunde nur widerwillig zurückgegeben hatte, mit der Möglichkeit hätte rechnen müssen, dass dieser die Urkunde wieder entwenden und von ihr Gebrauch machen werde.[18] Das muss für die Zurechnung des durch die Vorlage der Urkunde begründeten Rechtsscheins ausreichen. Die Beklagte muss daher das von ihrem Ehemann vorgenommene Grundstücksgeschäft nach den Grundsätzen der Anscheinsvollmacht gegen sich gelten lassen.

V. Vertiefungsfragen

277 1. Warum verzichtet das Gesetz in § 167 Abs. 2 BGB selbst bei einer Vollmacht, die zur Vornahme formbedürftiger Rechtsgeschäfte ermächtigt, auf die Einhaltung einer bestimmten Form (siehe oben Rn. 261)? Gilt dieser Grundsatz uneingeschränkt? Oder sind mit Blick auf die mit den Formvorschriften verfolgten Zwecke Ausnahmen gerechtfertigt? Lesen Sie *Musielak/Hau*, Rn. 1168 f.; *Schack*, Rn. 515 sowie Fall 18 – Leerformel. Siehe auch die parallele Regelung in § 182 Abs. 2 BGB und dazu BGHZ 125, 218 = BGH NJW 1994, 1344 sowie *Köhler*, § 11 Rn. 66; *Leipold*, § 26 Rn. 4; *Neuner*, § 51 Rn. 6 f.

---

15 BGH NJW 2007, 987 Rn. 25 mwN.
16 *Medicus/Petersen*, BGB AT, Rn. 970 f.; *Schack*, Rn. 515; vgl. auch *Musielak/Hau*, § 10 Rn. 1185, die zwar die Kritik teilen, die Anscheinsvollmacht aber als geltendes Richterrecht ansehen.
17 BGH NJW 1998, 1854 (1855); BGHZ 166, 369 Rn. 17 = BGH NJW 2006, 1971; Grüneberg/*Ellenberger*, § 172 Rn. 12; aA *Bork*, Rn. 1561. Siehe dazu auch Fall 15 – VIP-Lounge.
18 BGH NJW 1975, 2101 (2102) unter II. 3. a) (in BGHZ 65, 13 nicht abgedruckt).

V. Vertiefungsfragen

2. Wen schützt das Offenkundigkeitsprinzip? Kann man daraus Ausnahmen von dem Grundsatz ableiten, dass der Vertreter für eine wirksame Stellvertretung im Namen des Vertretenen handeln muss? Lesen Sie *Faust*, § 23 Rn. 10 ff.

3. Gemäß § 185 BGB ist ein von einem Nichtberechtigten vorgenommenes Verfügungsgeschäft, zum Beispiel die Übereignung einer Sache, wirksam, wenn dieser vom Berechtigten dazu ermächtigt worden ist. Worin besteht der Unterschied zur Stellvertretung? Lesen Sie *Schack*, Rn. 523.

4. Angenommen, die Beklagte hätte sich über den Umfang der ihrem Ehemann erteilten Vollmacht geirrt: Könnte sie die Vollmachtserteilung gemäß § 119 Abs. 1 BGB anfechten und sich dadurch von dem mit der Klägerin geschlossenen Vertrag lösen? Lesen Sie *Eujen/Frank*, JZ 1973, 232 ff.; *Brox/Walker*, § 25 Rn. 40 ff.

Fall 15: VIP-Lounge

Handeln unter fremdem Namen
BGHZ 189, 346 = BGH NJW 2011, 2421

I. Sachverhalt[1]

278 Die Beklagte unterhielt beim Internetauktionshaus eBay ein passwortgeschütztes Konto unter dem Mitgliedsnamen „rot123". Am 3.3.2008 wurde unter Nutzung dieses Zugangskontos eine komplette „VIP-Lounge/Bar/Bistro/Gastronomieeinrichtung", die aus zahlreichen gebrauchten Einzelgegenständen bestand, mit einem Eingangsgebot von 1 Euro zum Verkauf angeboten. Angebotsersteller war der Ehemann der Beklagten. Neun Tage vor Ablauf der Auktion gab der Kläger unter seinem Nutzernamen „blau456" ein Maximalgebot von 1.000 Euro ab. Einen Tag später wurde das Angebot vorzeitig zurückgenommen und die Auktion damit beendet. Der Kläger war zu diesem Zeitpunkt der Höchstbietende. In den Allgemeinen Geschäftsbedingungen von eBay, denen jedes registrierte Mitglied zustimmen muss, heißt es ua: „Nutzer müssen ihr Passwort geheim halten und den Zugang zu ihrem eBay-Konto sorgfältig sichern."

Der Kläger geht davon aus, wirksam mit der Beklagten einen Kaufvertrag abgeschlossen zu haben. Da die Beklagte nicht liefern will, macht er Schadensersatzansprüche in Höhe von 32.820 Euro geltend (Wert der Gastronomieeinrichtung abzüglich seines Gebots von 1.000 Euro).

II. Zentrale Probleme

279 Der Kläger kann den geltend gemachten Schadensersatz wegen eines vorzeitigen Abbruchs der Versteigerung gemäß §§ 280 Abs. 1, 3, 281 BGB nur beanspruchen, wenn zwischen den Parteien ein Kaufvertrag über die angebotene Gastronomieeinrichtung zustande gekommen ist.[2] Das ist hier deswegen fraglich, weil die Beklagte das Angebot nicht selbst auf der Internetplattform von eBay eingestellt, selbst also kein Angebot auf Abschluss eines Kaufvertrags abgegeben hat.[3] Zu einem Vertragsschluss kommt man daher nur, wenn die Erklärungen, die der Ehemann der Beklagten unter Verwendung ihres Mitgliedsnamens abgegeben hat, der Beklagten zuzurechnen sind. Dabei kommen vor allem zwei Anknüpfungspunkte in Betracht:

280 Zum einen kann eine Zurechnung über die Stellvertretungsregeln gemäß §§ 164ff. BGB erfolgen. Problematisch ist hier jedoch, dass der Ehemann nicht als Stellvertreter „im Namen" der Beklagten aufgetreten ist, weil es an der hierfür erforderlichen Offenkundigkeit des Handelns für eine dritte Person fehlt (siehe dazu oben Rn. 258). Er hat lediglich das Nutzerkonto der Beklagten verwendet, um ein Verkaufsangebot zu platzieren. Zu klären ist daher, inwieweit dem Namensträger eine Erklärung auch bei einem solchen Handeln „unter fremdem Namen" zuzurechnen ist.

281 Zum anderen ist an eine Haftung nach Rechtsscheingrundsätzen zu denken. Der BGH hat in der Entscheidung „Halzband"[4] eine solche Haftung für Urheber- und Markenrechtsverletzungen angenommen, wenn ein Dritter für die Verletzungshandlung ein

---
1 Vereinfachte Version des Original-Sachverhalts.
2 Siehe dazu allgemein Fall 2 – Selbstbedienungstankstelle.
3 Zum Vertragsschluss auf eBay siehe bereits Fall 4 – Abbruchjäger und Fall 5 – Beschreibung lesen.
4 BGHZ 180, 134 Rn. 16 = BGH NJW 2009, 1960 – Halzband.

III. Die Entscheidung des BGH

fremdes Mitgliedskonto bei eBay benutzt, deren Zugangsdaten er erhalten hat, weil der Inhaber sie nicht hinreichend vor dem Zugriff Dritter gesichert hat. Der Inhaber des Mitgliedskontos müsse sich dann so behandeln lassen, wie wenn er selbst gehandelt hätte. Eine weitere zentrale Frage der Entscheidung ist daher, ob diese Rechtsprechung auf die Zurechnung von Willenserklärungen übertragbar ist.

III. Die Entscheidung des BGH

Im Ergebnis bejaht der BGH die analoge Anwendbarkeit der §§ 164 ff. BGB. Ein Eigengeschäft des Ehemanns der Beklagten, das zu einem Vertragsschluss zwischen ihm und dem Kläger geführt hätte, lehnt der BGH ab. Zur Begründung führt er aus: 282

▶ [10] Anders als die Beklagte meint, ist eine Zurechnung des von ihrem Ehemann auf der Internetplattform eBay eingestellten Verkaufsangebots allerdings nicht bereits deswegen ausgeschlossen, weil dieser erkennbar selbst als Verkäufer aufgetreten wäre. [...] Denn der Ehemann der Beklagten hat den Willen, die Gastronomieeinrichtung im eigenen Namen zum Verkauf anzubieten, nicht hinreichend zum Ausdruck gebracht. Er hat das Verkaufsangebot unter Nutzung des für die Beklagte eingerichteten passwortgeschützten Nutzerkontos und unter Verwendung ihres Mitgliedsnamens auf der Internetplattform eBay platziert. Aus Sicht der potenziellen Käufer war die Beklagte Urheberin des Verkaufsangebots. Etwas anderes lässt sich auch nicht aus der im Angebotstext erfolgten Angabe der E-Mail-Adresse und der Mobilfunknummer des Ehemanns der Beklagten ableiten. Hieraus erschließt sich für einen Kaufinteressenten noch nicht, dass der Ehemann der Beklagten selbst als Verkäufer in Erscheinung trat. Denn für einen objektiven Empfänger erschöpft sich der Gehalt der gemachten Angaben in der bloßen Mitteilung von Kontaktadressen und -daten. Tragfähige Rückschlüsse auf die Identität des Verkäufers lassen diese Angaben nicht zu. Vielmehr sind insoweit für einen potenziellen Vertragspartner die auf der Internet-Plattform eBay abrufbaren Angaben zur Person und Anschrift des Kontoinhabers ausschlaggebend. ◀

Die entsprechende Anwendung der §§ 164 ff. BGB führt im vorliegenden Fall jedoch nicht dazu, dass der Beklagten die von ihrem Ehemann abgegebene Erklärung zugerechnet wird. Nach Auffassung des BGH fehlt es hierfür an der nach § 164 Abs. 1 BGB erforderlichen Vertretungsmacht: 283

▶ [12] Wird bei der Nutzung eines fremden Namens beim Geschäftspartner der Anschein erweckt, es solle mit dem Namensträger ein Geschäft abgeschlossen werden, und wird dabei eine falsche Vorstellung über die Identität des Handelnden hervorgerufen, finden die Regeln über die Stellvertretung (§§ 164 ff. BGB) und die hierzu entwickelten Grundsätze entsprechend Anwendung, obwohl dem Handelnden ein Vertretungswille fehlte. Dies gilt auch für Geschäfte, die über das Internet abgewickelt werden. Eine rechtsgeschäftliche Erklärung, die unter solchen Voraussetzungen unter dem Namen eines anderen abgegeben worden ist, verpflichtet den Namensträger daher regelmäßig nur dann, wenn sie in Ausübung einer bestehenden Vertretungsmacht erfolgt (§ 164 Abs. 1 S. 1 BGB analog) oder vom Namensinhaber nachträglich genehmigt worden ist (§ 177 Abs. 1 BGB analog) oder wenn die Grundsätze über die Anscheins- oder die Duldungsvollmacht eingreifen. Gemessen an diesen Maßstäben hat die Beklagte keinen Zurechnungstatbestand verwirklicht. ◀

Die Beklagte habe ihren Ehemann weder im Vorfeld zur Abgabe entsprechender Erklärungen bevollmächtigt noch dessen Verhalten nachträglich genehmigt. Somit seien ihr die von ihrem Ehemann abgegebenen Erklärungen weder nach § 164 Abs. 1 S. 1 BGB analog noch nach § 177 Abs. 1 BGB analog zuzurechnen. 284

285 Auch Anhaltspunkte für eine Duldungsvollmacht[5] sieht der BGH nicht, da die Beklagte ihrem Ehemann die Zugangsdaten für ihr Mitgliedskonto bei eBay nicht offengelegt und von dessen Vorgehen auch keine Kenntnis hatte. In Betracht kommt daher allenfalls eine Zurechnung nach den Grundsätzen der Anscheinsvollmacht. Auch deren Voraussetzungen verneint der BGH aber im vorliegenden Fall. Dass die Beklagte die Zugangsdaten nicht hinreichend vor dem Zugriff ihres Ehemanns geschützt hat, reiche dafür nicht aus:

▶ [17] Nach den vom Berufungsgericht getroffenen Feststellungen ist der Beklagten, die sich zum Zeitpunkt der unbefugten Nutzung ihres eBay-Mitgliedskontos bei ihrer Mutter in H. aufhielt, bereits nicht zum Vorwurf zu machen, sie hätte bei Anwendung pflichtgemäßer Sorgfalt erkennen und verhindern können, dass sich ihr Ehemann während ihrer Abwesenheit ihres eBay-Kontos bedienen würde. [...]

[18] Unabhängig davon scheidet eine Anscheinsvollmacht auch deswegen aus, weil der Ehemann der Beklagten deren eBay-Zugang nach den – von der Revision nicht angegriffenen – Feststellungen des Berufungsgerichts im vorliegenden Fall zum ersten Mal genutzt hat. Es fehlt daher an einem von der Beklagten geschaffenen Vertrauenstatbestand, auf den sich der Kläger hätte stützen können. Auf das Erfordernis einer gewissen Häufigkeit oder Dauer der unbefugten Verwendung ihres Mitgliedskontos kann nicht schon deswegen verzichtet werden, weil dieses im Internetverkehr aufgrund der bei eBay erfolgten Registrierung allein der Beklagten zugeordnet wird. Denn auch wenn den Zugangsdaten für die Internetplattform eBay eine Identifikationsfunktion zukommt, weil das Mitgliedskonto nicht übertragbar und das ihm zugeordnete Passwort geheim zu halten ist, kann hieraus angesichts des im Jahr 2008 gegebenen und auch derzeit vorhandenen Sicherheitsstandards im Internet auch bei einem eBay-Account nicht zuverlässig geschlossen werden, dass unter einem registrierten Mitgliedsnamen ausschließlich dessen tatsächlicher Inhaber auftritt.

[19] Anders als die Revision meint, muss sich die Beklagte nicht allein schon deswegen die von ihrem Ehemann unter Nutzung ihres eBay-Kontos abgegebenen Erklärungen zurechnen lassen, weil sie keine ausreichenden Sicherheitsvorkehrungen gegen einen Zugriff ihres Ehemanns auf die maßgeblichen Kontodaten getroffen hat. Zwar hat der BGH im Bereich des gewerblichen Rechtsschutzes und Urheberrechts eine unsorgfältige Verwahrung der Kontaktdaten eines eBay-Mitgliedskontos als eigenständigen Zurechnungsgrund für von einem Ehegatten unter Verwendung dieses Kontos begangene Urheberrechts- und/oder Markenrechtsverletzungen und Wettbewerbsverstöße genügen lassen.[6] Diese für den Bereich der deliktischen Haftung entwickelten Grundsätze lassen sich jedoch nicht auf die Zurechnung einer unter unbefugter Nutzung eines Mitgliedskontos von einem Dritten abgegebenen rechtsgeschäftlichen Erklärung übertragen. [...]

[20] Das Gesetz (vgl. §§ 164, 177, 179 BGB [analog]) weist das Risiko einer fehlenden Vertretungsmacht des Handelnden dem Geschäftsgegner und nicht demjenigen zu, in oder unter dessen Namen jemand als Vertreter oder scheinbarer Namensträger auftritt. Eine Durchbrechung dieser Risikozuweisung ist nicht bereits dann gerechtfertigt, wenn der „Vertretene" das Handeln des Dritten bei pflichtgemäßer Sorgfalt hätte erkennen und verhindern können. Vielmehr ist in diesen Fällen für eine Zurechnung der von dem Dritten abgegebenen Erklärungen weiter zu fordern, dass der Geschäftsgegner annehmen durfte, der „Vertretene" kenne und billige das Verhalten des Dritten. Nur unter dieser zusätzlichen

---

5 Siehe hierzu Fall 14 – Abhandengekommene Vollmachtsurkunde.
6 BGHZ 180, 134 Rn. 16 ff. = BGH NJW 2009, 1960 – Halzband; BGHZ 185, 330 Rn. 14 = BGH NJW 2010, 2061 – Sommer unseres Lebens.

Voraussetzung verdient ein vom „Vertretenen" oder Namensträger möglicherweise schuldhaft mitverursachter Rechtsschein im Rechtsverkehr in der Weise Schutz, dass das Handeln des Dritten dem „Vertretenen" zugerechnet wird. [...] ◄

IV. Rechtliche Einordnung

1. Indem der Ehemann der Beklagten gegenüber dem Kläger unter dem Mitgliedsnamen der Beklagten auftrat, handelte er nicht – wie es § 164 Abs. 1 BGB verlangt – „in", sondern „unter" fremdem Namen. Für die rechtliche Behandlung eines solchen Handelns unter fremdem Namen ist zu differenzieren:[7]

a) Ein Eigengeschäft des Handelnden unter falscher Namensangabe, aus dem der Handelnde selbst verpflichtet wird, liegt vor, wenn die Benutzung des fremden Namens bei der anderen Partei keine Fehlvorstellung über die Identität des Handelnden hervorruft, diese den Vertrag also nur mit dem Handelnden abschließen will (sogenannte Namenstäuschung).[8] Das ist etwa der Fall, wenn jemand erkennbar unter einem Fantasienamen auftritt oder Name und Identität des Vertragspartners nach der Art des Geschäfts (Bargeschäft, Übernachtung im Hotel) keine Rolle spielen. Der BGH geht auch dann von einer unbeachtlichen Namenstäuschung aus, wenn sich der Veräußerer eines unterschlagenen Kraftfahrzeugs unter Vorlage der Fahrzeugpapiere als dessen Eigentümer ausgibt. Für den Erwerber sei grundsätzlich nur von Belang, dass die Namen des Veräußerers und des aus dem Fahrzeugbrief ersichtlichen Halters übereinstimmten, nicht aber die hinter dem Namen stehende Person.[9]

b) Ein Geschäft des wahren Namensträgers ist demgegenüber anzunehmen, wenn das Auftreten des Handelnden auf eine bestimmte andere Person hinweist und die andere Partei der Ansicht sein durfte, der Vertrag komme mit dieser Person zu Stande (sogenannte Identitätstäuschung). In diesem Fall sind die Grundsätze über die Stellvertretung (§§ 164 ff. BGB) entsprechend anzuwenden.[10]

c) Nach diesen Maßstäben geht der BGH im vorliegenden Fall zu Recht von einer Identitätstäuschung aus, auf welche die §§ 164 ff. BGB entsprechende Anwendung finden. Demjenigen, der auf ein bei eBay eingestelltes Angebot bietet, kommt es ersichtlich darauf an, mit dem tatsächlichen Inhaber des verwendeten Mitgliedskontos zu kontrahieren. Die Benutzung der jeweiligen Kennung weist für die andere Partei ausschließlich auf die Person hin, die von eBay nach Auktionsende namentlich identifiziert wird. Ein anonymer Dritter als Vertragspartner wäre dagegen für die andere Partei nicht identifizierbar. Auch das Bewertungssystem von eBay stützt dieses Ergebnis, da ansonsten der „gute Ruf" Dritter ausgenutzt werden könnte und das Bewertungssystem seinen Sinn verlöre.[11] Schließlich sprechen auch die Allgemeinen Geschäftsbedingungen von eBay, die den Missbrauch von Mitgliedskonten verbieten und deren Übertragbarkeit ausschließen, für diese Auslegung der jeweiligen Willenserklärung.[12]

---

7 Siehe dazu *Hauck*, JuS 2011, 967 ff.
8 RGZ 95, 188 (190); Grüneberg/*Ellenberger*, § 164 Rn. 12.
9 BGH NJW 2013, 1946 Rn. 8 f. mwN auch zur Gegenauffassung.
10 BGHZ 45, 193 (195 f.) = BGH NJW 1966, 1069 (1069 f.); Grüneberg/*Ellenberger*, § 164 Rn. 11; *Leipold*, § 22 Rn. 16. Für eine unmittelbare Anwendung der §§ 164 ff. BGB *Flume*, § 44 IV.
11 OLG München NJW 2004, 1328.
12 Zur Bedeutung der eBay-AGB für die Auslegung siehe bereits Fall 4 – Abbruchjäger und Fall 5 – Beschreibung lesen.

290 2. Im Falle der Identitätstäuschung setzt eine Zurechnung der unter fremdem Namen abgegebenen Erklärung zum Namensträger analog § 164 Abs. 1 BGB voraus, dass der Namensträger den Handelnden bevollmächtigt hat. Fehlt es daran, so hängt die Wirksamkeit eines unter fremdem Namen geschlossenen Vertrags entsprechend § 177 BGB von der Genehmigung des Namensträgers ab (für einseitige Rechtsgeschäfte gilt § 180 BGB): Wird sie erteilt, so wird der Namensträger selbst Vertragspartner. Wenn der Namensträger die Genehmigung dagegen verweigert, bleibt die Willenserklärung dessen, der unberechtigt unter seinem Namen gehandelt hat, unwirksam. Der Handelnde schuldet dann entsprechend § 179 Abs. 1 BGB dem Geschäftsgegner nach dessen Wahl Erfüllung oder Schadensersatz.

291 3. Die Besonderheit im vorliegenden Fall liegt darin, dass die Beklagte ihre Zugangsdaten nicht gesichert und es dadurch ihrem Ehemann ermöglicht hat, die Daten in Erfahrung zu bringen. Es kommt daher auch eine Zurechnung nach Rechtsscheingrundsätzen in Betracht. Hierfür zieht der BGH auch beim Handeln unter fremdem Namen die Grundsätze der Duldungs- und Anscheinsvollmacht heran.[13]

292 a) Wenn man auf das Handeln unter fremdem Namen die Stellvertretungsregeln entsprechend anwendet, ist es nur konsequent, ein unter Verwendung einer fremden Identität getätigtes Geschäft dem Namensträger auch dann zuzurechnen, wenn er es willentlich geschehen lässt, dass sich ein anderer für ihn ausgibt, oder er das Handeln des anderen zwar nicht kennt, bei pflichtgemäßer Sorgfalt aber hätte erkennen und verhindern können. Allerdings ist der Bezugspunkt für den Rechtsschein dann ein anderer als bei der „echten" Duldungs- oder Anscheinsvollmacht: Bei jener geht es darum, den Geschäftsgegner in seinem guten Glauben darin zu schützen, dass der Vertretene das Handeln des Scheinvertreters kenne und billige. Dagegen muss es beim Handeln unter fremdem Namen darauf ankommen, dass der Geschäftsgegner nach Treu und Glauben annehmen darf, der Handelnde sei der Namensträger selbst.[14]

293 b) Anhaltspunkte dafür, dass die Beklagte das Handeln ihres Ehemanns kannte oder jedenfalls hätte erkennen und verhindern können, bestehen im vorliegenden Fall nicht. Der BGH lässt eine Zurechnung der vom Ehemann der Beklagten abgegebenen Erklärung nach den Grundsätzen der Duldungs- oder Anscheinsvollmacht daher zutreffend an der Zurechenbarkeit des Rechtsscheins scheitern. Bemerkenswert ist aber, dass es der BGH nicht bei dieser Feststellung belässt, sondern zusätzlich betont, dass eine Anscheinsvollmacht auch deshalb ausscheide, weil der Ehemann der Beklagten deren eBay-Zugang zum ersten Mal genutzt hatte. Zur Begründung dieses *obiter dictum* stützt sich der BGH auf seine frühere Rechtsprechung, wonach die Rechtsgrundsätze der Anscheinsvollmacht in der Regel nur dann eingreifen, wenn das Verhalten, aus dem der Geschäftsgegner auf die Bevollmächtigung des Dritten glaubt schließen zu können, von einer gewissen Dauer und Häufigkeit ist.[15]

294 Offenbar will sich der VIII. Zivilsenat, der für den vorliegenden Fall zuständig ist, damit von der eingangs zitierten Rechtsprechung des I. Zivilsenats im Fall „Halzband" distanzieren. Darin hatte der BGH mit der „unsorgfältigen Verwahrung der Kontaktdaten eines eBay-Mitgliedskontos" einen eigenständigen Zurechnungstatbestand für von einem Ehegatten unter Verwendung dieses Kontos begangene Urheberrechts- oder Markenrechtsverletzungen und Wettbewerbsverstöße geschaffen, und das ohne jede

---

13 Siehe dazu Fall 14 – Abhandengekommene Vollmachtsurkunde.
14 *Faust*, § 24 Rn. 49.
15 Siehe dazu Fall 14 – Abhandengekommene Vollmachtsurkunde.

IV. Rechtliche Einordnung

gesetzliche Grundlage.[16] Dass der BGH diese dogmatisch fragwürdige Rechtsprechung nicht auch auf die Zurechnung einer unter unbefugter Nutzung eines Mitgliedskontos von einem Dritten abgegebenen rechtsgeschäftlichen Erklärung übertragen will, ist daher zu begrüßen. Zu Recht weist der BGH darauf hin, dass die gesetzlichen Stellvertretungsregelungen in §§ 177 bis 180 BGB das Risiko einer fehlenden Vertretungsmacht des Handelnden dem Geschäftsgegner und nicht demjenigen zuweisen, in oder unter dessen Namen jemand als Vertreter oder scheinbarer Namensträger auftritt.

c) Wenn der BGH für eine Durchbrechung dieser Risikoverteilung allerdings verlangt, dass der Geschäftsgegner annehmen durfte, der „Vertretene" kenne und billige das Verhalten des Dritten, so greift das für die Fälle des Handelns unter fremdem Namen nach dem oben (Rn. 292) Gesagten zu kurz. Denn diese Fälle sind gerade dadurch gekennzeichnet, dass für den Geschäftsgegner die Personenverschiedenheit von Handelndem und Namensträger gar nicht erkennbar ist. Für ein schutzwürdiges Vertrauen auf eine vermeintliche „Bevollmächtigung" fehlt somit jegliche Grundlage. Es kommt vielmehr darauf an, dass der Namensträger durch sein Verhalten einen Vertrauenstatbestand geschaffen hat, aufgrund dessen der Geschäftsgegner den unbefugt unter fremdem Namen Handelnden nach Treu und Glauben für den Namensträger halten und daher darauf vertrauen darf, dass der Namensträger selbst die rechtsgeschäftliche Erklärung abgegeben hat.[17] Ob die Abgabe einer Willenserklärung über ein registriertes und passwortgeschütztes Konto im Internet einen hinreichenden Rechtsschein dafür begründet, dass der Kontoinhaber selbst handelt, ist aber umstritten:

295

(1) Der BGH geht in der vorliegenden Entscheidung davon aus, dass aus den für einen eBay-Account geltenden Sicherheitsstandards nicht zuverlässig geschlossen werden könne, dass unter einem registrierten Mitgliedsnamen ausschließlich dessen tatsächlicher Inhaber auftritt. Der BGH zieht damit schon das Bestehen eines Rechtsscheins in Zweifel, so dass es auf dessen Zurechenbarkeit gar nicht mehr ankommt. Das kann sich dann auch durch eine wiederholte Verwendung des fremden Kontos nicht ändern.

296

(2) Im Schrifttum wird dagegen überwiegend das Vorliegen eines ausreichenden Rechtsscheins bejaht.[18] Entscheidend kommt es dann darauf an, unter welchen Voraussetzungen er dem Kontoinhaber zurechenbar ist. Hierfür bedarf es eigenständiger Zurechnungskriterien. Die für die Anscheinsvollmacht entwickelten Grundsätze können nicht ohne Weiteres herangezogen werden. Überwiegend wird eine Zurechenbarkeit zum Kontoinhaber nur dann angenommen, wenn dieser dem Handelnden die Zugangsdaten bewusst mitgeteilt hat.[19] Das war hier nicht der Fall. Nach dieser Auffassung scheitert eine Zurechnung der vom Ehemann der Beklagten abgegebenen Willenserklärungen daher an der fehlenden Zurechenbarkeit des durch die Verwendung ihres Mitgliedskontos begründeten Rechtsscheins. Mangels eines Vertragsschlusses mit der Beklagten kann der Kläger danach keinen Schadensersatz statt der Leistung verlangen.

297

---

16 Zur Kritik an dem Urteil siehe *Rössel*, CR 2009, 453; *Peifer*, jurisPR-WettbR, 5/2009 Anm. 1.
17 So auch *Faust*, JuS 2011, 1027 (1028); *Hauck*, JuS 2011, 967 (969).
18 MüKo-BGB/*Schubert*, § 167 Rn. 130; *Faust*, § 26 Rn. 50; *Borges*, NJW 2011, 2400 (2402); *Schinkels*, LMK 2011, 320461; *Sonnentag*, WM 2012, 1614 (1616).
19 Siehe hierzu MüKo-BGB/*Schubert*, § 167 Rn. 133; *Faust*, § 26 Rn. 50; *Oechsler*, AcP 208 (2008), 565 (577, 580); *Borges*, NJW 2011, 2400 (2403); *Sonnentag*, WM 2012, 1614 (1617 f.); *Stöber*, JR 2012, 225 (228).

V. Vertiefungsfragen

298 1. Ursprünglich enthielten die AGB von eBay eine Regelung, wonach Mitglieder grundsätzlich für sämtliche Aktivitäten haften, die unter Verwendung ihres Mitgliedskontos vorgenommen werden. Ließe sich aus einer solchen Klausel eine Haftung der Beklagten gegenüber dem Kläger herleiten? Lesen Sie Rn. 21 des Urteils.
2. Angenommen, die Beklagte hätte ihrem Ehemann erlaubt, ihr eBay-Konto zu benutzen, um die Gastronomieeinrichtung für sie zu verkaufen: Stünde der darin liegende Verstoß gegen die AGB von eBay (siehe die im Sachverhalt wiedergegebene Klausel) einem Vertragsschluss entgegen? Lesen Sie dazu auch Fall 5 – Beschreibung lesen.
3. Offensichtlich beabsichtigte der Ehemann der Beklagten, das Geschäft für sich selbst abzuschließen. Könnte er, wenn es zu einem Vertragsschluss mit der Beklagten gekommen wäre, den Vertrag mit der Begründung anfechten, er habe für sich selbst handeln wollen? Lesen Sie *Flume*, § 44 III; *Neuner*, § 49 Rn. 67.
4. Der BGH lehnt mangels Zurechnung der vom Ehemann abgegebenen Erklärung eine Haftung der Beklagten auf Schadensersatz statt der Leistung gemäß §§ 280 Abs. 1, 3, 281 BGB ab. Ist ein Schadensersatzanspruch des Klägers damit insgesamt ausgeschlossen? Könnte sich der Kläger stattdessen an den Ehemann der Beklagten halten?

Fall 16: Geschenktes Grundstück

Grundstücksübertragung an Minderjährige als Insichgeschäft
BGHZ 161, 170 = BGH NJW 2005, 415

I. Sachverhalt[1]

Eine Witwe war Alleineigentümerin eines Grundstücks. Aus der Ehe mit ihrem verstorbenen Mann hatte sie zwei minderjährige Kinder im Teenageralter. Um die Erbschaftssteuer zu verringern, die die Kinder im Falle ihres Todes zahlen würden, beschloss die Mutter, ihnen das Grundstück schon zu Lebzeiten zu gleichen Teilen schenkweise zu übereignen. Mutter und Kinder ließen folgenden Überlassungsvertrag notariell beurkunden:

1. Die Parteien vereinbaren, dass die Mutter den Kindern im Wege der vorweggenommenen Erbfolge je einen hälftigen Miteigentumsanteil am Grundstück überträgt. Sie erklären die dafür erforderliche dingliche Einigung gemäß § 925 BGB (Auflassung).

2. Die Mutter behält sich das Recht vor, von dem schuldrechtlichen Teil des Vertrags zurückzutreten, wenn eines ihrer Kinder zu ihren Lebzeiten verstirbt oder seinen Miteigentumsanteil (teilweise) veräußert bzw. belastet. Um ihren bei Ausübung des Rücktrittsrechts entstehenden Anspruch auf (Rück-)Übereignung des Grundstücks zu sichern, bewilligen die Kinder die Eintragung einer Auflassungsvormerkung zugunsten der Mutter.

Die Notarin beantragte beim Grundbuchamt für Mutter und Kinder, dass die Kinder in Vollzug der dinglichen Einigung als neue Grundstückseigentümer eingetragen werden. Das Amt beanstandete den Antrag: Der Überlassungsvertrag sei für die minderjährigen Kinder wegen des Rücktrittsrechts der Mutter nicht lediglich rechtlich vorteilhaft. Der Vertrag müsse von einem noch zu bestellenden Ergänzungspfleger genehmigt werden. Dagegen legen die drei Beschwerde ein.

II. Zentrale Probleme

Das Grundbuchamt muss eine beantragte Eintragung vornehmen, wenn alle Eintragungsvoraussetzungen erfüllt sind (Umkehrschluss zu § 18 Abs. 1 S. 1 GBO) – etwa die dingliche Einigung (Auflassung) der Beteiligten in der durch § 925 BGB vorgeschriebenen Form (§ 20 GBO). Stellt das Grundbuchamt fest, dass eine der Voraussetzungen nicht erfüllt ist, so gibt es den Beteiligten gemäß § 18 Abs. 1 S. 1 Var. 2 GBO auf, das Eintragungshindernis innerhalb einer angemessenen Frist zu beseitigen.[2]

So verhielt es sich hier. Das Grundbuchamt vertrat die Ansicht, der schuldrechtliche Vertrag sei für die minderjährigen Kinder nicht lediglich rechtlich vorteilhaft und daher gemäß §§ 107, 108 Abs. 1 BGB schwebend unwirksam. Weil dieser Vertrag und die Auflassung gemeinsam betrachtet werden müssten, sei auch letztere schwebend unwirksam gemäß §§ 107, 108 Abs. 1 BGB, bis ihr ein Ergänzungspfleger zugestimmt habe. Der BGH musste entscheiden, ob diese gemeinsame Betrachtung von Verpflichtungs- und Erfüllungsgeschäft zulässig war und/oder ob die Auflassung möglicherweise

---
[1] Vereinfachte Version des Original-Sachverhalts.
[2] Die (sofortige) Zurückweisung des Antrags ist nur in Einzelfällen erlaubt. Siehe dazu BeckOK-GBO/*Zeiser*, Stand: 1.3.2022, § 18 Rn. 12 bis 18.

aus anderen Gründen für die Kinder rechtliche Nachteile barg. Wenn nicht, ist die Auflassung wirksam, ohne dass ein Pfleger zustimmen muss. Das Grundbuchamt muss die Kinder dann als neue Eigentümer eintragen.

III. Die Entscheidung des BGH

302 Das Gericht untersucht zunächst, ob der der Auflassung zugrunde liegende schuldrechtliche Vertrag mit rechtlichen Nachteilen für die Kinder verbunden ist, weil der Mutter darin ein bedingtes Rücktrittsrecht eingeräumt wird. Dies bejaht er:

▶ [D]er Rücktrittsvorbehalt [kann] zu einer Belastung der Minderjährigen führen, weil sie im Fall der Ausübung des Rücktrittsrechts nach Übertragung des Grundstückseigentums nicht nur ihren jeweiligen Miteigentumsanteil zurückzugewähren hätten (§ 346 Abs. 1 BGB), sondern darüber hinaus auch zum Wertersatz oder Schadensersatz, insbesondere wegen einer zwischenzeitlichen Verschlechterung des Grundstücks, verpflichtet sein könnten (§ 346 Abs. 2 bis 4 BGB). Dieser Rechtsnachteil ist [...] Folge der zwischen den Beteiligten getroffenen schuldrechtlichen Vereinbarungen. ◀

303 Anschließend stellt der BGH die Frage, ob die Auflassung, also die in Erfüllung des schuldrechtlichen Vertrags erfolgende dingliche Einigung, deshalb ebenfalls mit rechtlichen Nachteilen für die Kinder verbunden ist:

▶ Entgegen der Ansicht des vorlegenden Gerichts lässt sich die Unwirksamkeit der Auflassung nicht daraus herleiten, dass man den Überlassungsvertrag als Gesamtheit betrachtet, also zwischen den mit seinem schuldrechtlichen Teil und seinem dinglichen Teil jeweils verbundenen Rechtsfolgen nicht differenziert. Allerdings hat der Senat in einem die Überlassung von Wohnungseigentum betreffenden Fall ausgesprochen, dass die Frage, ob ein Minderjähriger durch eine Schenkung seines gesetzlichen Vertreters lediglich einen rechtlichen Vorteil erlangt, aus einer Gesamtbetrachtung des schuldrechtlichen und des dinglichen Vertrags heraus zu beurteilen ist.³ Auf diese Weise sollte verhindert werden, dass bei lukrativem Charakter des Grundgeschäfts unbeschadet rechtlicher Nachteile, die mit der Übertragung des dinglichen Rechts verbunden sind, der gesetzliche Vertreter im Hinblick auf § 181 letzter Halbsatz BGB befugt ist, den Minderjährigen bei der Annahme der Auflassung zu vertreten oder die von dem Minderjährigen selbst erklärte Annahme zu genehmigen.⁴ Damit ging es in dem entschiedenen Fall allein darum, den Anwendungsbereich des § 181 letzter Halbsatz BGB einzuschränken, um dem Schutzzweck des § 107 BGB Geltung zu verschaffen. [...] [E]ine Gesamtbetrachtung ist nach der Begründung der genannten Senatsentscheidung jedenfalls dann nicht veranlasst, wenn das Grundgeschäft, wie hier, bereits bei isolierter Betrachtung mit Rechtsnachteilen für den Minderjährigen verbunden und deshalb gemäß §§ 107, 108 Abs. 1 BGB schwebend unwirksam ist. In diesem Fall fehlt es von vornherein an einer Verpflichtung, die der gesetzliche Vertreter im Wege des In-Sich-Geschäfts gemäß § 181 letzter Halbsatz BGB erfüllen könnte, so dass eine Umgehung des von § 107 BGB intendierten Schutzes nicht möglich ist. Es bleibt damit bei dem auch im Rahmen von § 107 BGB geltenden Grundsatz, dass Verfügungen als abstrakte Rechtsgeschäfte unabhängig von den ihnen zugrunde liegenden Kausalgeschäften zu beurteilen sind. ◀

---

3 BGHZ 78, 28 (35) = BGH NJW 1981, 109 (111).
4 BGHZ 78, 28 (34) = BGH NJW 1981, 109 (110.).

III. Die Entscheidung des BGH

Bei der gebotenen isolierten Betrachtung der Auflassung kommt als möglicher Nachteil für die Kinder zunächst ein etwaiger bereicherungsrechtlicher Anspruch der Mutter auf Rückübereignung des Grundstücks in Betracht:

▶ Grundsätzlich ist ein auf den Erwerb einer Sache gerichtetes Rechtsgeschäft für den Minderjährigen nicht lediglich rechtlich vorteilhaft, wenn er in dessen Folge mit Verpflichtungen belastet wird, für die er nicht nur dinglich mit der erworbenen Sache, sondern auch persönlich mit seinem sonstigen Vermögen haftet. Zwar träfe die [Kinder] mit der Übereignung des Grundstücks eine bereicherungsrechtliche Verpflichtung zur Herausgabe des Miteigentums (§ 812 Abs. 1 S. 1 Alt. 1 BGB), falls der zugrunde liegende, schwebend unwirksame Schenkungsvertrag nicht genehmigt werden sollte. Diese Verpflichtung wäre jedoch ihrem Umfang nach auf den noch vorhandenen Wert der rechtsgrundlosen Leistung beschränkt (§ 818 Abs. 3 BGB). Eine Beeinträchtigung ihres sonstigen Vermögens, die als Rechtsnachteil angesehen werden müsste, wäre daher nicht zu besorgen. ◀

Das Gleiche gelte für die mit jeder Art von Grunderwerb verbundene Verpflichtung zur Tragung öffentlicher Lasten:

▶ Dies folgt allerdings nicht daraus, dass die öffentlichen Grundstückslasten auf Gesetz oder Satzung beruhen, also nicht Gegenstand der zwischen den Parteien getroffenen rechtsgeschäftlichen Abreden sind. Denn das Vermögen des Minderjährigen ist nicht weniger gefährdet, wenn der Eintritt eines Rechtsnachteils zwar von den Parteien des Rechtsgeschäfts nicht gewollt, vom Gesetz jedoch als dessen Folge angeordnet ist.

Richtig ist weiterhin, dass der Grundstückseigentümer für die Erfüllung seiner auf öffentlichem Recht beruhenden Abgabenverpflichtungen nicht nur dinglich, sondern auch persönlich haftet. Der Umstand, dass den Minderjährigen infolge eines Rechtsgeschäfts persönliche Leistungspflichten treffen, zwingt jedoch nicht in jedem Fall zu der Annahme, das Rechtsgeschäft bedürfe gemäß §§ 107, 108 Abs. 1 BGB einer Genehmigung. Der Senat hat bereits in seiner die Überlassung von Wohnungseigentum betreffenden Entscheidung darauf hingewiesen, dass zur Vermeidung einer zu engen Handhabung des § 107 BGB der Begriff der ausschließlichen Lukrativität unter Berücksichtigung des Schutzzwecks der Vorschrift auszulegen ist. § 107 BGB bezweckt in erster Linie, den Minderjährigen vor einer Gefährdung seines Vermögens zu schützen. Da die Beurteilung der wirtschaftlichen Folgen eines Rechtsgeschäfts allerdings mit erheblichen praktischen Schwierigkeiten verbunden sein kann, knüpft die Vorschrift die Genehmigungsbedürftigkeit im Interesse der Rechtssicherheit an das formale Kriterium des rechtlichen Nachteils an, das im Regelfall eine Vermögensgefährdung indiziert. Diese Entscheidung des Gesetzgebers schließt es zwar aus, den von § 107 BGB vorausgesetzten rechtlichen Vorteil durch den wirtschaftlichen Vorteil zu ersetzen. Möglich ist es jedoch, bestimmte Rechtsnachteile wegen ihres typischerweise ganz unerheblichen Gefährdungspotentials als von dem Anwendungsbereich der Vorschrift nicht erfasst anzusehen. Dies gilt jedenfalls für solche den Minderjährigen kraft Gesetzes treffenden persönlichen Verpflichtungen, die ihrem Umfang nach begrenzt und wirtschaftlich derart unbedeutend sind, dass sie unabhängig von den Umständen des Einzelfalls eine Verweigerung der Genehmigung durch den gesetzlichen Vertreter oder durch einen Ergänzungspfleger nicht rechtfertigen könnten. Unter diesen Voraussetzungen wäre es reiner Formalismus, würde man die Wirksamkeit des Rechtsgeschäfts von der Erteilung einer Genehmigung abhängig machen, obwohl das Ergebnis der dabei vorzunehmenden Prüfung von vornherein feststünde. Mit der am Schutzzweck des § 107 BGB orientierten einschränkenden Auslegung ist eine Beeinträchtigung der Rechtssicherheit nicht verbunden, wenn geschlossene, klar abgegrenzte Gruppen von Rechtsnachteilen ausgesondert werden, die nach ihrer abstrakten Natur typischerweise keine Gefährdung des Minderjährigen mit sich bringen. Eine derartige Fallgruppe stellt die Verpflichtung des Minderjährigen dar, die laufenden öffentlichen Grundstückslasten zu tragen. Die betreffenden Abgaben bemessen sich entweder nach dem Wert des Grundstücks oder nach den der öffentlichen Hand durch die Erbringung bestimmter Dienstleistungen entstehenden Kosten. Sie sind daher ihrem Umfang nach begrenzt, können in der Regel aus den laufenden Erträgen des Grundstücks gedeckt werden und führen typischerweise zu keiner Vermögensgefährdung. Ihretwegen würde ein auf das Wohl des Minderjährigen bedachter gesetzlicher Vertreter oder Ergänzungspfleger seine Zustimmung zu einem Grunderwerb nicht verweigern. Dies rechtfertigt es, sie als rechtlich nicht nachteilig zu behandeln. ◂

306 Während ordentliche Grundstückslasten mithin keinen rechtlichen Nachteil darstellen, ist das Gericht bei der Bewertung außerordentlicher Grundstückslasten zurückhaltender:

▶ Ob dies auch für außerordentliche Grundstückslasten, insbesondere die Verpflichtung zur Entrichtung von Erschließungs- oder Anliegerbeiträgen, gilt, bedarf im vorliegenden Fall keiner Entscheidung. Eine Belastung der [Kinder] mit derartigen Pflichten ist nicht ersichtlich. Die bloß theoretische Möglichkeit, dass sie in Zukunft zu Anliegerbeiträgen oder ähnlichen außerordentlichen Lasten herangezogen werden könnten, stellt als solche keinen Rechtsnachteil dar. Insoweit würde es dem gesetzlichen Vertreter oder dem Ergänzungspfleger an jeglichen tatsächlichen Anhaltspunkten fehlen, auf die sie ihre Entscheidung über die Erteilung oder die Versagung einer Genehmigung stützen könnten. ◂

307 Im Ergebnis gelte:

▶ Nach alledem ist die von den Beteiligten erklärte Auflassung wirksam, ohne dass es einer Genehmigung durch einen Ergänzungspfleger oder einer gerichtlichen Genehmigung bedürfte. Das Grundbuchamt war daher – unter Aufhebung seiner Zwischenverfügung und der Beschwerdeentscheidung des Landgerichts – anzuweisen, von seinen Eintragungsbedenken Abstand zu nehmen. ◂

IV. Rechtliche Einordnung

308 1. Für Vertragsschlüsse mit Minderjährigen unterscheidet das Gesetz: Ist der Minderjährige jünger als sieben Jahre, so ist er geschäftsunfähig (§ 104 Nr. 1 BGB). Seine Willenserklärungen sind nichtig (§ 105 Abs. 1 BGB). Er kann nur rechtsgeschäftlich tätig werden, wenn ihn jemand wirksam vertritt (§ 164 Abs. 1 BGB). Hat der Minderjährige das siebte Lebensjahr bereits vollendet, ist er also zwischen sieben und 18 Jahre alt, so ist er beschränkt geschäftsfähig (§ 106 BGB). Auch für einen beschränkt Geschäftsfähigen kann ein Vertreter handeln. Der beschränkt Geschäftsfähige ist aber nicht mehr zwingend auf einen gesetzlichen Vertreter angewiesen, um wirksam ein Rechtsgeschäft abschließen zu können. Ein Rechtsgeschäft, das für ihn rechtlich lediglich vorteilhaft ist, darf er alleine tätigen (§ 107 BGB).[5] Birgt das Rechtsgeschäft für ihn hingegen (auch) rechtliche Nachteile, so kann er es nur dann wirksam abschließen, wenn sein gesetzlicher Vertreter eingewilligt hat (§ 107 BGB). Ein ohne Einwilligung, also vorherige Zustimmung (§ 183 S. 1 BGB), vom Minderjährigen geschlossener Vertrag ist zunächst schwebend unwirksam. Er kann im Nachhinein durch Genehmigung, also nachträgliche Zustimmung (§ 184 Abs. 1 BGB), wirksam werden (§ 108 Abs. 1

---

5 Zu den Voraussetzungen, unter denen ein Rechtsgeschäft rechtlich lediglich vorteilhaft ist, siehe nur *Leenen/Häublein*, § 9 Rn. 23 ff.

IV. Rechtliche Einordnung

BGB). Ein einseitiges Rechtsgeschäft des Minderjährigen – zum Beispiel die Kündigung eines Vertrags oder die Anfechtung einer Willenserklärung – ist hingegen endgültig unwirksam, wenn der gesetzliche Vertreter nicht vorher zugestimmt hat (§ 111 S. 1 BGB).[6]

2. Den Minderjährigen vertreten bzw. der Willenserklärung des Minderjährigen zustimmen darf nur, wer für das konkrete Rechtsgeschäft vertretungsbefugt ist. In der Regel sind das gemäß §§ 1626 Abs. 1 S. 1, 1629 Abs. 1 S. 1 BGB die Eltern. Ist ein Elternteil verstorben und stand die elterliche Sorge den Eltern vorher gemeinsam zu, so ist der überlebende Elternteil gemäß § 1680 Abs. 1 BGB allein vertretungsbefugt.

Vorliegend darf die Mutter ihre Kinder also grundsätzlich vertreten. Sie ist mit der Übereignung des Grundstücks einverstanden und hat den Abschluss des Überlassungsvertrags sogar initiiert. Man könnte also denken, dass das Rechtsgeschäft zwischen ihr und ihren Kindern in jedem Fall wirksam ist: Ist es lediglich rechtlich vorteilhaft, so ist es gemäß §§ 106, 107 BGB wirksam, ohne dass es der Zustimmung der Mutter bedarf. Ist es (auch) mit rechtlichen Nachteilen für die Kinder verbunden, so ist es gemäß §§ 107, 108 Abs. 1 BGB wirksam, weil die Kinder es mit Einwilligung der Mutter abgeschlossen haben.

3. Bei Geschäften zwischen Minderjährigen und ihren Eltern gilt aber eine Besonderheit: Die Eltern sind gemäß § 1629 Abs. 2 S. 1 BGB an der Vertretung ihres Kindes gehindert, sofern auch ein Vormund nach § 1795 BGB nicht zur Vertretung befugt wäre. Ein Hinderungsgrund besteht insbesondere beim sogenannten Insichgeschäft. Es ist in § 181 BGB geregelt, auf den § 1795 Abs. 2 BGB verweist. Ein Insichgeschäft ist ein Rechtsgeschäft, bei dem Vormund bzw. Eltern nicht nur als Vertreter des Kindes, sondern auch als dessen Vertragspartner auftreten, so dass dieselbe Person auf beiden Seiten des Vertrags handelt. Ein solches Rechtsgeschäft ist schwebend unwirksam, bis ein vom Gericht zu bestellender Ergänzungspfleger dem Vertrag zugestimmt hat (§ 1909 Abs. 1 S. 1 BGB). Vorliegend ist das bislang nicht geschehen.

a) § 181 BGB dient dazu, Interessenkonflikte zu verhindern und den Vertretenen vor einer möglichen Benachteiligung zu schützen. Vertragsparteien verfolgen in aller Regel unterschiedliche, meist sogar gegensätzliche Interessen. Der Vertreter hat die Aufgabe, die Interessen des Vertretenen zu wahren. Ist er zugleich Vertragspartner des Vertretenen oder vertritt er zugleich eine andere Person, so befindet er sich typischerweise in einem Interessenkonflikt. Daher bestimmt § 181 BGB, dass ein Vertreter im Namen des Vertretenen grundsätzlich weder mit sich selbst noch als Vertreter eines Dritten ein Rechtsgeschäft vornehmen darf.

b) Vorliegend hat die Mutter den Vertrag aber nicht „im Namen der Kinder" (vgl. § 164 Abs. 1 S. 1 BGB) mit sich selbst geschlossen. Sie hat nur ihre eigene Willenserklärung abgegeben, ist also lediglich für sich selbst tätig geworden. Die Kinder haben ihre Willenserklärungen selbst abgegeben. Dem Wortlaut nach ist § 181 BGB also nicht einschlägig. Die Vorschrift ist aber analog anwendbar, wenn ein Kind gegenüber seinem gesetzlichen Vertreter eine eigene Willenserklärung abgibt, die zu ihrer Wirksamkeit der Zustimmung des gesetzlichen Vertreters bedarf.[7] Anderenfalls ließe sich der Schutzzweck des § 181 BGB einfach umgehen: Eltern könnten ihr Kind dazu veranlassen, eine Willenserklärung, die sie sich selbst gegenüber als Vertreter des Kindes

---

6 Siehe dazu *Faust*, § 16 Rn. 47.
7 HK-BGB/*Dörner*, § 107 Rn. 14; Staudinger/*Klumpp*, § 107 Rn. 24 f.

wegen § 181 BGB nicht wirksam abgeben könnten, mit ihrer Zustimmung abzugeben. Indem sie den Kindern aufgeben, in ihrem Sinne zu handeln, anstatt die Handlung selbst vorzunehmen, könnten sie also verhindern, dass ein vom Gericht zu bestellender Ergänzungspfleger dem Vertrag zustimmen muss. Damit findet § 181 BGB auch im vorliegenden Fall analoge Anwendung.

314 4. Die Vorschrift enthält jedoch zwei Ausnahmen: Ein Vertreter darf ein Insichgeschäft vornehmen, wenn es ihm gestattet ist – entweder gesetzlich oder durch einseitige Erklärung des Vertretenen.[8] Überdies ist ein Insichgeschäft gemäß § 181 BGB aE zulässig, wenn es „ausschließlich in der Erfüllung einer Verbindlichkeit besteht". Dann wird durch das Rechtsgeschäft lediglich eine bereits bestehende Pflicht vollzogen, ein Interessenkonflikt ist nicht zu befürchten.

315 a) Die erste Ausnahme ist vorliegend nicht einschlägig. Für Grundstücksübereignungen zwischen Eltern und ihren Kindern existiert keine gesetzliche Gestattung. Minderjährige sind wegen ihrer beschränkten Geschäftsfähigkeit auch nicht in der Lage, ihren Vertretern ein Insichgeschäft zu gestatten, das für sie rechtlich nicht lediglich vorteilhaft ist.

316 b) Die zweite Ausnahme hingegen ist für Schenkungen von Eltern an ihre minderjährigen Kinder von großer Relevanz. Dies betrifft insbesondere die Übereignung von Grundstücken. Hier besteht die Gefahr, dass der Minderjährigenschutz wie folgt ausgehöhlt wird:

317 Durch den schuldrechtlichen Schenkungsvertrag erhält das Kind das Recht auf den geschenkten Gegenstand, ohne dass es sich dafür zu einer Gegenleistung verpflichtet. Sofern nichts weiter vereinbart wird, ist dieser Vertrag für das Kind rechtlich lediglich vorteilhaft. Wenn das Kind das siebente Lebensjahr vollendet hat, bedarf es also gemäß § 107 BGB nicht der Zustimmung seiner Eltern; es kann die für den Vertragsschluss erforderliche Willenserklärung selbst abgeben.[9]

318 Die anschließende Übereignung kann aber sehr wohl rechtliche Nachteile für den Minderjährigen bergen (dazu unten Rn. 327 ff. sowie in den Vertiefungsfragen). Dann ist die dafür erforderliche Willenserklärung des Kindes gemäß § 107 BGB zustimmungsbedürftig, § 181 BGB ist analog anwendbar. Weil die Übereignung „ausschließlich in der Erfüllung einer Verbindlichkeit" erfolgt, nämlich der Pflicht aus dem Schenkungsvertrag, sind die Eltern nach dem Wortlaut des § 181 BGB aE vom Verbot des Insichgeschäfts befreit. Obwohl die Grundstücksübereignung rechtlich nachteilig für das Kind wäre, dürften die Eltern ihr Kind mithin wirksam vertreten bzw. seinen Willenserklärungen – bei analoger Anwendung wie im vorliegenden Fall – zustimmen.

319 5. Um die Interessen Minderjähriger in derartigen Situationen zu schützen, hatte der BGH ursprünglich vertreten, dass (schuldrechtlicher) Schenkungsvertrag und (dingliche) Übereignung gemeinsam zu betrachten seien.[10]

---

[8] Gesetzliche Gestattungen finden sich beispielsweise in § 125 Abs. 2 S. 1 HGB und § 78 Abs. 4 AktG. Ob auch § 1009 Abs. 2 BGB eine gesetzliche Gestattung darstellt, ist umstritten, vgl. BeckOK-BGB/*Schäfer*, Stand: 1.5.2022, § 181 Rn. 38.

[9] Einer Vertretung des Kindes durch die Eltern stünde § 181 BGB seinem Wortlaut nach zwar entgegen. Die Regelung wird aber teleologisch reduziert und auf Rechtsgeschäfte, die rechtlich lediglich vorteilhaft sind, nicht angewendet, wenn dann typischerweise weder eine Interessenkollision noch eine Benachteiligung des Minderjährigen drohen. Siehe nur MüKo-BGB/*Schubert*, § 181 Rn. 34 mwN; zudem st. Rspr., BGHZ 59, 236 (240 f.) = BGH NJW 1972, 2262 (2263 f.); BGHZ 94, 232 (234 f.) = BGH NJW 1985, 2407 (2407 f.).

[10] BGHZ 78, 28 (34 f.) = BGH NJW 1981, 109 (110 f.).

IV. Rechtliche Einordnung

a) Nach dieser sogenannten Gesamtbetrachtungslehre bewirkt eine rechtlich nachteilige Übereignung, dass auch der ihr zugrunde liegende schuldrechtliche Vertrag als rechtlich nachteilig zu behandeln ist. Eine auf Abschluss eines solchen Vertrags gerichtete Willenserklärung, die ein beschränkt geschäftsfähiger Minderjähriger selbst abgibt, bedarf folglich gemäß §§ 107, 108 Abs. 1 BGB der Zustimmung seines gesetzlichen Vertreters. Den Eltern fehlt dafür gemäß §§ 1629 Abs. 2 S. 1, 1795 Abs. 2, 181 BGB analog die Vertretungsmacht; es bedarf der Einschaltung eines Ergänzungspflegers iSd § 1909 Abs. 1 S. 1 BGB. Hat der Pfleger (noch) nicht zugestimmt, so ist das schuldrechtliche Geschäft unwirksam und es fehlt an einer Verbindlichkeit, die die Eltern bei Vornahme des dinglichen Übereignungsgeschäfts „ausschließlich" erfüllen würden. Der Ausnahmetatbestand des § 181 BGB aE ist daher nicht einschlägig. Bis zur Genehmigung durch einen Ergänzungspfleger sind damit beide Verträge schwebend unwirksam, obwohl der schuldrechtliche Vertrag – einzeln betrachtet – dem Minderjährigen lediglich rechtliche Vorteile bringen würde.

320

b) In der Literatur wurde dem BGH daraufhin – zu Recht – vorgeworfen, er missachte mit seiner Gesamtbetrachtung das Trennungsprinzip; schuldrechtliches und dingliches Rechtsgeschäft seien isoliert zu betrachten.[11]

321

c) Im vorliegenden Fall nimmt der BGH von der Gesamtbetrachtungslehre noch nicht Abstand. Sie sei, so das Gericht, bereits deswegen nicht anzuwenden, weil der schuldrechtliche Überlassungsvertrag für die Kinder schon bei isolierter Betrachtung nicht lediglich rechtlich vorteilhaft sei. Grund dafür sei das Rücktrittsrecht, das die Kinder ihrer Mutter für den Fall eingeräumt haben, dass eines von ihnen vorzeitig verstirbt oder seinen Miteigentumsanteil ohne Zustimmung der Mutter veräußert beziehungsweise belastet. Sollte eine dieser Bedingungen eintreten und die Mutter den Rücktritt erklären, so müssten die Kinder nämlich nicht nur ihren jeweiligen Miteigentumsanteil an die Mutter rückübertragen und also das hergeben, was sie erlangt haben (§ 346 Abs. 1 BGB). Wenn zwischenzeitlich eine Verschlechterung des Grundstücks eingetreten sei, müssten die Kinder gemäß § 346 Abs. 2 S. 1 Nr. 3 BGB überdies Wertersatz, bei Verschulden auch Schadensersatz (§ 346 Abs. 4 BGB) leisten. Dafür hafteten sie mit ihrem sonstigen Vermögen. Weil eine Befreiung von dieser Haftung nicht vereinbart worden sei, habe der Überlassungsvertrag von einem Ergänzungspfleger genehmigt werden müssen und sei bis dahin schwebend unwirksam.

322

Diese rechtliche Nachteilhaftigkeit des schuldrechtlichen Geschäfts führe aber noch nicht dazu, dass auch die dingliche Einigung (Auflassung) als rechtlich nachteilig zu werten sei. Eine Gesamtbetrachtung sei entgegen der Ansicht von Grundbuchamt und Vorinstanzen nicht vorzunehmen. Nur weil der schuldrechtliche Vertrag rechtliche Nachteile berge, bedürfe die dingliche Einigung nicht der Zustimmung durch einen Ergänzungspfleger.

323

Sinngemäß urteilt das Gericht damit: Die Gesamtbetrachtung ist (allenfalls) in der umgekehrten Situation erlaubt, nämlich wenn das schuldrechtliche Geschäft lediglich rechtlich vorteilhaft, das dingliche Rechtsgeschäft aber mit rechtlichen Nachteilen behaftet ist. Teilweise wurde dieses Urteil als Aufgabe der Gesamtbetrachtungslehre

324

---

11 Vgl. nur *Jauernig*, JuS 1982, 576 (576 f.); *Feller*, DNotZ 1989, 66 (73 ff.); *Neuner*, § 34 Rn. 28, § 49 Rn. 119 f.; *Medicus/Petersen*, BGB AT, Rn. 565. AA *Grüneberg/Ellenberger*, § 107 Rn. 6, § 181 Rn. 22; BeckOK-BGB/*Schäfer*, Stand: 1.5.2022, § 181 Rn. 41.

verstanden.¹² Tatsächlich aber ist die Gesamtbetrachtung in einem Fall wie dem vorliegenden nicht erforderlich, um dem Minderjährigenschutz zur Geltung zu verhelfen.¹³ Die in § 181 BGB aE enthaltene Ausnahme vom Verbot des Insichgeschäfts ist lediglich auf dingliche Rechtsgeschäfte anwendbar, die in Erfüllung einer wirksam bestehenden schuldrechtlichen Verpflichtung erfolgen. Ist der schuldrechtliche Vertrag ohnehin rechtlich nachteilig, so bedarf er der staatlichen Beteiligung, ohne dass eine Gesamtbetrachtung erforderlich ist. Die Willenserklärung des Kindes ist dann wegen § 107 BGB unwirksam, die Genehmigung durch die Eltern bzw. deren Vertretung des Kindes scheitert an §§ 1629 Abs. 2 S. 1, 1795 Abs. 2, 181 BGB (analog). Die Ausnahme des § 181 BGB aE ist nicht erfüllt.

325 d) Kurz nach Erlass des vorliegenden Urteils hat der BGH seine Rechtsprechung geändert. In einem Fall, in dem der Schenkungsvertrag lediglich rechtlich vorteilhaft, die Übereignung hingegen rechtlich nachteilig war, betrachtete er beide Rechtsgeschäfte isoliert. Damit kehrte er der Gesamtbetrachtungslehre schließlich doch den Rücken.¹⁴ Die Gerichte schützen den Minderjährigen seither, indem sie die Ausnahme in § 181 BGB aE teleologisch reduzieren.¹⁵ Sie soll nur dann Anwendung finden, wenn die Erfüllung der Verbindlichkeit für den Minderjährigen lediglich rechtlich vorteilhaft ist – vom Verlust des Erfüllungsanspruchs gemäß § 362 Abs. 1 BGB abgesehen. Sofern für ihn rechtliche Nachteile entstehen, soll es bei der Einschränkung der Vertretungsbefugnis bleiben.

326 Diese Lösung hatten Teile der Literatur zuvor bereits vorgeschlagen und zum Teil ausführlich begründet.¹⁶ Der BGH machte sich diese Erwägungen teilweise zu eigen, indem er auf den mit § 181 BGB verfolgten Zweck verwies, Interessenkonflikte zwischen Vertreter und Vertretenem zu vermeiden. Der in der Norm enthaltenen Ausnahme liege die Überlegung zugrunde, dass ein solcher Konflikt nicht entstehen könne, wenn lediglich eine bereits bestehende Verbindlichkeit erfüllt werde. Dies treffe aber etwa dann nicht zu, wenn das dingliche Geschäft über den Erfüllungserfolg hinaus zu rechtlichen Nachteilen führe. Um dem Zweck von § 181 BGB auch in diesen Fällen Geltung zu verschaffen, dürfe die Ausnahme dann nicht angewendet werden.¹⁷

327 6. Bei der im vorliegenden Fall ohnehin gebotenen isolierten Betrachtung kommt der BGH zu dem Ergebnis, dass die beantragte Auflassung des Grundstücks für die Kinder lediglich rechtlich vorteilhaft ist. Sie dürften das Rechtsgeschäft selbst vornehmen, ohne dass ihr gesetzlicher Vertreter zustimmen müsse. Damit sei § 181 BGB (analog) nicht anwendbar, die Einschaltung eines Ergänzungspflegers nicht erforderlich.

328 Entscheidendes Argument des BGH ist, dass die Kinder durch die Übereignung nur mit Verpflichtungen belegt werden, für die sie mit dem Grundstück selbst haften. Die Übereignung führe nicht zu nennenswerten Verpflichtungen, für die die Kinder persönlich mit ihrem sonstigen Vermögen einzustehen hätten:

---

12 Vgl. *Emmerich*, JuS 2005, 457 (459); *Braeuer/Pätzold*, FamFR 2013, 433 (434 f.). *Schmitt*, NJW 2005, 1090 (1090 f.) sieht in der Entscheidung lediglich eine Einschränkung der Gesamtbetrachtungslehre.
13 Vgl. auch *Lorenz*, LMK 2005, 25 (26); *Wojcik*, DNotZ 2005, 655 (658 ff.).
14 In BGHZ 162, 137 = BGH NJW 2005, 1430 geschah dies zunächst konkludent. Ausdrücklich vollzogen wurde der Schritt erst in BGHZ 187, 119 = BGH NJW 2010, 3643.
15 In BGHZ 162, 137 = BGH NJW 2005, 1430 nahm der BGH die teleologische Reduktion bei der Anwendung von § 1795 Abs. 1 Nr. 1 BGB aE vor. Er stimmt mit § 181 BGB aE wortgleich überein: „es sei denn, dass das Rechtsgeschäft ausschließlich in der Erfüllung einer Verbindlichkeit besteht".
16 Vgl. nur *Feller*, DNotZ 1989, 66 (75 ff.); *Jauernig*, JuS 1982, 576 (577).
17 BGHZ 162, 137 (143) = BGH NJW 2005, 1430 (1431).

IV. Rechtliche Einordnung

a) Dies gelte zunächst einmal für einen etwaigen Anspruch der Mutter auf Rückübertragung des Grundstücks gemäß § 812 Abs. 1 S. 1 Var. 1 BGB. Ein solcher Anspruch steht ihr dann zu, wenn die Übereignung erfolgt, obwohl der Schenkungsvertrag (noch) nicht genehmigt wurde. Eine Übereignung auf Basis eines (schwebend) unwirksamen Schenkungsvertrags erfolgt ohne Rechtsgrund. Allerdings wäre die Haftung der Kinder aus Bereicherungsrecht ihrem Umfang nach darauf beschränkt, den noch vorhandenen Wert der rechtsgrundlos erlangten Leistung herauszugeben (§ 818 Abs. 3 BGB). Das sonstige Vermögen der Kinder wäre dadurch nicht betroffen.

b) Auch aus der Pflicht der Kinder, die mit dem Eigentum des Grundstücks verbundenen ordentlichen Lasten zu tragen, ergebe sich nichts anderes.

(1) Zu den ordentlichen Grundstückslasten gehören Grundsteuer, Kosten für Gas, Wasser und Strom und kommunale Abgaben wie Gebühren für Straßenreinigung, Schornsteinfeger und Müllentsorgung. Die Lasten beruhen auf Gesetz oder Satzung. Der Eigentümer haftet für sie mit seinem gesamten Vermögen. Streng genommen ist folglich jeder Grundstückserwerb für den Minderjährigen rechtlich nachteilhaft. Eine Ansicht vertritt daher, dass eine Auflassung eines Grundstücks von Eltern an ihre minderjährigen Kinder stets der Zustimmung eines Ergänzungspflegers bedarf.[18]

(2) Nach einer vor Erlass des Urteils weit verbreiteten Gegenansicht sind öffentliche Lasten hingegen bei der Betrachtung, ob ein Rechtsgeschäft rechtlich lediglich vorteilhaft ist, nicht zu berücksichtigen.[19] Die Pflichten knüpften nicht an die Auflassung selbst an, sondern an die erst darauffolgende Eigentümerstellung. Sie stellten also lediglich mittelbare Nachteile dar. Als solche seien sie unbeachtlich.

(3) Der BGH vertritt eine vermittelnde Ansicht. Das streng formale Erfordernis, dass das betreffende Rechtsgeschäft rechtlich lediglich vorteilhaft sein dürfe, sei partiell durch wirtschaftliche Überlegungen aufzuweichen. Dies gelte für persönliche Verpflichtungen, die auf Gesetz beruhen, einen begrenzten Umfang hätten und abhängig seien vom Wert des Grundstücks oder von den Kosten, die der öffentlichen Hand bei der Erbringung bestimmter Dienstleistungen entstünden. Dazu zählten auch ordentliche Grundstückslasten. Sie könnten im Allgemeinen aus den laufenden Erträgen des Grundstücks bestritten werden. Damit sei ihre wirtschaftliche Bedeutung so gering, dass gesetzliche Vertreter oder Ergänzungspfleger das Rechtsgeschäft aufgrund dieser Pflichten nicht verweigern würden. Sei aber klar, dass eine etwaige Genehmigung erteilt werden würde, wäre ein Festhalten am Genehmigungserfordernis „reiner Formalismus".

(4) Gegen die Lösung des BGH ließe sich einwenden, dass bei der Beantwortung der Frage, ob ein Rechtsgeschäft rechtlich lediglich vorteilhaft ist, wirtschaftliche Aspekte nicht zu berücksichtigen sind. So stelle etwa der Wortlaut des § 107 BGB, der dieses Tatbestandsmerkmal enthalte, ausschließlich auf rechtliche Folgen ab.

Das ist zwar zutreffend. Allerdings hält der Wortlaut von § 107 BGB gar keine Möglichkeit bereit, um das Merkmal, nach dem der Minderjährige durch das Rechtsgeschäft „lediglich einen rechtlichen Vorteil erlangt" haben darf, einzuschränken. Trotzdem wird allgemein vertreten, dass Minderjährige auch rechtlich neutrale Geschäfte

---

[18] *Röthel/Krackhardt*, Jura 2006, 161 (165 f.); *Staudinger*, Jura 2005, 547 (551 f.). Tendenziell auch *Wilhelm*, NJW 2006, 2353 (2355).
[19] Vgl. BayObLG NJW 1968, 941; OLG Dresden MittBayNot 1996, 288 (290); OLG Celle MDR 2001, 931 (932); Jauernig/*Jauernig*, 11. Aufl. 2004, § 107 Rn. 5; MüKo-BGB/*Schmitt*, 6. Aufl. 2012, § 107 Rn. 39.

zustimmungsfrei vornehmen dürfen, obwohl diese Geschäfte für sie rechtlich nicht lediglich vorteilhaft sind.[20] Dass das Merkmal „lediglich rechtlich vorteilhaft" unter gewissen Umständen einer teleologischen Reduktion bedarf, ist somit anerkannt. Außerdem stellt der BGH klar, dass er die Prüfung der rechtlichen Vorteilhaftigkeit nicht grundsätzlich durch eine Prüfung der wirtschaftlichen Vorteilhaftigkeit ersetzen will.

336 c) Ausdrücklich offen lässt der BGH die Frage, ob die Übereignung eines Grundstücks rechtlich nachteilig ist, wenn sie mit einer Pflicht zur Tragung außerordentlicher Grundstückslasten wie Erschließungs- und Anliegerbeiträgen einhergeht. Das Gericht geht darauf nicht weiter ein, weil eine solche Pflicht im zu entscheidenden Fall nicht ersichtlich ist. Wendet man die Kriterien des BGH (siehe oben Rn. 333) konsequent an, so wird man einen rechtlichen Nachteil aber in der Regel bejahen müssen. Außerordentliche Grundstücklasten sind ihrem Umfang nach nicht begrenzt. Ihre Höhe orientiert sich nicht am Wert des Grundstücks, sondern bestimmt sich allein nach dem erforderlichen Aufwand. Im Extremfall können diese Beträge daher sogar den Wert des Grundstücks übersteigen.

V. Vertiefungsfragen

337 1. Im Originalfall war das Grundstück mit einer Grundschuld belastet. Führt dies dazu, dass die Übereignung für die Kinder rechtlich nachteilig ist? Lesen Sie BGHZ 161, 170 Rn. 15 f. = BGH NJW 2005, 415.

2. Überdies hatte sich die Mutter im Originalfall einen Nießbrauch am Grundstück einräumen lassen. Ist die Übereignung aus diesem Grund rechtlich nachteilig für die Kinder? Lesen Sie BGHZ 161, 170 Rn. 17 = BGH NJW 2005, 415 sowie *Feller*, MittBayNot 2005, 412; *Kölmel*, RNotZ 2010, 618 (639); MüKo-BGB/*Spickhoff*, § 107 Rn. 58.

3. Wie sieht es aus, wenn das zu übereignende Grundstück vermietet oder verpachtet ist? Ist die Übereignung dann noch lediglich rechtlich vorteilhaft? Lesen Sie BGHZ 162, 137 = BGH NJW 2005, 1430; BGH BeckRS 2022, 12465; *Jerschke*, DNotZ 1982, 459; *Kölmel*, RNotZ 2010, 618 (636).

4. Wäre die Übereignung einer unvermieteten Eigentumswohnung für die Kinder rechtlich lediglich vorteilhaft gewesen? Lesen Sie BGHZ 187, 119 = BGH NJW 2010, 3643.

5. Wem muss eine Willenserklärung, die einem Minderjährigen gegenüber abgegeben wird, zugehen, damit sie wirksam wird? Lesen Sie § 131 BGB. Macht es einen Unterschied, ob die Willenserklärung einen Antrag/ein Angebot oder eine Annahme darstellt? Lesen Sie *Faust*, § 16 Rn. 35 ff. auf der einen, *Leenen/Häublein*, § 6 Rn. 54 ff., vor allem Rn. 59 f., auf der anderen Seite.

---

20 Siehe dazu nur MüKo-BGB/*Spickhoff*, § 107 Rn. 54 ff.

Fall 17: Edelmann

Arglistige Berufung auf Formmangel
RGZ 117, 121

I. Sachverhalt[1]

Im Februar 1920 fing der Kläger als Betriebsleiter bei der G-GmbH an, deren Geschäftsführer Z war. Im Arbeitsvertrag war ein jährliches Weihnachtsgeld in Höhe von 60.000 Mark vereinbart. Außerdem wurde dem Kläger ein kleines Haus als Dienstwohnung zugewiesen. Das dazugehörige Grundstück hatte die G-GmbH kurz zuvor für 120.000 Mark erworben.

Begeistert von den Leistungen des Klägers schlug Z ihm im Namen der G-GmbH vor, dass er anstelle des Weihnachtsgeldes für die Jahre 1920 und 1921 das Grundstück mit dem kleinen Haus übereignet bekommen könne. Der Kläger nahm das Angebot freudig an, eine notarielle Beurkundung der Einigung erfolgte jedoch nicht.

Als der Kläger den Z darum bat, sein Recht auf das Haus klarzustellen, erwiderte Z, das eile nicht. Dem Kläger sei das Haus sicher, da Z ihm sein festes Versprechen gegeben und sein Wort noch nie gebrochen habe. Sein Edelmannswort sei dem Kläger genauso gut wie ein notariell beurkundeter Vertrag.

Kurz darauf stellte Z im Namen der G-GmbH ein Schriftstück aus. Danach erhielt der Kläger lediglich ein Vorkaufsrecht auf das Hausgrundstück zum Preis von 120.000 Mark. Daraufhin forderte der Kläger von der G-GmbH und von Z die Übereignung des Grundstücks.

II. Zentrale Probleme

Der Kläger und Z als Vertreter der G-GmbH haben sich darüber geeinigt, dass der Kläger das Eigentum an dem Grundstück erhalten soll. Allerdings bedarf ein Vertrag, in dem sich jemand verpflichtet, das Eigentum an einem Grundstück zu übertragen oder zu erwerben, gemäß § 311b Abs. 1 S. 1 BGB der Beurkundung durch einen Notar (siehe dazu § 128 BGB). An einer solchen notariellen Beurkundung fehlt es hier. Gemäß § 125 S. 1 BGB ist die Einigung daher grundsätzlich wegen Formmangels nichtig. Gegenstand der Entscheidung des Reichsgerichts ist die Frage, ob der Kläger aufgrund der besonderen Umstände des Falls trotz des objektiven Verstoßes gegen das Beurkundungserfordernis ausnahmsweise von den Beklagten verlangen kann, ihm das Grundstück zu übereignen.

III. Die Entscheidung des RG

Die Klage war sowohl in der Eingangs- als auch in der Berufungsinstanz erfolgreich. Die Beklagten wurden verurteilt, dem Kläger das Grundstück zu übereignen. Das Reichsgericht fasst die Begründung wie folgt zusammen:

▶ Die Vorinstanzen nehmen [...] an, dass die Beklagten bei den Verhandlungen die ernstliche Absicht gehabt hätten, den formnichtigen Vertrag zu erfüllen, und dass sie erst später den gegenteiligen Entschluss gefasst hätten. Die rechtliche Beurteilung der Vorinstanzen

---

1 Vereinfachte Version des Original-Sachverhalts.

beruht auf dem Gedanken, es verstoße gegen Treu und Glauben und gegen das Anstandsgefühl aller billig und gerecht Denkenden, dass die Beklagten im Gegensatz zu den früher „in einer so feierlichen Weise" gemachten Versprechungen jetzt – nach den ausgebrochenen Zwistigkeiten – die Auflassung verweigerten. ◄

341 An den tatsächlichen Feststellungen der Vorinstanzen über die Absicht der Beklagten muss das Reichsgericht festhalten (siehe dazu oben Rn. 106). Als Revisionsgericht ist es keine Tatsacheninstanz. Es darf daher den Sachverhalt nicht weiter ermitteln, sondern hat allein über Rechtsfragen zu entscheiden. Diesbezüglich kommt es zu einer anderen Beurteilung als die Vorinstanzen:

▶ Im Hinblick auf das gesetzliche Formerfordernis des § 313 Satz 1 BGB [aF; heute § 311b Abs. 1 S. 1 BGB] kann [nicht] der Einwand eines gegenwärtigen Verstoßes gegen Treu und Glauben (der gegenwärtigen Arglist) als begründet [...] anerkannt werden.

Für den [...] Einwand ist nach den in der Rechtsprechung des Reichsgerichts festgehaltenen Grundsätzen zu erfordern, dass auf der Seite desjenigen, der der Geltendmachung der Formnichtigkeit entgegentritt [hier: der Kläger], ein Irrtum über die rechtliche Notwendigkeit der Form vorgelegen hat und dass dieser Irrtum vom Geschäftsgegner schuldhaft, mindestens fahrlässig (§ 276 BGB) verursacht ist. Keine der beiden Voraussetzungen ist dem festgestellten Sachverhalt zu entnehmen. Aus dem Klagvortrag selbst erhellt vielmehr, dass beide Teile die Notwendigkeit der Form gekannt haben; eine Irreführung hierüber oder auch nur ein Versuch dazu hat nicht stattgefunden. Von einem Verschulden der Beklagten im Zeitpunkt der umstrittenen Zusagen kann gleichfalls keine Rede sein, da das Berufungsgericht feststellt, dass die Beklagten zu jener Zeit die ernstliche Absicht gehabt haben, die Zusagen zu erfüllen, und in solcher Absicht die Zusagen erteilt haben. Wenn aber beide Teile die Notwendigkeit der Formwahrung kannten, so beruht es auf dem Einverständnis auch des Klägers, dass mit der Beurkundung der getroffenen Abreden zugewartet worden ist, und er muss die Folgen dieses Zuwartens tragen, ohne sie auf den Gegner abwälzen zu können. Der für diesen Einwand erforderliche Irrtum über die rechtliche Notwendigkeit der Form kann nicht durch einen tatsächlichen Irrtum darüber ersetzt werden, ob im gegebenen Falle die Zusage, auch wenn nur formlos erteilt, werde erfüllt werden. Der hier in Rede stehende Einwand, wie er in der Rechtsprechung des Reichsgerichts ausgestaltet [...] ist, ergibt daher für die Klage keine Stütze. ◄

IV. Rechtliche Einordnung

342 1. Grundsätzlich können die Vertragsparteien frei entscheiden, in welcher Form sie ihr Geschäft schließen möchten. Das ermöglicht schnelle, kostengünstige Vertragsschlüsse: In unserem „analogen" Alltag schließen wir die meisten Verträge durch ausdrückliche mündliche Absprachen oder sogar durch schlüssiges (konkludentes) Verhalten. Schriftliche Vertragswerke, die nach einer Unterschrift verlangen, sind eher selten. Im Internet sind in der Regel nur ein paar Klicks sowie die Preisgabe persönlicher Informationen erforderlich, um sich vertraglich zu binden.

343 Die Formfreiheit gilt allerdings nicht unbegrenzt. In einzelnen Fällen verlangt das Gesetz,[2] dass eine bestimmte Form eingehalten wird. Die Anforderungen reichen hierbei von einfacher Textform (§ 126b BGB) über die Schriftform (§ 126 BGB) sowie die dieser gleichwertigen elektronischen Form mit qualifizierter elektronischer Signatur (§ 126a BGB) bis hin zur öffentlichen Beglaubigung (§ 129 BGB) und schließlich der

---

2 Siehe dazu Vertiefungsfrage 1.

IV. Rechtliche Einordnung

notariellen Beurkundung (§ 128 BGB), der der gerichtliche Vergleich gleichgestellt ist (§ 127a BGB). Die Form, die das Gesetz verlangt, ist jeweils eine Mindestanforderung. Die Beteiligten können sich also, wenn sie das möchten, für eine strengere Form entscheiden.

Weil Formfreiheit die Regel, Formzwang die rechtfertigungsbedürftige Ausnahme ist, muss die Pflicht zur Einhaltung einer bestimmten Form konkreten, schützenswerten Zwecken dienen.[3] Die meisten Formvorgaben haben das Ziel, den genauen Inhalt der Vereinbarung für die Zukunft festzuhalten (Klarstellungs- und Beweisfunktion). Zudem kann das Bedürfnis bestehen, die Vertragspartner über ihre Rechte und Pflichten aufzuklären (Informationsfunktion); Formerfordernisse bei Verträgen zwischen Verbrauchern und Unternehmern verfolgen häufig diesen Zweck.[4] Bei wirtschaftlich bedeutenden oder risikoreichen Geschäften kann ein Formerfordernis dazu dienen, den Parteien die Tragweite ihrer Entscheidung vor Augen zu führen und ihnen die Chance zu geben, vom Vertragsschluss abzusehen (Warnfunktion und Übereilungsschutz). Das ist einer der Gründe, weshalb Verträge, durch die sich der eine Teil verpflichtet, das Eigentum an einem Grundstück zu übertragen oder zu erwerben, gemäß § 311b Abs. 1 S. 1 BGB der notariellen Beurkundung bedürfen.[5] Zudem ermöglicht die notarielle Beurkundung, die Beteiligten in rechtlicher Hinsicht zu belehren und zu beraten (Belehrungs- und Beratungsfunktion).

344

Wird ein gesetzlich angeordnetes Formerfordernis missachtet, so ist das Rechtsgeschäft gemäß § 125 S. 1 BGB grundsätzlich von Anfang an, also *ex tunc*, nichtig. Mit dieser strengen Rechtsfolge setzt das Gesetz starke Anreize dafür, dass die Verkehrsteilnehmer die Formvorschriften einhalten. Die Nichtigkeit wegen Formmangels ist von Amts wegen zu berücksichtigen, auch wenn sich keine der Parteien darauf beruft; sie ist eine rechtshindernde Einwendung.

345

2. Der Kläger lag mit der G-GmbH und deren Geschäftsführer Z darüber im Streit, ob er die Übereignung des Grundstücks mit dem kleinen (Dienstwohnungs-)Haus verlangen kann. Der ursprünglich zwischen der G-GmbH und dem Kläger geschlossene Arbeitsvertrag bot dafür keine Grundlage. Allerdings könnte der Arbeitsvertrag dahingehend geändert worden sein, dass das vertraglich vereinbarte Weihnachtsgeld in Höhe von jeweils 60.000 Mark für die Jahre 1920 und 1921 ersetzt wurde durch einen Anspruch auf Übereignung des Hausgrundstücks. Das Angebot zu einem dafür erforderlichen Änderungsvertrag hat Z als Vertreter der G-GmbH (§§ 145, 164 Abs. 1 BGB iVm § 35 Abs. 1 S. 1 GmbHG) erklärt. Der Kläger hat es umgehend angenommen (§ 147 Abs. 1 S. 1 BGB).

346

Das Reichsgericht muss nun die Frage klären, ob diese Einigung wirksam ist. Ein Grundstückskaufvertrag ist gemäß § 311b Abs. 1 S. 1 BGB (§ 313 S. 1 BGB aF) nur dann wirksam, wenn er notariell beurkundet wurde. Die Beurkundung hat trotz Bitten des Klägers nicht stattgefunden. Die Willenserklärungen sind lediglich mündlich erfolgt. Wegen dieses Formmangels ist der Änderungsvertrag gemäß § 125 S. 1 BGB grundsätzlich nichtig; ein Übereignungsanspruch besteht nicht.[6]

347

---

3 Siehe dazu *Neuner*, § 44 Rn. 3 ff.
4 Siehe zB §§ 484, 492, 510 BGB.
5 Zur notariellen Beurkundung siehe *Köhler*, § 12 Rn. 11 ff.
6 Von der Nichtigkeitsfolge gibt es Ausnahmen. So werden beispielsweise in Vollzug gesetzte Arbeits- und Gesellschaftsverträge bis zur Geltendmachung eines Formfehlers als wirksam behandelt; die Nichtigkeit gilt dann nur für die Zukunft, also *ex nunc*, vgl. MüKo-BGB/*Einsele*, § 125 Rn. 46 f. Im Mietrecht müssen Verträge über Wohnraum mit einer Laufzeit von mehr als einem Jahr gemäß § 550 S. 1 BGB schriftlich geschlossen

348 3. Der Formzwang gilt allerdings nicht ausnahmslos. Besondere Umstände des Falls können eine Korrektur der Nichtigkeitsfolge des § 125 S. 1 BGB erforderlich machen. Gestützt wird dies auf die Gebote von Treu und Glauben gemäß § 242 BGB. Dabei ist allerdings größte Zurückhaltung geboten: Es würde zu großer rechtlicher Unsicherheit führen, wenn die Formnichtigkeit eines Rechtsgeschäfts bei jedem treuwidrigen Verhalten irrelevant wäre. Nach der Rechtsprechung des BGH gilt § 125 S. 1 BGB nur dann nicht, wenn die Nichtigkeit und damit das Scheitern des Rechtsgeschäfts zu einem Ergebnis führt, das für die andere Partei nicht bloß hart, sondern schlechthin unträgbar ist. Mit der Zeit haben sich zwei Fallgruppen herausgebildet, in denen diese Voraussetzungen erfüllt sind:

349 a) So soll die Formnichtigkeit des Rechtsgeschäfts dann gegen § 242 BGB verstoßen, wenn die Verweigerung der Vertragserfüllung für die andere Partei existenzbedrohende Folgen hätte. Der BGH bejahte dies etwa in einem Fall, in dem ein 63-jähriger Kläger seine gesamten Ersparnisse aufgewendet hatte, um ein Haus als Alterssitz zu erwerben. Die notarielle Beurkundung war unterblieben und mangels Übereignung auch (noch) nicht geheilt. Weil die Preise zwischenzeitlich erheblich gestiegen waren, hätte sich der Kläger von der angebotenen (Teil-)Rückzahlung des Kaufpreises nicht einmal mehr eine Eigentumswohnung leisten können.[7]

350 b) Überdies soll die Formnichtigkeit nicht gelten, wenn die Nichteinhaltung der Form auf einer besonders schweren Treuepflichtverletzung beruht. Diese Voraussetzung ist unstreitig erfüllt, wenn eine Partei ihren Vertragspartner über die Existenz eines gesetzlichen Formerfordernisses getäuscht hat, um sich später bei Bedarf von der Vereinbarung lösen zu können.[8] Wer arglistig handelt, soll daraus keinen Vorteil ziehen dürfen.

351 c) Schwieriger fällt die Bewertung, wenn beide Parteien von der Formvorschrift wissen, sich aber nicht an sie halten, weil sie einander vertrauen oder weil es der einen Partei nicht gelingt, die andere von der Einhaltung der Formvorschrift zu überzeugen. Letztere Konstellation liegt dem vorliegenden Fall zugrunde.

352 (1) Das Reichsgericht streicht die Unterschiede zum schon damals als korrekturbedürftig anerkannten Fall der Arglist heraus: Weder habe sich der Kläger über die Formbedürftigkeit des Rechtsgeschäfts geirrt, noch hätten die Beklagten in der Absicht gehandelt, einen solchen Irrtum beim Kläger hervorzurufen. Die unterinstanzlichen Gerichte hätten festgestellt, dass alle Beteiligten um das Erfordernis der notariellen Beurkundung des Änderungsvertrags wussten. Deshalb, so schlussfolgert das RG, „beruht es auf dem Einverständnis auch des Klägers, dass mit der Beurkundung der getroffenen Abreden zugewartet worden ist, und er muss die Folgen dieses Zuwartens tragen". Die irrtümliche Annahme des Klägers, dass die Beklagten die formlos erteilten Zusagen erfüllen würden, könne mit dem Irrtum über die Rechtspflicht zur Einhaltung einer bestimmten Form nicht gleichgesetzt werden.

353 Der Schluss des Reichsgerichts ist nicht zwingend. So hat das Gericht die sozio-ökonomischen Aspekte des Falls ausgeblendet. Der Kläger war Angestellter der beklagten G-GmbH und damit von ihr wirtschaftlich abhängig. Überdies hatte Z als Vertreter

---

werden. Missachten die Vertragsparteien diese Vorgabe, so gilt der Mietvertrag – in Abweichung von § 125 S. 1 BGB – für unbestimmte Zeit. Das gleiche gilt gemäß § 578 Abs. 1 BGB für Mietverträge über Grundstücke und Räume sowie gemäß § 581 Abs. 2 BGB für Pachtverträge. Für Verbraucherdarlehensverträge siehe § 494 BGB.

7 BGH NJW 1972, 1189.
8 Näher dazu *Medicus/Petersen*, BGB AT, Rn. 631.

IV. Rechtliche Einordnung

der G-GmbH ihm sein „festes Versprechen" gegeben und betont, sein „Wort noch nie gebrochen" zu haben. Damit stellte er sich und somit auch die Gesellschaft als moralisch einwandfrei und vertrauenswürdig dar; sein „Edelmannswort" stehe einem notariell beurkundeten Vertrag gleich. Wenn der Kläger gleichwohl auf der notariellen Beurkundung beharrt hätte, hätte er sein Verhältnis zu seinem Arbeitgeber belastet und wäre also ein nicht unerhebliches Risiko eingegangen. Der Kläger befand sich mithin in einer deutlich schwächeren Position als die Beklagten, die ein hohes Maß an Vertrauen für sich in Anspruch genommen, dann aber enttäuscht haben.

(2) Der BGH hat bei einem vergleichbaren Sachverhalt eine besonders schwere Treuepflichtverletzung bejaht:[9] Der Kläger wollte von der beklagten Gesellschaft, bei der er früher als Angestellter gearbeitet hatte, ein Grundstück kaufen. Beim Vertragsschluss wies er darauf hin, dass eine notarielle Beurkundung erforderlich sei. Der die Gesellschaft vertretende Geschäftsführer erwiderte, der Vertrag sei einem notariellen Vertrag gleichwertig, weil er seine Unterschrift trage und überdies mit dem Namen der Gesellschaft unterschrieben sei. Zudem erklärte er in einem späteren Schreiben, die Gesellschaft pflege jeder ihrer Verpflichtungen nachzukommen, unabhängig davon, ob sie sie mündlich, schriftlich oder in notarieller Form übernommen habe. Zur notariellen Beurkundung des Kaufvertrags kam es nie. Der Streit ging vor Gericht, als sich die Beklagte unter Verweis auf die Formnichtigkeit weigerte, das Grundstück an den Kläger zu übereignen. 354

Anders als das Reichsgericht im Edelmann-Fall beendete der BGH seine Prüfung nicht bereits mit der Feststellung, dass alle Parteien um die Formbedürftigkeit des Vertrags gewusst hatten. Für die Richter war vielmehr ausschlaggebend, dass die beklagte Gesellschaft den Kläger aktiv dazu veranlasst hatte, von der notariellen Beurkundung abzusehen. Dies habe sie „unter Einsatz ihrer Bedeutung und ihres Ansehens sowie unter Hinweis auf ihre Geschäftsgepflogenheiten" erreicht. Für den Kläger sei es daraufhin nahezu unmöglich gewesen, auf der Einhaltung der gesetzlichen Form zu bestehen. Die Beklagte habe dem Kläger die Erfüllung des formnichtigen Vertrags so nachdrücklich in Aussicht gestellt, dass sie sich nicht auf die Formnichtigkeit berufen könne. 355

(3) In der Literatur herrscht Streit darüber, welche Lösung vorzuziehen ist. Eine Mindermeinung lehnt eine Korrektur der Rechtsfolgen des § 125 S. 1 BGB über § 242 BGB generell ab, weil die Voraussetzungen dafür zu unklar seien[10] – ein Einwand, der sich gegen § 242 BGB insgesamt vorbringen ließe. Viele sind mit dem Reichsgericht der Ansicht, dass eine Korrektur unbillig ist, wenn beide Parteien die Formbedürftigkeit kennen und kein Kontrahierungszwang besteht.[11] Wer wisse, dass die Rechtsordnung ihr Rechtsgeschäft nicht anerkenne, gehe ein bewusstes Risiko ein und sei daher nicht schutzwürdig.[12] Andere lehnen – wie der BGH – die vom Reichsgericht gefundene Lösung ab. Die beiderseitige Kenntnis schade nicht, wenn die Partei, die sich auf die Nichtigkeit beruft, zuvor ihre Machtposition ausgenutzt habe.[13] 356

4. Ein Punkt, auf den Reichsgericht und BGH nicht eingehen, weil die Voraussetzungen dafür unstreitig nicht erfüllt waren: Formmängel können geheilt werden. Ist der 357

---

9 BGHZ 48, 396 = BGH NJW 1968, 39.
10 MüKo-BGB/*Ruhwinkel*, § 311b Rn. 79.
11 *Medicus/Petersen*, BGB AT, Rn. 632; *Brox/Walker*, § 13 Rn. 24; *Faust*, § 8 Rn. 14; *Bork*, Rn. 1080; *Flume*, § 15 III 4 c bb; *Stadler*, § 24 Rn. 26.
12 Vgl. nur die Anmerkung zum BGH-Urteil bei *Reinicke*, NJW 1968, 43.
13 *Neuner*, § 44 Rn. 68 f.; *Leipold*, § 16 Rn. 26.

Heilungstatbestand erfüllt, so wird ein formfehlerhaft geschlossenes Rechtsgeschäft mit Wirkung für die Zukunft, also *ex nunc*, wirksam. § 125 S. 1 BGB ist dann schon gar nicht einschlägig.

358 Ob das Gesetz eine Heilung ermöglicht und wenn ja, unter welchen Voraussetzungen, hängt davon ab, welchen Zwecken die betreffende Formvorschrift dient. Bisweilen ist eine Heilung vorgesehen, wenn die Parteien das – wegen Formmangels schwebend unwirksame – Rechtsgeschäft erfüllt haben. Dies gilt dann, wenn sich der Zweck der betreffenden Formvorschrift durch Erfüllung erreichen lässt. So wird eine nicht unter Beachtung der Schriftform erteilte Bürgschaftserklärung gemäß § 766 S. 3 BGB wirksam, wenn und soweit der Bürge die Hauptverbindlichkeit erfüllt. Auch kann ein Schenkungsversprechen, bei dem die eigentlich erforderliche notarielle Beurkundung unterblieben ist, gemäß § 518 Abs. 2 BGB mit Bewirken der versprochenen Leistung geheilt werden. Die gesetzlich vorgesehene Form dient jeweils der Warnung (des Bürgen bzw. Schenkers) sowie dem Schutz vor Übereilung. Diesen Zwecken wird auch Rechnung getragen, wenn Bürge bzw. Schenker die (formunwirksam) versprochene Leistungshandlung vornehmen, denn mit Weggabe bzw. Bezahlung wird ihnen bewusst, dass sie dafür keine Gegenleistung erhalten.

359 Bei Grundstücksgeschäften ist die Lage etwas anders. Auch hier kann ein formfehlerhaft geschlossenes Verpflichtungsgeschäft geheilt werden. Voraussetzung dafür ist gemäß § 311b Abs. 1 S. 2 BGB, dass Auflassung und Eintragung erfolgt sind. Zwar werden die mit § 311b Abs. 1 S. 1 BGB verfolgten Zwecke, die Parteien vor einem folgenschweren Rechtsgeschäft zu warnen, sie zu belehren und zu beraten, bei der zur Übertragung des Eigentums an einem Grundstück erforderlichen dinglichen Einigung (Verfügungsgeschäft) nicht erfüllt. Die Auflassung muss nämlich lediglich vor einer zuständigen Stelle bei gleichzeitiger Anwesenheit beider Teile erklärt werden (§ 925 Abs. 1 BGB); eine notarielle Beurkundung mit der damit verbundenen Belehrung und Beratung ist aber nicht erforderlich. Allerdings ist die Warnung vor dem übereilten Abschluss des Rechtsgeschäfts hinfällig, wenn die Übereignung bereits vollzogen ist. Zudem und vor allem dient die Heilung der Rechtssicherheit: Eine abgeschlossene Übereignung soll nicht der bereicherungsrechtlichen Rückabwicklung unterliegen.[14]

V. Vertiefungsfragen

360 1. Welche weiteren Normen des Bürgerlichen Gesetzbuches – neben § 311b Abs. 1 S. 1 BGB – verlangen die Einhaltung einer bestimmten Form? Lesen Sie dazu *Leipold*, § 16 Rn. 4 ff.; *Musielak/Hau*, Rn. 57 ff.; *Stadler*, § 24 Rn. 1 ff.; *Brox/Walker*, § 13 Rn. 3 ff.
2. Inwiefern unterscheiden sich § 311b Abs. 1 S. 1 BGB und § 518 Abs. 1 S. 1 BGB hinsichtlich des zu beurkundenden Gegenstands? Lesen Sie MüKo-BGB/*Koch*, § 518 Rn. 4; MüKo-BGB/*Ruhwinkel*, § 311b Rn. 54 f.
3. Warum können formfehlerhaft geschlossene Verfügungsgeschäfte nicht geheilt werden? Lesen Sie dazu *Köhler*, § 12 Rn. 20; *Stadler*, § 24 Rn. 29; *Brox/Walker*, § 13 Rn. 27; *Bork*, Rn. 1079.
4. Wurde eine Partei arglistig über das Formerfordernis getäuscht, steht ihr in der Regel ein Anspruch auf Schadensersatz zu. Welche Anspruchsgrundlagen kommen in Betracht? Warum ist der Schadensersatzanspruch nicht gleichwertig mit dem

---

14 BGHZ 82, 398 (405) = BGH NJW 1982, 759 (760).

Erfüllungsanspruch aus dem wirksamen Vertrag? Lesen Sie außer RGZ 117, 121 auch *Medicus/Petersen*, BGB AT, Rn. 631; *Schwab/Löhnig*, Rn. 527; *Stadler*, § 24 Rn. 25; *Medicus/Petersen*, Bürgerliches Recht, Rn. 182.

Fall 18: Leerformel

Bürgschaftserklärung durch Blankoformular
BGHZ 132, 119 = BGH NJW 1996, 1467

I. Sachverhalt

361 Der Beklagte war, gemeinsam mit zwei anderen Personen, Gesellschafter und Geschäftsführer einer Autovermietung (GmbH). Im Jahr 1992 nahmen die drei für die Autovermietung Verhandlungen über einen Kontokorrentkredit[1] mit der klägerischen Bank auf. Die Klägerin war zur Einräumung des Kredits für die Autovermietung nur bereit, wenn deren Geschäftsführer persönlich eine Bürgschaft übernehmen würden. Zu diesem Zwecke überreichte die Klägerin den Verhandlungsführern ein Blankoformular einer Bürgschaft ohne zeitliche und betragsmäßige Beschränkung.
Der Beklagte unterzeichnete das Formular und setzte neben seine Unterschrift einen Stempel der Autovermietung. Nach dem Vortrag des Beklagten habe er auf diese Weise deutlich machen wollen, dass die GmbH und nicht er persönlich haften solle. An der Stelle, die für die Bezeichnung des Bürgen in dem Formular vorgesehen war, trug der Beklagte seinen Namen und seine Anschrift ein, außerdem vermerkte er auf dem Formular Ort und Datum der Erklärung. Die Klägerin ergänzte das so zurückgeschickte Formular mit mündlicher Ermächtigung des Beklagten um die noch fehlenden Informationen zu Gläubiger und Hauptschuldner. 1993 meldete die Autovermietung Insolvenz an. Die Klägerin nimmt den Beklagten als Gesamtschuldner mit den anderen Geschäftsführern in Höhe des Kreditsaldos von 142.271,77 DM zuzüglich Zinsen in Anspruch.

II. Zentrale Probleme

362 Der Anspruch der Klägerin gegen den Beklagten könnte sich aus einem Bürgschaftsvertrag gemäß § 765 Abs. 1 BGB ergeben. Neben einer wirksamen Hauptforderung (§ 767 BGB) setzt das Bestehen des Anspruchs voraus, dass sich die Parteien wirksam iSd § 765 BGB geeinigt haben. Die Erklärung des Bürgen muss gemäß § 766 BGB schriftlich iSv § 126 BGB erfolgen. Ist diese Voraussetzung nicht erfüllt, so ist der Bürgschaftsvertrag nach § 125 Abs. 1 BGB (form-)nichtig, also unwirksam.

363 Im vorliegenden Fall hat der Beklagte die Urkunde mit der Bürgschaftserklärung zwar, wie von § 126 BGB gefordert, eigenhändig unterzeichnet. Zu diesem Zeitpunkt war die Urkunde jedoch unvollständig. Die fehlenden Informationen hat die Klägerin nachträglich ergänzt. Es ist fraglich, ob eine solche Blankounterschrift unter eine Bürgschaftsurkunde, die nachträglich aufgrund mündlicher Ermächtigung vervollständigt wird, dem Formerfordernis des § 766 BGB genügt.

---

1 Ein Kontokorrentkredit ist ein Darlehen iSv § 488 BGB, bei dem der Darlehensgeber eine Kreditlinie zu festen oder variablen Zinsen einräumt. Der Darlehensnehmer darf die Valuta je nach Bedarf in Anspruch nehmen; eine Zinszahlung fällt nur auf die in Anspruch genommene Valuta an (vgl. MüKo-BGB/*Schürnbrand/Weber*, § 491 Rn. 59).

III. Die Entscheidung des BGH

Das Gericht stellt zunächst fest: 364

▶ Das Berufungsgericht ist [...] zu der Überzeugung gelangt, bei der Erklärung des Beklagten habe es sich trotz des danebenstehenden Firmenstempels aus der Sicht des Empfängers um eine persönliche Bürgschaft gehandelt. Diese grundsätzlich dem Tatrichter obliegende Auslegung ist möglich und lässt keinen Rechtsfehler erkennen. Das Berufungsgericht hat beachtet, dass auf das Unternehmen hinweisende Zusätze im Zusammenhang mit der Unterschrift im Zweifel darauf hindeuten, dass nur eine auf den Betriebsinhaber bezogene Verpflichtung übernommen wird. Letztlich ist es jedoch immer eine Frage des Einzelfalls, ob der Erklärende als Vertreter gehandelt hat oder eine eigene Verpflichtung eingegangen ist. Wenn das Berufungsgericht im Streitfall letzteres bejaht, weil der Beklagte von den anderen Geschäftsführern über die Notwendigkeit einer persönlichen Bürgschaft aufgeklärt worden und bereits im Kopf des Formulars als Bürge bezeichnet war, als die Klägerin die Urkunde zurückerhielt, so ist dies revisionsrechtlich nicht zu beanstanden. ◀

Der bis dahin ständigen Rechtsprechung von Reichsgericht und BGH folgend,[2] hatte das Berufungsgericht überdies entschieden, eine Bürgschaftserklärung genüge der Schriftform, 365

▶ wenn der Bürge die Unterschrift leiste und die Urkunde abschließend mit seinem Willen von einem hierzu mündlich ermächtigten Dritten durch Einfügen der gemäß § 766 S. 1 BGB erforderlichen Angaben ergänzt werde. [...] [D]ie Bürgschaft [gilt] als formgerecht erteilt, sobald der Gläubiger im Besitz einer Urkunde ist, die alle nach dem Gesetz erforderlichen Angaben enthält. ◀

Mit dem vorliegenden Urteil ändert das Gericht seine Rechtsprechung. Es urteilt prägnant: 366

▶ Eine Blankounterschrift wird nicht durch eine aufgrund mündlicher Ermächtigung vorgenommene Ergänzung der Urkunde zu einer nach § 766 S. 1 BGB formwirksamen Bürgschaft. ◀

Die Rechtsprechung (und die herrschende Lehre) hätten bislang argumentiert, dass die Schriftform nach § 126 S. 1 BGB gewahrt sei, wenn der Aussteller die Urkunde eigenhändig unterzeichne: 367

▶ Danach braucht der Text nicht fertiggestellt zu sein, wenn die Unterschrift geleistet wird. Der Erklärende kann das Papier auch blanko zeichnen, die Schriftform ist in diesem Falle mit Vervollständigung der Urkunde gewahrt. [Damit würden aber] Sinn und Zweck der Formstrenge im Bürgschaftsrecht nicht hinreichend beachtet [...]. ◀

Zur Funktion des Formerfordernisses führt der BGH aus: 368

▶ Die Bestimmung des § 766 BGB dient ausschließlich dem Schutzbedürfnis des Bürgen. [...] Weil die Vorschrift den Bürgen vor der mit seiner Erklärung verbundenen Haftung warnen soll, ist die Schriftform nur gewahrt, wenn die Urkunde außer dem Willen, für fremde Schuld einzustehen, auch die Bezeichnung des Gläubigers, des Hauptschuldners und der verbürgten Forderung enthält. Der Warnfunktion wird demnach nicht schon dadurch genügt, dass der Bürge überhaupt ein Schriftstück unterzeichnet, aus dem sich sein Verbür-

---

2 Das Gericht zitiert RGZ 57, 66 (69); RGZ 76, 99 (100); RGZ 78, 26 (29); RG JW 1927, 1363; BGH WM 1962, 575; BGH WM 1962, 720; BGH NJW 1968, 1131; BGH NJW 1984, 798; BGH NJW 1992, 1448 (1449).

gungswille ergibt. Die Urkunde soll vielmehr zugleich das übernommene Risiko eingrenzen und es damit dem Bürgen bei Abgabe seiner Erklärung vor Augen führen. ◄

369 § 766 BGB verlange nicht, dass der Bürge die erforderlichen Angaben eigenhändig mache. Aus § 167 Abs. 2 BGB ergebe sich vielmehr, dass eine Stellvertretung auch bei formgebundenen Willenserklärungen grundsätzlich zulässig sei. Dies schließe auch die Möglichkeit ein, eine bereits unterschriebene Erklärung nachträglich durch einen anderen vervollständigen zu lassen. Im Gesetz finde sich kein Hinweis dafür, dass dies bei der Bürgschaft ausgeschlossen sei.

370 Womöglich müsse eine Ermächtigung aber der für die Bürgschaftserklärung vorgesehenen Schriftform genügen. Zwar bestimme § 167 Abs. 2 BGB, dass die Erteilung der Vollmacht nicht der Form bedürfe, welche für das Rechtsgeschäft bestimmt sei, auf das sich die Vollmacht beziehe. Allerdings werde § 167 Abs. 2 BGB auch bei Rechtsgeschäften, die nach geltender Rechtslage gemäß § 311b Abs. 1 S. 1 BGB[3] formpflichtig seien, einschränkend ausgelegt. Die vorliegende Interessenlage sei mit jener, für die bei Grundstücksgeschäften eine Ausnahme von § 167 Abs. 2 BGB gemacht werde, vergleichbar:

▶ Bei formbedürftigen Bürgschaften ist es daher generell gerechtfertigt, die Vollmacht zur Abgabe der entsprechenden Willenserklärung oder die Befugnis zur Ergänzung des Blanketts der Schriftform zu unterwerfen. Der Zweck der Schutzvorschrift des § 766 BGB, dem Bürgen Inhalt und Umfang seiner Haftung deutlich vor Augen zu führen, würde ausgehöhlt, wenn man es ausreichen ließe, dass der Bürge die Unterschrift auf ein Papier setzt, welches nicht sämtliche notwendigen Erklärungsbestandteile enthält, und einen Dritten – insbesondere Hauptschuldner oder Gläubiger – mündlich ermächtigt, die fehlenden Angaben nachzuholen. Lässt man eine solche Regelung zu, kann die gesetzliche Formvorschrift ihre Warnaufgabe dem Bürgen gegenüber nicht erfüllen. [...] Dies gilt erst recht, soweit der Bürge einen anderen – insbesondere den Gläubiger unter Befreiung von der Vorschrift des § 181 BGB – zur Vervollständigung der Urkunde ermächtigt.

Lässt man eine Blankounterschrift verbunden mit einer mündlichen Ermächtigung genügen, hängt die Entscheidung über die Wirksamkeit der Bürgschaft so gut wie ausschließlich von Tatsachen ab, die aus der Urkunde nicht ersichtlich sind. Der von § 766 BGB bezweckte Schutz wird so nahezu aufgelöst. Außerdem setzt die bisher von der höchstrichterlichen Rechtsprechung vertretene Auffassung den Bürgen in beträchtlichem Maße der Gefahr des Blankettmissbrauchs aus. Ist die Unterschrift echt, gilt nach § 440 Abs. 2 ZPO die Vermutung, dass der über ihr stehende Text dem Willen des Ausstellers der Urkunde entspricht. Daher muss er eine abredewidrige Ausfüllung beweisen [...]. ◄

371 Sodann vergleicht der BGH § 766 BGB mit Normen mit vergleichbarer Schutzrichtung. Ein Verbraucherdarlehensvertrag etwa sei grundsätzlich bereits dann nichtig, wenn eine der vorgesehenen Angaben fehle.

▶ Diese Rechtsfolge ist zur Sicherung der zutreffenden Information über die wesentlichen Kreditkonditionen und zur Warnung des Verbrauchers vor unüberlegtem finanziellem Engagement angeordnet. Aus diesem Zweck der Norm wird in der Literatur – soweit ersichtlich, einhellig – abgeleitet, eine Blankounterschrift genüge dem Schriftformerfordernis nicht.[4] Dass § 4 VerbrKrG [aF, heute § 492 Abs. 2 BGB iVm Art. 247 iVm §§ 6 bis 13 EGBGB] weitaus höhere inhaltliche Anforderungen an die Erklärung stellt als § 766 BGB, rechtfertigt in

---

3 Damals § 313 BGB.
4 Mittlerweile ist diese Auffassung höchstrichterlich bestätigt, siehe nur BGH NJW-RR 2005, 1141.

IV. Rechtliche Einordnung

dieser Hinsicht keinen Unterschied; denn die Blankourkunde ist nicht wegen der Zahl der zu beachtenden Punkte ungeeignet, der Schriftform zu genügen, sondern allein deshalb, weil damit der vom Gesetzgeber beabsichtigte Zweck verfehlt würde, den im Gesetz bezeichneten Personenkreis davor zu schützen, sich unüberlegt oder ohne ausreichende Information über Inhalt und Wirkung seiner Willenserklärung zu verpflichten. Eine vergleichbare Warnung beabsichtigt § 766 BGB für Bürgschaften von Personen, die keine Kaufleute sind, ganz allgemein. ◂

Noch eklatanter sei es, wenn man die vorliegende Situation mit jener vergleiche, die bestehe, wenn der Bürge dem Gläubiger seine Erklärung per Fax übermittele:

▸ Der Senat hat es nach § 766 BGB nicht für ausreichend erachtet, dass der Bürge dem Gläubiger seine Erklärung durch Telefax übermittelt.[5] In der Begründung dieser Entscheidung wird wesentlich darauf abgestellt, dass der Zweck der Vorschrift, den Bürgen zu größerer Vorsicht anzuhalten und ihn vor nicht ausreichend überlegten Erklärungen zu sichern, eine formenstrenge Auslegung erfordert. Es läge ein deutlicher Wertungswiderspruch darin, das Telefax, welches alle erforderlichen Angaben enthält und mit Willen des Bürgen dem Gläubiger zugeht, für unwirksam zu halten, dagegen das bloße Blankett, verbunden mit einer mündlichen Ermächtigung, als ausreichend anzusehen. ◂

Der dem Bürgen gewährte Schutz habe allerdings Grenzen. Dies gelte insbesondere im Verhältnis zu gutgläubigen Dritten.

▸ [I]n entsprechender Anwendung des § 172 Abs. 2 BGB [muss] derjenige, der ein Blankett mit seiner Unterschrift aus der Hand gibt, den durch dessen Ausfüllung geschaffenen Inhalt einem gutgläubigen Dritten gegenüber als seine Erklärung gegen sich gelten lassen, unabhängig davon, ob der vervollständigte Text seinem Willen entspricht oder nicht. […] Zwar entsteht in diesem Falle dadurch, dass die Urkunde ergänzt wird, keine formgerechte Verpflichtung; jedoch hat der Bürge durch sein Verhalten zurechenbar einen Rechtsschein gesetzt, auf den sich der redliche Geschäftspartner verlassen und kraft dessen er den Unterzeichnenden in Anspruch nehmen kann. Schutzbedürftig ist indessen nur derjenige, der eine vollständige Urkunde erhält und annehmen darf, die Erklärung stamme vom Bürgen selbst, der die Urkunde, also die Ergänzung durch den nicht wirksam ermächtigten Dritten, nicht ansehen kann. ◂

Zugunsten der Klägerin sei § 172 Abs. 2 BGB hingegen nicht analog anzuwenden. Sie sei nicht mit einer vollständigen Urkunde konfrontiert worden, sondern habe die Urkunde ohne schriftliche Ermächtigung selbst in wesentlichen Punkten ergänzt. Damit habe die Bürgschaftserklärung den Voraussetzungen des § 766 S. 1 BGB nicht genügt. Der Bürgschaftsvertrag sei gemäß § 125 S. 1 BGB nichtig.

IV. Rechtliche Einordnung

1. Eine Unterschrift ist schnell gesetzt. Nicht selten werden Dokumente im Alltag unterschrieben, bevor sie vollständig ausgefüllt sind. Dies geschieht oftmals im Vertrauen darauf, dass der Geschäftspartner nichts Böses im Schilde führen, der fertige Text dem Besprochenen entsprechen und ein etwaiger Bevollmächtigter die fehlenden Angaben so ergänzen wird, wie ihm geheißen.

Ein auf eine solche Weise entstandener Vertrag ist in aller Regel (zunächst einmal) wirksam. Das BGB geht vom Prinzip der Formfreiheit aus; auch rein mündliche

---

5 BGHZ 121, 224 = BGH NJW 1993, 1126.

Absprachen können Bindungswirkung entfalten. Gewisse Rechtsgeschäfte müssen allerdings einer bestimmten Form genügen, damit sie wirksam sind. Formerfordernisse können unterschiedlichen Zwecken dienen.[6] Das Schriftformerfordernis des § 766 BGB bezweckt die Warnung des Bürgen. Er soll sich vor Augen führen, dass er zugunsten einer anderen Person eine unter Umständen ganz erhebliche Verpflichtung eingeht. So enthielt etwa die Bürgschaftserklärung im vorliegenden Fall keine zeitliche oder betragsmäßige Beschränkung.

377 2. Bevor sich das Gericht der Frage zuwendet, ob die Bürgschaft formwirksam erteilt wurde, untersucht es allerdings, wer die Erklärung abgegeben hat: der Beklagte im eigenen Namen oder der Beklagte im Namen der in Form der GmbH organisierten Autovermietung. Hätte der Beklagte die Erklärung als Vertreter der Autovermietung abgegeben, so hätte die Bürgschaftserklärung der Schriftform gar nicht bedurft: Auf eine Bürgschaft, die für den Bürgen ein Handelsgeschäft darstellt, ist § 766 BGB gemäß § 350 HGB nicht anwendbar. Eine GmbH gilt gemäß § 13 Abs. 3 GmbHG als Handelsgesellschaft iSd HGB. Alle Rechtsgeschäfte einer Handelsgesellschaft sind Handelsgeschäfte.[7]

378 Der BGH kommt hingegen zu dem Ergebnis, dass der Beklagte die Erklärung im eigenen Namen abgegeben hat. Zwar habe er neben seinen Namen den Stempel der Autovermietung gesetzt. Bei der gebotenen objektiven Auslegung[8] könne dadurch der Eindruck entstehen, dass er als ihr Vertreter habe handeln wollen. Allerdings sei er auf dem Formular als Bürge genannt worden. Auch hätten ihn die anderen Gesellschafter darüber aufgeklärt, dass er die Erklärung persönlich und nicht für die Gesellschaft abgebe. Was das Gericht nicht erwähnt: Die Autovermietung wäre gar nicht als Bürgin für ihre eigenen Verbindlichkeiten in Frage gekommen. Bürge ist nur, wer sich gegenüber dem Gläubiger verpflichtet, für die Verbindlichkeit eines Dritten einzustehen (§ 765 Abs. 1 BGB) – nicht für eigene Verbindlichkeiten, die er ohnehin erfüllen muss. Anhaltspunkte dafür, dass der Bürgschaftsvertrag für den Beklagten selbst ein Handelsgeschäft darstellt, bestehen nicht. Damit ist § 766 BGB anwendbar.

379 3. Sodann kommt das Gericht zur Frage, ob die Voraussetzungen der Norm erfüllt sind.

380 a) Es ist allgemein anerkannt, dass eine Blankounterschrift allein den Anforderungen des § 766 BGB nicht genügt. Weil die Bürgschaftsurkunde das übernommene Risiko eingrenzen und dem Bürgen bei Abgabe der Erklärung vor Augen führen soll, muss sie nicht nur den Willen, für fremde Verpflichtungen einzustehen, sondern auch die Bezeichnung des Gläubigers, des Hauptschuldners und der verbürgten Forderung enthalten. Nur dadurch werden dem Bürgen die Konsequenzen seiner Erklärung „schwarz auf weiß" vor Augen geführt. An dieser Ansicht rüttelt der BGH nicht.

381 b) Bis zum vorliegenden Fall waren der BGH, vor ihm schon das Reichsgericht und auch die herrschende Ansicht in der Literatur allerdings davon ausgegangen, dass den Anforderungen des § 766 BGB Rechnung getragen sei, wenn eine andere Person als der Bürge die Bürgschaftserklärung nach Unterschrift ergänze, solange der Bürge sie dazu ermächtigt habe.[9] Diese Ermächtigung könne wegen § 167 Abs. 2 BGB auch

---

6 Siehe dazu Fall 17 – Edelmann.
7 BGH NJW 1960, 1852 (1853). § 344 HGB ist mithin für Handelsgesellschaften gegenstandslos. Vgl. auch Hopt/*Leyens*, 41. Aufl. 2022, § 344 HGB Rn. 1.
8 Siehe zur Auslegung Fall 2 – Selbstbedienungstankstelle.
9 Zur Ermächtigung siehe Art. 10 WG. Dort wird sie vorausgesetzt.

IV. Rechtliche Einordnung

mündlich erfolgen. Gestattet sei dies nicht so sehr, weil der Bürge die Urkunde bewusst unvollständig gelassen habe, sondern weil er sich bewusst für einen arbeitsteiligen Prozess entschieden, die Vervollständigung der Urkunde mithin bewusst einer anderen Person überlassen habe.[10]

c) Diese Rechtsprechung ändert der BGH mit dem vorliegenden Urteil. Es sei nach wie vor zutreffend, dass die Schriftform gemäß § 126 BGB nur eine eigenhändige Unterschrift der Urkunde verlange, nicht aber, dass die Urkunde vom Bürgen selbst erstellt oder bei Unterzeichnung bereits komplett ausgefüllt worden sei. Der Bürge könne also sehr wohl eine Blankounterschrift unter ein Bürgschaftsformular setzen und einen Vertreter damit betrauen, die Urkunde erst nachträglich auszufüllen, oder den Gläubiger gemäß § 181 BGB aE ermächtigen,[11] die fehlenden Teile der Erklärung zu ergänzen. Wenn er dies tue, müsse die Vollmacht bzw. Ermächtigung allerdings – das ist neu – ebenfalls schriftlich erfolgen. § 167 Abs. 2 BGB sei insoweit teleologisch zu reduzieren.

382

d) Um sein Urteil zu untermauern und unter Beweis zu stellen, bedient sich das Gericht zunächst des Vergleichs mit der Situation beim Grundstückskaufvertrag. Gemäß § 311b Abs. 1 BGB ist ein solcher Vertrag nur wirksam, wenn er notariell beurkundet ist. Auch eine Vollmacht zum Abschluss eines solchen Vertrags muss diesem Formerfordernis genügen, falls sie unwiderruflich sein soll oder das Rechtsgeschäft ausschließlich den Interessen des Vertreters dient und er die Vollmacht unverzüglich zu seinen Gunsten nutzen kann.[12] Bei der Bürgschaft liege eine Situation vor, die der zweiten Fallgruppe vergleichbar sei; die Erklärung des Bürgen komme in aller Regel nur Gläubiger und Hauptschuldner zugute. Wenn dazu noch die Zwecke betrachtet würden, denen die beiden Formerfordernisse jeweils dienen, dann müssten die für das Grundstücksrecht entwickelten Fallgruppen erst recht auf die Bürgschaft Anwendung finden. § 311b Abs. 1 BGB diene dem Schutz beider Parteien vor übereilten Handlungen und solle sicherstellen, dass sie durch den Notar beraten würden. § 766 BGB diene ausschließlich den Interessen des Bürgen, der aufgrund der bei der Bürgschaft typischerweise bestehenden Interessenlage besonders schutzwürdig sei.

383

Das Gericht hätte hier noch eine Nuance hinzufügen können: Bei Erlass des Urteils war bereits grundsätzlich anerkannt, dass § 167 Abs. 2 BGB teleologisch zu reduzieren ist, eine Vollmacht also der für das Hauptgeschäft vorgeschriebenen Form bedarf, wenn andernfalls der Zweck der Formvorschrift vereitelt würde. Dies gilt insbesondere dann, wenn das Formerfordernis die Warnung der betreffenden Partei bezweckt.[13] Dasselbe muss für die Ermächtigung zur Ausfüllung eines bereits unterschriebenen Blanketts gelten.[14]

384

e) Das Gericht findet nicht nur im Grundstückskaufrecht, sondern auch in anderen Bereichen Urteile, die auf einer Linie mit seiner neuen Rechtsprechung liegen. So normiere das Gesetz etwa ein Schriftformerfordernis für Verbraucherkreditverträge (heute: Verbraucherdarlehensverträge) und bestimme, dass diese Verträge einen ganzen Katalog an Informationen beinhalten müssten. Würde nur eine dieser Informationen fehlen,

385

---

10 Siehe *Fischer*, JuS 1998, 205 (207).
11 Zu § 181 BGB siehe Fall 16 – Geschenktes Grundstück.
12 BGHZ 132, 119 (124 f.) = BGH NJW 1996, 1467 (1468).
13 Siehe nur *Flume*, § 52 2 a; *Rösler*, NJW 1999, 1150 sowie, aus der heutigen Literatur, *Köhler*, § 11 Rn. 27. Differenzierter *Neuner*, § 50 Rn. 21.
14 So auch *Fischer*, JuS 1998, 205 (207).

sei der Vertrag nichtig. Die Pendants der heutigen § 492 Abs. 2 BGB iVm Art. 247 §§ 6 bis 13 EGBGB würden formstreng ausgelegt. So sei es auch bei der Bürgschaft zu handhaben. Mehr noch: Eine formstrenge Auslegung des § 766 BGB entspreche geltender Praxis, denn eine Übermittlung einer Bürgschaftserklärung an den Gläubiger per Fax genüge den Anforderungen der Norm nicht.[15] Dann müsse dasselbe erst recht für die Zusendung einer unvollständigen Urkunde mit einer mündlichen Vollmacht zur Vervollständigung gelten.

386 f) Das Formerfordernis sei insbesondere gerechtfertigt, wenn der Bürge – wie vorliegend – jemanden bevollmächtige, die Urkunde zu vervollständigen, nachdem er sie unterzeichnet habe, denn dann sei bei Unterschrift der Umfang der Verpflichtung aus der Urkunde noch nicht erkennbar. Noch gefährlicher sei es für den Bürgen, wenn er in einer solchen Situation den Gläubiger oder den Hauptschuldner zur Vervollständigung ermächtige. Hintergrund ist: Weil Hauptschuldner und Gläubiger selbst auch Parteien des Rechtsgeschäfts sind und an diesem mithin in aller Regel eigene Interessen haben, dürfen sie den Bürgen nach § 181 BGB grundsätzlich nicht vertreten, es sei denn, der Bürge gestattet ihnen die Vornahme des Insichgeschäfts.[16] Lasse man in einem solchen Fall eine mündliche Vollmacht genügen, hänge, so der BGH, „die Entscheidung über die Wirksamkeit der Bürgschaft so gut wie ausschließlich von Tatsachen ab, die aus der Urkunde nicht ersichtlich sind. Der von § 766 BGB bezweckte Schutz wird so nahezu aufgelöst." Das hatten Teile der Literatur schon vor Erlass des Urteils betont.[17]

387 Fülle der Vertreter die Urkunde anschließend abredewidrig aus, müsse der Bürge im Prozess beweisen, dass sie eine andere Abrede getroffen hatten. Wenn die Unterschrift, wie im vorliegenden Fall, echt sei, gelte nämlich nach § 440 Abs. 2 ZPO die Vermutung, dass das, was über der Unterschrift stehe, ebenfalls echt sei und somit dem Willen desjenigen entspreche, der die Urkunde unterschrieben habe. Hätten Bürge und Vertreter eine rein mündliche Absprache getroffen, so sei dieser Beweis in aller Regel nur sehr schwer zu erbringen.

388 g) Im Verhältnis zu Dritten müsse aber der Tatsache Rechnung getragen werden, dass sich der Bürge bewusst entschieden habe, eine unvollständige Urkunde unterschreiben und von einer anderen Person vervollständigen zu lassen. Dem Dritten sei nicht erkennbar, wenn die Urkunde Text enthalte, der dem Willen des Bürgen nicht entspreche. Ihm gegenüber sei der entgegenstehende innere Wille des Bürgen mithin gemäß § 172 Abs. 2 BGB analog unbeachtlich.[18] Es lässt sich ergänzen: Anderenfalls bestünden für den Bürgen keine Anreize zu sorgfältigem Handeln.

389 Die Klägerin allerdings könne sich auf diese Norm nicht berufen. Ihr sei sehr wohl bewusst gewesen, dass der Beklagte die Urkunde nicht selbst ausgefüllt habe und dass dies aufgrund einer nur mündlichen Bevollmächtigung nachgeholt worden sei, denn die Klägerin selbst habe die noch fehlenden Angaben ergänzt.

390 4. Kritisiert wird an dem Urteil insbesondere und zu Recht, dass der BGH zwar die Parallelen zum Grundstückskauf zieht, die dort geltenden Einschränkungen aber für die Bürgschaft nicht übernimmt. Eine Vollmacht zum Abschluss eines Grundstücks-

---

15 BGHZ 121, 224 (229) = BGH NJW 1993, 1126 (1127).
16 Siehe zum Insichgeschäft Fall 16 – Geschenktes Grundstück.
17 Das Gericht verweist an dieser Stelle auf *Flume*, § 52 2; *Larenz*, BGB AT, 7. Aufl. 1989, § 31 II S. 621; *Müller-Freienfels*, Die Vertretung beim Rechtsgeschäft, 1955, S. 290 f.; MüKo-BGB/*Pecher*, 2. Aufl. 1986, § 766 Rn. 12; Staudinger/*Horn*, 1995, § 766 Rn. 20.
18 Siehe zu § 172 Abs. 2 BGB auch Fall 14 – Abhandengekommene Vollmachtsurkunde.

kaufvertrags ist nach der Rechtsprechung des BGH nur dann formbedürftig, wenn sich der Bevollmächtigende damit endgültig rechtlich oder faktisch bindet. Nach dem vorliegenden Urteil hingegen bedürfen alle Vollmachten zur Abgabe von und Ermächtigungen zur Ergänzung von Bürgschaftserklärungen der für diese Erklärung vorgeschriebenen Form. Die Anwendbarkeit des § 167 Abs. 2 BGB für Bürgschaftserklärungen komplett auszuschließen, ist aber nicht gerechtfertigt – auch nicht durch die Tatsache, dass § 766 BGB, anders als der heutige § 311b Abs. 1 BGB, nur den Schutz des Bürgen, nicht auch der anderen Seite bezweckt. Die meisten Formvorschriften mit Warnfunktion dienen den Zielen lediglich einer Partei.[19] Die teleologische Reduktion ist nur dann gerechtfertigt, wenn Vollmacht oder Ermächtigung dem Gläubiger oder Hauptschuldner erteilt wird, nicht hingegen, wenn Vertreter oder Ermächtigter im Lager des Bürgen stehen.[20]

V. Vertiefungsfragen

1. Im Originalfall hatte die Klägerin vorgetragen, dass die Berufung des Beklagten auf eine etwaige Formnichtigkeit wegen Verstoßes gegen Treu und Glauben (§ 242 BGB) rechtsmissbräuchlich sei. Stimmen Sie dem zu? Wenn ja, aus welchen Gründen? Lesen Sie BGHZ 132, 119 (128 f.) = BGH NJW 1996, 1467 (1469) sowie Fall 17 – Edelmann.
2. Inwiefern unterscheidet sich die Ermächtigung zur Ergänzung einer Blankourkunde von der Botenschaft, inwiefern von der Stellvertretung? Lesen Sie dazu *Bork*, Rn. 1644 ff.
3. Wie wäre die Situation zu beurteilen, wenn einer der anderen Geschäftsführer das Formular vor Unterschrift des Beklagten komplett, aber abredewidrig ausgefüllt hätte? Könnte die Klägerin den Beklagten dann entsprechend dem Wortlaut der Urkunde in Anspruch nehmen? Lesen Sie *Bork*, Rn. 1650 f.; *Medicus/Petersen*, BGB AT, Rn. 913 ff.; *Neuner*, § 50 Rn. 103 f.
4. Wie wäre der Fall zu beurteilen, wenn der Beklagte alleiniger Geschäftsführer der Autovermietung gewesen wäre und nicht er, sondern seine vermögenslose Ehefrau, die über ein monatliches Bruttoeinkommen von 2.287 Euro verfügt, für ein Finanzierungsdarlehen zugunsten der GmbH eine selbstschuldnerische Bürgschaft in Höhe von 600.000 Euro übernommen hätte? Lesen Sie BGH NJW 1996, 513; *Musielak*, JA 2015, 161.
5. Die vorliegende Entscheidung des BGH stellte eine Kehrtwende dar: Die bis dahin ständige Rechtsprechung wurde aufgegeben. Wie wirkt sich eine solche Änderung der höchstrichterlichen Rechtsprechung auf bereits geschlossene Rechtsgeschäfte aus? Lesen Sie BGHZ 132, 119 (129 ff.) = BGH NJW 1996, 1467 (1469 f.).

---

19 *Fischer*, JuS 1998, 205 (207).
20 *Keim*, NJW 1996, 2774 (2775); MüKo-BGB/*Habersack*, § 766 Rn. 21; *Rösler*, NJW 1999, 1150 (1152).

Fall 19: Ohne Rechnung

Folgen eines Verstoßes gegen das Verbot der Schwarzarbeit
BGHZ 198, 141 = BGH NJW 2013, 3167

I. Sachverhalt[1]

392 Die Klägerin ist Eigentümerin eines Grundstücks. Sie vereinbarte mit dem Beklagten, dass dieser die 170 m² große Auffahrt auf dem Grundstück neu pflastern sollte. Das Material und die Geräte wurden von der Klägerin bereitgestellt. Die Parteien vereinbarten für die Arbeiten einen Werklohn in Höhe von 1.800 Euro und einigten sich darauf, dass die Bezahlung bar ohne Rechnung und ohne Abführung von Umsatzsteuer erfolgen solle. Der Beklagte führte die Arbeiten im Mai und Juni 2008 aus und erhielt dafür von der Klägerin den vereinbarten Betrag. Kurz danach traten Unebenheiten auf. Nacharbeiten des Beklagten hatten keinen Erfolg. Ein von der Klägerin eingeleitetes selbstständiges Beweisverfahren ergab, dass Ursache für die Unebenheiten eine von dem Beklagten zu dick ausgeführte Sandschicht unterhalb der Pflastersteine war. Zur Beseitigung sind voraussichtlich Aufwendungen in Höhe von 6.069 Euro notwendig. Die Klägerin verlangt für die Mängelbeseitigungskosten einen Vorschuss und die Feststellung der Ersatzpflicht des Beklagten für einen weitergehenden Schaden.

II. Zentrale Probleme

393 Die von der Klägerin geltend gemachten Ansprüche auf Vorschuss für die Mängelbeseitigungskosten (§§ 634 Nr. 2, 637 Abs. 2 BGB) sowie auf mangelbedingten Schadensersatz (§§ 634 Nr. 4, 280 Abs. 1, 281 BGB) setzen das Bestehen eines wirksamen Werkvertrags voraus. Der vorliegende Vertrag könnte jedoch gemäß § 134 BGB nichtig sein, da die Parteien eine „Ohne-Rechnung-Abrede" getroffen haben.

394 Wie solche Verträge, bei denen ein Vertragspartner die erhaltene Vergütung nicht versteuern möchte und die andere Seite durch einen günstigeren Preis profitiert, zivilrechtlich zu behandeln sind, ist umstritten. Ausgangspunkt im vorliegenden Fall ist § 1 Abs. 2 Nr. 2 SchwarzArbG. Danach leistet derjenige Schwarzarbeit, der Werkleistungen oder Dienstleistungen erbringt oder erbringen lässt und dabei als Steuerpflichtiger seine sich aufgrund der Dienst- oder Werkleistungen ergebenden steuerlichen Pflichten nicht erfüllt. Da diese Regelung aber unmittelbar nur den zur Entrichtung der Umsatzsteuer verpflichteten Werkunternehmer erfasst und das SchwarzArbG zudem kein ausdrückliches Verbot der Schwarzarbeit ausspricht, ist fraglich, ob die Vorschrift überhaupt ein Verbotsgesetz iSv § 134 BGB darstellt. Zum anderen ist problematisch, ob sich auf die Nichtigkeit auch der Werkunternehmer berufen kann, der die Werkleistung bereits erbracht und vergütet bekommen hat und sich so seiner Gewährleistungspflicht entziehen kann.

III. Die Entscheidung des BGH

395 Obwohl das SchwarzArbG von 2004 keine ausdrücklichen Verbotstatbestände enthält und auch die Ordnungswidrigkeitstatbestände in § 8 SchwarzArbG den in § 1 Abs. 2

---

1 Vereinfachte Version des Original-Sachverhalts.

III. Die Entscheidung des BGH

Nr. 2 SchwarzArbG geregelten Fall nicht erfassen, qualifiziert der BGH die Regelung im Hinblick auf den vom Gesetzgeber verfolgten Zweck als Verbotsgesetz:

▶ [17] [...] Dieses Gesetz dient ausweislich § 1 Abs. 1 SchwarzArbG der Intensivierung der Bekämpfung der Schwarzarbeit. Schon daraus ergibt sich, dass die Novellierung des Vorgängergesetzes ausschließlich eine Verschärfung der gesetzlichen Maßnahmen zur Bekämpfung der Schwarzarbeit bewirken sollte. Nachdem zu diesem Zeitpunkt nach der Rechtsprechung des BGH in Übereinstimmung mit der ganz herrschenden Meinung schon die frühere Fassung des Gesetzes zur Bekämpfung der Schwarzarbeit erforderte, dass Verträge, die den Ordnungswidrigkeitstatbeständen zugrunde lagen, bei bestimmter Beteiligung beider Vertragspartner nichtig waren, gibt es keinen Anhaltspunkt dafür, dass diese Rechtsfolge nunmehr mit dem neuen Gesetz nicht mehr eintreten sollte. Auch das Schwarzarbeitsbekämpfungsgesetz ist Verbotsgesetz. Es will nicht nur den tatsächlichen Vorgang der Schwarzarbeit eindämmen, sondern im Interesse der wirtschaftlichen Ordnung den zugrunde liegenden Rechtsgeschäften die rechtliche Wirkung nehmen.

[18] Deshalb ist es unschädlich, dass auch das Schwarzarbeitsbekämpfungsgesetz keine ausdrücklichen Verbote enthält. Es definiert erstmals den Begriff der Schwarzarbeit (§ 1 Abs. 2 SchwarzArbG) und übernimmt aus dem bisherigen Gesetz bestimmte Ordnungswidrigkeitstatbestände (§ 8 SchwarzArbG). Die klare Beschreibung des Schwarzarbeitsbegriffs sollte mit dazu beitragen, das Unrechtsbewusstsein in der Bevölkerung zu stärken und damit präventiv der Schwarzarbeit entgegenzuwirken (BT-Drs. 15/2573, S. 18). [...]

[20] [...] Der Gesetzgeber hat den Tatbestand der Verletzung steuerlicher Pflichten ausdrücklich zur Beschreibung einer Form der Schwarzarbeit eingeführt, weil diese in Zusammenhang mit Schwarzarbeit regelmäßig in der Absicht verletzt werden, Steuern zu hinterziehen (BT-Drs. 15/2573, S. 19). Mit der Regelung wurde bewusst auch der Auftraggeber erfasst, der die Schwarzarbeit erst ermöglicht oder unterstützt, da ohne ihn die Schwarzarbeit gar nicht vorkommen würde (BT-Drs. 15/2573, S. 18). Auch dieser neue Tatbestand stellt ein Verbotsgesetz dar. ◀

Ob auch der Besteller mit der Beauftragung des Werkunternehmers unter Verzicht auf eine Rechnung gegen dieses Verbot verstößt, lässt der BGH dabei ausdrücklich offen. Denn auch ohne einen solchen Verstoß führe das Verhalten der Klägerin zusammen mit dem Verstoß des Beklagten zur Nichtigkeit des Werkvertrags:

▶ [23] Das ergibt sich bereits aus der bisherigen Rechtsprechung des Senats, nach der es für die Annahme einer Nichtigkeit ausreichen kann, dass der Besteller den Gesetzesverstoß des Unternehmers kennt und diesen bewusst zum eigenen Vorteil ausnutzt. Nach der Neufassung des Gesetzes zur Bekämpfung der Schwarzarbeit reicht eine solche Beteiligung des Bestellers jedenfalls in den Fällen aus, eine Nichtigkeit eines zugrunde liegenden Werkvertrags herbeizuführen, in denen der Unternehmer seine Pflicht zur Erteilung einer Rechnung verletzt und der Besteller dies bewusst zu seinem Vorteil ausnutzt.

[24] Denn der Gesetzgeber hat zusammen mit der Neufassung des Gesetzes gegen Schwarzarbeit zugleich das Umsatzsteuergesetz geändert, um die Pflichten zur Rechnungserteilung und -aufbewahrung zu erweitern und umfassender zu sanktionieren. Er hat hierfür gerade deshalb eine Notwendigkeit gesehen, weil nur so das Ziel, die Form der Schwarzarbeit in Gestalt von „Ohne-Rechnung-Geschäften" wirkungsvoll zu bekämpfen, erreicht werden könne (BT-Drs. 15/2573, S. 34). Ziel war es, die „Ohne-Rechnung-Geschäfte" zu verhindern. [...]

[25] Das zeigt, dass unabhängig von ihrer systematischen Einordnung in das Umsatzsteuergesetz auch diese Gesetzesänderungen nicht isoliert der Steuererhebung dienen sollten,

sondern in erster Linie veranlasst waren, um zusammen mit der Schaffung des neuen Schwarzarbeitsbekämpfungsgesetzes diese vom Gesetzgeber missbilligte Form von Rechtsgeschäften ganz zu verhindern. Adressat war dabei ausdrücklich auch der Besteller. Dem entspricht es, die Nichtigkeitsfolge aus dem Schwarzarbeitsbekämpfungsgesetz schon dann eintreten zu lassen, wenn der Besteller von den entsprechenden Verstößen des Unternehmers weiß und sie bewusst zu seinem Vorteil ausnutzt.

[26] So liegt der Fall hier. Die Verstöße gegen die steuerlichen Vorschriften erfolgten vorsätzlich. Sie waren ausdrücklich vereinbart. Die Klägerin ersparte auf diese Weise einen Teil des Werklohns jedenfalls in Höhe der anfallenden Umsatzsteuer. ◀

397 Aus der Nichtigkeit des Vertrags leitet der BGH schließlich ab, dass der Klägerin auch keine Gewährleistungsansprüche zustehen. Auf die Nichtigkeit kann sich also auch der Unternehmer berufen. Eine Korrektur dieses Ergebnisses nach den Grundsätzen von Treu und Glauben hält das Gericht nicht für geboten:

▶ [29] [...] Die Schaffung des Schwarzarbeitstatbestands des § 1 Abs. 2 Nr. 2 SchwarzArbG führt wie dargelegt dazu, dass die Verstöße gegen steuerrechtliche Pflichten bereits ohne Weiteres zur Nichtigkeit des gesamten zugrunde liegenden Werkvertrags führen. Eine isolierte Prüfung nur der Ohne-Rechnung-Abrede erfolgt nicht.

[30] Eine nach § 134 BGB im öffentlichen Interesse und zum Schutz des allgemeinen Rechtsverkehrs angeordnete Nichtigkeit kann – anders als die Nichtigkeitsfolge aus § 139 BGB – allenfalls in ganz engen Grenzen durch eine Berufung auf Treu und Glauben überwunden werden. Hierfür reicht es jedenfalls nicht aus, dass ein widersprüchliches Verhalten des Unternehmers darin liegt, dass er bei einem Bauvertrag die von ihm geschuldeten Bauleistungen regelmäßig an dem Grundstück des Bestellers erbringt und er sich bei der Inanspruchnahme wegen Mängeln anschließend auf die Nichtigkeit des Bauvertrags beruft, obwohl der Besteller wegen der Schwierigkeiten einer Rückabwicklung das Werk typischerweise behalten wird. Vielmehr bleibt es bei dem Grundsatz, dass wegen der Nichtigkeit des Vertrags Mängelansprüche von vornherein nicht gegeben sind. Die im besonderen Maße von den Grundsätzen von Treu und Glauben beeinflussten Ansprüche aus ungerechtfertigter Bereicherung (§§ 812 ff. BGB) sind regelmäßig geeignet, unerträgliche Ergebnisse auch in den Fällen zu verhindern, in denen die aufgrund eines nichtigen Werkvertrags erbrachten Leistungen mangelhaft sind. ◀

IV. Rechtliche Einordnung

398 1. Die Rechtsprechung zu den zivilrechtlichen Folgen einer sogenannten Ohne-Rechnung-Abrede hat eine wechselvolle Geschichte.[2]

399 a) Ursprünglich ging die Rechtsprechung davon aus, dass sich die Nichtigkeit gemäß § 134 BGB nur auf die Ohne-Rechnung-Abrede bezieht. Verboten sei nämlich nicht die Leistung, sondern nur die Abrede, die Leistung ohne Rechnung zu erbringen. Im Übrigen sei der Vertrag wirksam.[3] Später hat der BGH jedoch betont, dass die Gesamtnichtigkeit entsprechend der dispositiven Regelung in § 139 BGB nur dann nicht eintrete, wenn angenommen werden könne, dass der Vertrag ohne die Ohne-Rechnung-Abrede mit derselben Vergütungsregelung geschlossen worden wäre.[4] Auch wenn die Nichtigkeit der Ohne-Rechnung-Abrede zur Gesamtnichtigkeit des Vertrags

---

2 Siehe den Überblick von *Voit*, NJW 2017, 3093.
3 BGH NJW-RR 2001, 380 (381).
4 BGHZ 176, 198 Rn. 10, 14 = BGH NJW-RR 2008, 1050.

führe, gelte aber: Der Unternehmer handelt treuwidrig gemäß § 242 BGB, wenn er sich gegenüber den Mängelansprüchen des Bestellers auf die Nichtigkeit beruft.[5] Im Ergebnis gestand der BGH dem Besteller daher trotz Nichtigkeit des Vertrags die vollen Gewährleistungsrechte zu.

b) Das Schrifttum hat sich dagegen überwiegend für einen Ausschluss auch der Mängelgewährleistungsrechte ausgesprochen.[6] Der Besteller habe selbst Vorteile aus dem Gesetzesverstoß des Unternehmers gezogen und gegebenenfalls selbst gegen gesetzliche Gebote verstoßen, indem er sich auf die Abrede einließ. Er sei darum nicht schutzwürdig. Da er bei der Vergütungshöhe einen Nachlass bekomme, bestehe zudem ein verfehlter Anreiz für den Abschluss eines solchen Vertrags.[7]

c) Mit dem vorliegenden Urteil gibt der BGH seine frühere Rechtsprechung auf und versagt dem Besteller (auch) die Mängelansprüche.[8] Der BGH geht nunmehr davon aus, dass § 134 BGB nicht nur die „Ohne-Rechnung-Abrede" selbst betreffe, sondern zur Gesamtnichtigkeit des Vertrags führe (Rn. 29 des Urteils). Das gilt nach einer neueren Entscheidung selbst dann, wenn sich die Absicht der Steuerhinterziehung nur auf einen Teil des Werklohns bezieht.[9] Zur Begründung beruft sich der BGH darauf, dass sich die Neufassung des SchwarzArbG nun ausdrücklich auch gegen die „Ohne-Rechnung-Geschäfte" richte und auch der Besteller ausdrücklich Adressat der Gesetzesänderung gewesen sei (Rn. 24 f. des Urteils). Diese Begründung ist auch entscheidend für die Ablehnung von Mängelgewährleistungsansprüchen des Bestellers: Da die Frage, ob sich der Unternehmer mit der Berufung auf die Nichtigkeit des Vertrags treuwidrig verhalte, an § 134 und nicht an § 139 BGB zu messen sei, bleibe es bei dem Grundsatz, dass die Nichtigkeit des Vertrags auch Mängelansprüche ausschließe (Rn. 30 des Urteils).

2. Für den Werkunternehmer folgt aus der Nichtigkeit des Vertrags, dass er auch nach Herstellung des versprochenen Werkes keinen Anspruch auf den vereinbarten Werklohn hat. Da er eine Leistung aufgrund eines nichtigen Vertrags und damit rechtsgrundlos erbracht hat, hat er aber gemäß § 812 Abs. 1 S. 1 Var. 1 BGB dem Grunde nach Anspruch auf Herausgabe dessen, was der Besteller aus der Werkleistung erlangt hat. Die Werkleistung als solche kann nicht herausgegeben werden. Der Anspruch richtet sich daher gemäß § 818 Abs. 2 BGB auf Wertersatz in Höhe des marktüblichen Werklohns abzüglich eines Abschlags wegen der mit der Schwarzarbeit verbundenen Risiken. Umstritten war jedoch bislang, ob der Anspruch an § 817 S. 2 BGB scheitert, der bei einem beiderseitigen Gesetzesverstoß bereicherungsrechtliche Herausgabeansprüche ausschließt:

a) Die Rechtsprechung hatte eine Anwendung des § 817 S. 2 BGB bei einem beiderseitigen Verstoß gegen das Verbot der Schwarzarbeit ursprünglich aus Billigkeitserwägungen ausgeschlossen. Dass der Besteller von Schwarzarbeit die Leistung auf Kosten des vorleistenden Schwarzarbeiters als „wirtschaftlich schwächerem" Teil unentgeltlich solle behalten dürfen, sei zur Durchsetzung der Ziele des Gesetzes nicht unabweisbar geboten. Vielmehr entfalte bereits der Ausschluss vertraglicher Ansprüche verbunden mit der Gefahr einer Strafverfolgung und der Nachzahlung von Steuern und Sozialab-

---

[5] BGHZ 176, 198 Rn. 15 bis 17 = BGH NJW-RR 2008, 1050.
[6] Siehe nur *Stamm*, NZBau 2009, 78 ff.; *Bitter/Röder*, § 6 Rn. 31c; *Leenen/Häublein*, § 9 Rn. 212.
[7] *Medicus/Petersen*, BGB AT, Rn. 651.
[8] Bestätigt durch BGHZ 206, 69 Rn. 11 = BGH NJW 2015, 1406.
[9] BGHZ 201, 1 Rn. 13 = BGH NJW 2014, 1805.

gaben bei Bekanntwerden der Schwarzarbeit die vom Gesetzgeber gewünschte generalpräventive Wirkung.¹⁰ Auch im vorliegenden Urteil (Rn. 30) geht der BGH noch davon aus, dass Ansprüche aus ungerechtfertigter Bereicherung gegeben sind.

404 b) Die Nichtanwendung von § 817 S. 2 BGB ist im Schrifttum auf Kritik gestoßen. Der Vorschrift werde zu Unrecht der Charakter einer „systemwidrigen Ausnahmevorschrift" zugeschrieben. Vielmehr könnte das Zivilrecht einen noch effektiveren Beitrag zur Bekämpfung der Schwarzarbeit leisten, wenn dem Unternehmer auch bereicherungsrechtliche Gegenleistungsansprüche für seine Tätigkeit versagt blieben.¹¹

405 c) Dem hat sich inzwischen auch der BGH angeschlossen und seine frühere Rechtsprechung, die auch im vorliegenden Urteil (Rn. 30) noch anklingt, ausdrücklich aufgegeben. Wer bewusst das im SchwarzArbG enthaltene Verbot missachtet, solle nach der Intention des Gesetzgebers schutzlos bleiben und veranlasst werden, das verbotene Geschäft nicht abzuschließen. Die Annahme, dass schon der Ausschluss vertraglicher Ansprüche die vom Gesetzgeber gewünschte generalpräventive Wirkung entfalte, habe sich nicht bewahrheitet.¹² Wenn nachträglich ein Mangel des Werkes auftreten würde, hätte die Zubilligung eines Bereicherungsanspruches sogar zur Folge, dass der Schwarzarbeiter besser gestellt wäre als ein gesetzestreuer Unternehmer: Denn dem Besteller stehen nach der neueren Rechtsprechung keine Mängelgewährleistungsansprüche zu, die er einem Bereicherungsanspruch des Unternehmers entgegenhalten könnte.¹³ Im Ergebnis können damit weder der Besteller noch der Unternehmer aus dem nichtigen Vertrag bereicherungsrechtliche Ansprüche herleiten.¹⁴

406 3. Auch für andere Fälle verbotswidrigen Handelns gilt, dass grundsätzlich nur ein beiderseitiger Gesetzesverstoß die Nichtigkeit des Vertrags gemäß § 134 BGB zur Folge hat. Dem steht der Fall gleich, dass der eine Teil den Gesetzesverstoß des anderen Vertragspartners kennt und den Verstoß bewusst zum eigenen Vorteil ausnutzt. Lediglich in besonderen Fällen kann sich die Unwirksamkeit auch aus einer einseitigen Gesetzesübertretung ergeben. Dies gilt dann, falls der Zweck des Verbotsgesetzes anders nicht zu erreichen ist und die rechtsgeschäftlich getroffene Regelung nicht hingenommen werden darf. Andernfalls gebieten es nach herrschender Meinung gerade die Interessen des gesetzestreuen Auftraggebers, ihm seine Erfüllungs- und Gewährleistungsansprüche zu belassen und ihn nicht auf unzureichende Ersatzansprüche zu verweisen. Das ist etwa der Fall, wenn lediglich der Werkunternehmer gegen das Verbot der Schwarzarbeit verstößt (zum Beispiel gegen § 1 Abs. 2 Nr. 4 oder 5 SchwarzArbG) und der Besteller keine Kenntnis von dem Gesetzesverstoß hat.¹⁵ Nach der Gegenauffassung tritt dagegen eine „halbseitige Teilnichtigkeit" ein: Der Auftraggeber behält seine vertraglichen Rechte, der Auftragnehmer hingegen ist auf Bereicherungsansprüche beschränkt und verliert auch diese nach § 817 S. 2 BGB, wenn er den Gesetzesverstoß wissentlich begangen hat.¹⁶

---

10 BGHZ 111, 308 (313) = BGH NJW 1990, 2542 (2543).
11 *Lorenz*, NJW 2013, 3132 (3135); *Leenen/Häublein*, § 9 Rn. 212; *Medicus/Petersen*, BGB AT, Rn. 659.
12 BGHZ 201, 1 Rn. 25 = BGH NJW 2014, 1805.
13 BGHZ 201, 1 Rn. 28 = BGH NJW 2014, 1805.
14 BGHZ 206, 69 Rn. 17 = BGH NJW 2015, 2406.
15 BGHZ 89, 369 (373) = BGH NJW 1984, 1175 (1176); BGH NJW 1985, 2403 (2404); *Köhler*, JZ 1990, 466 (468).
16 So *Canaris*, NJW 1985, 2404 f.

V. Vertiefungsfragen

1. Der BGH stützt seine Kehrtwende auf die Einbeziehung von Steuervergehen in das Schwarzarbeitsbekämpfungsgesetz (SchwarzArbG). Überzeugt Sie diese Argumentation? Warum betont der BGH diesen argumentativen Ansatzpunkt für die Neubewertung der Ohne-Rechnung-Abrede? Lesen Sie *Voit*, NJW 2017, 3093; *Lorenz*, NJW 2013, 3132 (3134).

2. Wie wäre der Fall zu beurteilen, wenn sich die Parteien erst nach Vertragsschluss darauf geeinigt hätten, den geschuldeten Werklohn gegen Verzicht auf eine Rechnung zu mindern? Siehe dazu BGHZ 214, 228 Rn. 17 ff. = BGH NJW 2017, 1808 mwN.

3. Kommt statt einem Bereicherungsanspruch des Unternehmers auch ein Aufwendungsersatzanspruch unter dem Gesichtspunkt einer berechtigten Geschäftsführung ohne Auftrag gemäß §§ 677, 683 S. 1 iVm § 670 BGB in Betracht? Wie verhalten sich diese Rechtsinstitute zueinander? Lesen Sie *Lorenz*, NJW 1996, 883.

4. Angenommen, der Handwerker beschädigt das Tor zur Einfahrt, während er die Bauarbeiten für den Auftraggeber verrichtet: Kann der Auftraggeber nach § 823 Abs. 1 BGB Schadensersatz verlangen? Lesen Sie *Bülte/Meier*, VuR 2018, 128; *Lorenz*, NJW 2013, 3132.

Fall 20: Eigentumswohnung

Heilung eines sittenwidrigen Geschäfts
BGH NJW 2012, 1570

I. Sachverhalt[1]

408 Mit notariellem Vertrag vom 3.7.2004 verkaufte die Beklagte der Klägerin eine vermietete Eigentumswohnung in Krefeld zum Preis von 54.000 Euro. Unmittelbar nach dem Notartermin wurde der Kaufpreis mündlich auf 43.000 Euro reduziert, weil die Klägerin nicht zuvor, wie verabredet, die Wohnung vor Ort hatte besichtigen können. Tatsächlich betrug der Wert der verkauften Wohnung im Zeitpunkt des Verkaufs lediglich 25.000 Euro. Im August 2004 wurde die Klägerin in das Grundbuch eingetragen. Unter Berufung auf die Sittenwidrigkeit des Vertrags verlangt sie von der Beklagten die Rückzahlung der gezahlten 43.000 Euro.

II. Zentrale Probleme

409 Die Klägerin hat einen Rückzahlungsanspruch gemäß § 812 Abs. 1 S. 1 Var. 1 BGB, wenn der mit der Beklagten geschlossene Kaufvertrag wegen des überhöhten Kaufpreises sittenwidrig und damit gemäß § 138 Abs. 1 BGB nichtig ist. Anhaltspunkte dafür, dass der Wuchertatbestand des § 138 Abs. 2 BGB erfüllt ist, liegen zwar nicht vor. Nach der Rechtsprechung des BGH kann ein Vertrag aber, auch wenn die Voraussetzungen von § 138 Abs. 2 BGB nicht vorliegen, als „wucherähnliches Rechtsgeschäft" nach § 138 Abs. 1 BGB sittenwidrig sein. Voraussetzung ist, dass zwischen Leistung und Gegenleistung objektiv ein auffälliges Missverhältnis besteht und mindestens ein weiterer Umstand hinzukommt, der den Vertrag als sittenwidrig erscheinen lässt.[2] Dies ist insbesondere der Fall, wenn eine verwerfliche Gesinnung des Begünstigten hervorgetreten ist, weil er etwa die wirtschaftlich schwächere Position des anderen Teils bewusst zu seinem Vorteil ausgenutzt oder sich zumindest leichtfertig der Erkenntnis verschlossen hat, dass sich der andere nur unter dem Zwang der Verhältnisse auf den für ihn ungünstigen Vertrag eingelassen hat. Ein besonders grobes Missverhältnis zwischen Leistung und Gegenleistung begründet dabei nach herrschender Meinung die tatsächliche Vermutung einer verwerflichen Gesinnung des begünstigten Vertragsteils. Von einem solchermaßen groben Missverhältnis wird bei Grundstücksgeschäften dann ausgegangen, wenn der Wert der Leistung knapp doppelt so hoch ist wie der Wert der Gegenleistung. Das ist hier nur in Bezug auf den ursprünglich vereinbarten Kaufpreis der Fall, nicht aber hinsichtlich des verminderten Kaufpreises in Höhe von 43.000 Euro. Fraglich ist daher, auf welchen Zeitpunkt für die Feststellung der Sittenwidrigkeit abzustellen ist und ob ein ursprünglich sittenwidriges Rechtsgeschäft gegebenenfalls durch eine nachträgliche Änderung geheilt werden kann.

III. Die Entscheidung des BGH

410 Der BGH geht davon aus, dass hinsichtlich des ursprünglich vereinbarten Kaufpreises ein grobes Äquivalenzmissverhältnis vorliegt und die dadurch begründete tatsächliche

---

[1] Vereinfachte Version des Original-Sachverhalts.
[2] BGHZ 80, 153 (156) = BGH NJW 1981, 1206 (1207); BGHZ 98, 174 (178) = BGH NJW 1986, 2564 (2565); BGH NJW 2002, 55 (56 f.).

III. Die Entscheidung des BGH

Vermutung einer verwerflichen Gesinnung der Beklagten auch nicht im Einzelfall durch besondere Umstände erschüttert ist:

▶ [11] [...] Den Hinweis der Beklagten auf die Belastung der verkauften Wohnung mit einer Grundschuld von 78.000 Euro hat das Berufungsgericht rechtsfehlerfrei als unerheblich angesehen, da sie über den Wert der Wohnung unmittelbar nichts besagt und bei einem Verkauf durch ein im Immobiliengewerbe tätiges Unternehmen in der Regel davon auszugehen ist, dass dieses den Wert der von ihnen veräußerten Grundstücke und Wohnungen zumindest erkennen kann. [...] ◀

Das Berufungsgericht hat allerdings angenommen, eine Ermäßigung des Kaufpreises unmittelbar nach Vertragsschluss sei schon deshalb unerheblich, weil die Sittenwidrigkeit eines Vertrags nicht dadurch beseitigt werden könne, dass der sich sittenwidrig Verhaltende die überhöhte Leistung nachträglich reduziere. Das beurteilt der BGH anders:

▶ [13] Richtig an dieser Begründung ist nur der Ausgangspunkt, dass es in zeitlicher Hinsicht grundsätzlich darauf ankommt, ob das zu beurteilende Rechtsgeschäft bei seiner Vornahme sittenwidrig war. Für die Feststellung eines besonders groben Missverhältnisses von Leistung und Gegenleistung und die daran anknüpfende Schlussfolgerung einer verwerflichen Gesinnung sind die objektiven Werte der auszutauschenden Leistungen im Zeitpunkt des Vertragsschlusses maßgebend und nachträgliche Veränderungen grundsätzlich ohne Bedeutung.

[14] Von nachfolgenden Änderungen der Umstände zu unterscheiden sind jedoch Änderungen des Rechtsgeschäfts selbst. Diese sind bei der Prüfung der Sittenwidrigkeit eines Vertrags zu beachten. Vereinbarungen, mit denen die Parteien die im Ursprungsvertrag vereinbarten Hauptleistungen (über den Kaufgegenstand oder den Preis) ändern, müssen bei der Prüfung, ob das Rechtsgeschäft wegen eines auffälligen Missverhältnisses von Leistung und Gegenleistung nach § 138 BGB nichtig ist, grundsätzlich berücksichtigt werden. Die Nichtigkeit des Vereinbarten bestimmt sich nach dem, was die Parteien vertraglich sich einander zu gewähren versprochen haben. Ändern die Parteien das vertragliche Leistungssoll, so verändern sie damit auch die Grundlage für die Beurteilung des Rechtsgeschäfts am Maßstab des § 138 BGB. ◀

Im Ergebnis verneint der BGH aber eine wirksame Änderung des zwischen den Parteien geschlossenen Vertrags:

▶ [17] Die Änderung einer Preisabrede allein kann nicht zur Wirksamkeit eines nichtigen Kaufvertrags führen. Dem stehen die gesetzlichen Voraussetzungen entgegen, unter denen ein nichtiges Rechtsgeschäft von den Parteien in Kraft gesetzt werden kann. [...] Die durch ein Gesetz angeordnete Nichtigkeit des Rechtsgeschäfts ist – sofern nicht (wie in § 311b Abs. 1 S. 2 BGB) etwas anderes bestimmt ist – endgültig. Das insgesamt nichtige Rechtsgeschäft kann nicht geheilt werden; dazu bedarf es einer Neuvornahme oder einer Bestätigung nach § 141 Abs. 1 BGB, die als eine erneute Vornahme zu beurteilen ist.

[18] Die Unheilbarkeit des nach § 138 BGB nichtigen Rechtsgeschäfts führt allerdings dazu, dass dessen Änderung auch dann nicht die von den Parteien gewollten Rechtsfolgen herbeizuführen vermag, wenn es mit dem veränderten Inhalt unbedenklich und daher gültig gewesen wäre, wenn es von Anfang an so vereinbart worden wäre. Das ist die Folge der im Gesetzgebungsverfahren getroffenen Entscheidung, dem nichtigen Rechtsgeschäft jede rechtliche Wirkung zu versagen und dessen Heilung (auch durch Änderungen oder Ergänzungen) auszuschließen. Das unwirksame Rechtsgeschäft kann von den Parteien nicht

geändert oder ergänzt, sondern nur unter Änderungen oder Ergänzungen in Kraft gesetzt werden. Um einem nichtigen Vertrag Rechtswirksamkeit zu verschaffen, müssen sich die Parteien nicht nur über die zur Beseitigung des Nichtigkeitsgrunds erforderlichen Änderungen oder Ergänzungen verständigen, sondern das Geschäft nach § 141 Abs. 1 BGB bestätigen oder insgesamt neu abschließen. Soweit sich aus dem Senatsurteil vom 26.1.2001[3] etwas anderes ergibt, hält der Senat daran nicht fest. ◂

413 Eine Bestätigung des Vertrags iSv § 141 Abs. 1 BGB setzt voraus, dass die Vertragsparteien den Grund der Nichtigkeit kennen oder zumindest Zweifel an dessen Rechtsbeständigkeit haben. Das war bei der rechtsunkundigen Klägerin ersichtlich nicht der Fall. Da sich die Änderung des Vertrags darauf beschränkte, den Kaufpreis auf 80 % des im Notarvertrag vereinbarten Betrags zu ermäßigen, sieht der BGH hierin auch keinen erneuten Abschluss des Kaufvertrags.

IV. Rechtliche Einordnung

414 1. Die Generalklausel des § 138 Abs. 1 BGB hat die Rechtsprechung durch die Bildung von Fallgruppen konkretisiert. Die in der Praxis wichtigsten Fallgruppen betreffen sittenwidriges Verhalten gegenüber dem Geschäftspartner.[4] Ein Anwendungsfall hierfür ist auch das in § 138 Abs. 2 BGB gesetzlich geregelte wucherische Rechtsgeschäft. Ein auffälliges Missverhältnis zwischen Leistung und Gegenleistung reicht danach nicht aus, um die Sittenwidrigkeit eines Austauschgeschäfts zu begründen. Vielmehr muss objektiv hinzukommen, dass eine Partei dieses Missverhältnis aufgrund einer Zwangslage, von Unerfahrenheit, Mangel an Urteilsvermögen oder erheblicher Willensschwäche in Kauf nimmt, und subjektiv, dass der Wucherer diesen Umstand ausbeutet.

415 Da es an einer solchen Ausbeutung in der Praxis häufig fehlen wird, hat die Rechtsprechung das „wucherähnliche" Rechtsgeschäft entwickelt. Anstelle einer Ausbeutung iSv § 138 Abs. 2 BGB müssen hier andere, die Sittenwidrigkeit begründende Umstände vorliegen, insbesondere eine verwerfliche Gesinnung des begünstigten Vertragspartners.[5] Wie die vorliegende Entscheidung zeigt, sind die vom BGH gestellten Anforderungen an eine verwerfliche Gesinnung nicht sonderlich hoch. So rechtfertigt schon das Vorliegen eines besonders groben Missverhältnisses den Schluss auf eine verwerfliche Gesinnung, sofern der Marktwert für den Begünstigten erkennbar ist. Das nimmt der BGH bei Grundstücksverkäufen durch ein im Immobiliengewerbe tätiges Unternehmen – ebenso wie bei Darlehensverträgen von Kreditbanken mit Privatpersonen – regelmäßig an, so auch in diesem Fall (Rn. 11 des Urteils).

416 2. Die Besonderheit im vorliegenden Fall besteht darin, dass die Parteien den Kaufpreis nachträglich so reduziert haben, dass allein das Missverhältnis von Leistung und Gegenleistung die Annahme einer verwerflichen Gesinnung der Beklagten und damit eines wucherähnlichen Geschäfts nicht mehr rechtfertigt. Dafür ist nach ständiger Rechtsprechung bei Verträgen über Grundstücke (oder vergleichbar wertvolle Gegenstände[6]) nämlich erforderlich, dass der Wert der Leistung „knapp doppelt so hoch" ist wie der Wert der Gegenleistung. Es kommt daher entscheidend darauf an, ob die

---

3 BGH-Report 2001, 448 (449) = BeckRS 2001, 02030.
4 Siehe den Überblick bei *Faust*, § 10 Rn. 3 ff.
5 Zu weiteren die Sittenwidrigkeit begründenden Umständen siehe *Bitter/Röder*, § 6 Rn. 41 ff. Vgl. dazu auch Fall 4 – Abbruchjäger (Rn. 91).
6 BGH NJW 2012, 2723 Rn. 17; außerdem bei Partnerschaftsvermittlungsverträgen: BGH NJW-RR 2017, 1261 Rn. 10; bei Darlehensverträgen: BGHZ 212, 329 Rn. 34 = BGH NJW 2017, 1018.

IV. Rechtliche Einordnung

Sittenwidrigkeit eines Rechtsgeschäfts *ex ante* bezogen auf den Zeitpunkt seiner Vornahme oder *ex post* zu beurteilen ist. Der BGH geht in der vorliegenden Entscheidung von dem Grundsatz aus, dass für die Beurteilung der Sittenwidrigkeit die Umstände im Zeitpunkt des Vertragsschlusses maßgeblich sind. Das entspricht dem in Art. 170 EGBGB zum Ausdruck kommenden Rechtsgedanken, dass Schuldverhältnisse nach der Zeit ihrer Entstehung zu beurteilen sind. Die Reichweite dieses Grundsatzes ist jedoch umstritten:

a) Ändern sich die tatsächlichen Verhältnisse, die zur Beurteilung des Geschäfts als sittenwidrig geführt haben, so ist nach allgemeiner Auffassung grundsätzlich auf die Verhältnisse im Zeitpunkt des Vertragsschlusses abzustellen. Nachträgliche Veränderungen sind daher unbeachtlich. Das gilt nicht nur für den hier gegebenen Fall, dass ein ursprünglich bestehendes Missverhältnis nachträglich zugunsten der benachteiligten Partei verändert wird. Umgekehrt wird ein ursprünglich wirksamer Vertrag auch nicht dadurch sittenwidrig, dass nachträglich durch Wertverlust oder Wertsteigerung ein Missverhältnis zwischen Leistung und Gegenleistung entsteht.[7] In diesem Fall kann aber gemäß § 313 BGB ein Anspruch auf Vertragsanpassung bestehen. — 417

Umstritten ist lediglich, ob dieser Grundsatz auch bei letztwilligen Verfügungen, insbesondere bei Testamenten, gilt. Die herrschende Meinung stellt auch hier auf die Verhältnisse im Zeitpunkt der Errichtung des Testaments ab.[8] Die Gegenauffassung will dagegen auf den Zeitpunkt des Erbfalls abstellen, weil die Wirkungen des Testaments erst dann eintreten sollen. Es bestehe kein anerkennenswertes Interesse daran, einem heute mit den guten Sitten zu vereinbarenden Testament nur deshalb die Wirksamkeit zu versagen, weil es im Zeitpunkt seiner Errichtung zum Beispiel nicht den damaligen, zwischenzeitlich längst überholten Moralvorstellungen entsprach.[9] — 418

b) Uneinheitlich beurteilt wird vor allem, ob der Zeitpunkt der Vornahme des Rechtsgeschäfts auch bei einem zwischenzeitlichen Wandel der zugrunde liegenden sittlichen Maßstäbe maßgeblich ist. Praktische Bedeutung hat das etwa für sogenannte „Geliebtentestamente". Diese wurden früher als sittenwidrig angesehen, wenn (oder weil unterstellt wurde, dass) der Erblasser die bedachte Person für die geschlechtliche Hingabe entlohnen oder zur Fortsetzung der sexuellen Beziehungen bestimmen oder diese festigen wollte.[10] Heute gelten solche Zuwendungen nicht zuletzt aufgrund der Wertungen von § 1 ProstG als sittlich unbedenklich.[11] Relevant ist die Frage nach dem maßgeblichen Beurteilungszeitpunkt darüber hinaus vor allem für langfristige Dauerschuldverhältnisse. So wurden Mietverträge mit unverheirateten Paaren noch bis in die 1970er Jahre hinein vielfach für anstößig gehalten.[12] — 419

---

[7] Anders wird dies teilweise bei Arbeitsverträgen beurteilt, bei denen stattdessen auf die Verhältnisse im streitgegenständlichen Zeitraum abgestellt wird, so BAG NZA 2009, 837 (837 f.); dagegen MüKo-BGB/*Armbrüster*, § 138 Rn. 260.

[8] BGHZ 20, 71 (73 f.) = BGH NJW 1956, 865.

[9] *Brox/Walker*, § 14 Rn. 14; BeckOK-BGB/*Wendtland*, Stand: 1.5.2022, § 138 Rn. 28; *Neuner*, § 46 Rn. 28.

[10] BGHZ 53, 369 (376 ff.) = BGH NJW 1970, 1273 (1275 f.) mwN. Später wurde die Sittenwidrigkeit auf Zuwendungen beschränkt, die „ausschließlich" durch sexuelle Motive bestimmt waren („Hergabe für die Hingabe"), vgl. BGH NJW 1984, 2150 (2151).

[11] MüKo-BGB/*Armbrüster*, § 138 Rn., 90; Staudinger/*Fischinger*, § 138 Rn. 693; BeckOK-BGB/*Wendtland*, Stand: 1.5.2022, § 138 Rn. 75: Die frühere Rechtsprechung sei „mittlerweile völlig überholt".

[12] OLG Hamm FamRZ 1977, 1363 (1364); AG Emden NJW 1975, 1363 (1364): Vermietung eines Doppelzimmers an ein unverheiratetes (aber verlobtes!) Paar; dagegen BGHZ 92, 213 (219 f.) = BGH NJW 1985, 130 (131) mwN.

419a Überwiegend werden insoweit dieselben Grundsätze angewandt wie bei einer nachträglichen Veränderung der tatsächlichen Umstände: Der ursprünglich sittenwidrige und damit nichtige Vertrag wird also nicht dadurch wirksam, dass sich die sittlichen Vorstellungen im Laufe der Zeit ändern. Eine vermittelnde Lösung stellt dagegen nur in Bezug auf die tatsächlichen Verhältnisse (zB die Wertrelation) auf den Zeitpunkt der Vornahme des Rechtsgeschäfts ab. Dagegen lässt sie bei einer Lockerung der sittlichen Maßstäbe ein Wirksamwerden des ursprünglich als sittenwidrig beurteilten Geschäfts zu, wenn dieses später gemäß § 141 Abs. 1 BGB bestätigt wird.[13] Umgekehrt könne sich bei einer Verschärfung der Wertungsmaßstäbe die Herleitung von Rechten aus einem ursprünglich nicht zu beanstandenden Geschäft als unzulässige Rechtsausübung gemäß § 242 BGB darstellen.[14] Diese Lösung erscheint gerade bei langfristigen Rechtsverhältnissen wie Mietverträgen vorzugswürdig, weil sie Wertungswidersprüche vermeidet: Wenn etwa in einem Mietshaus zwei Wohnungen an unverheiratete Paare vermietet sind, von denen das eine bereits seit 1965, das andere aber erst seit 1980 dort wohnt, könnte es sonst zu der Situation kommen, dass der erste Mietvertrag nichtig, der zweite aber wirksam ist, obwohl beide Mietverträge inhaltlich identisch sind.

420 3. Von einer derartigen Änderung der zugrunde liegenden Umstände zu unterscheiden ist eine nachträgliche Änderung des Rechtsgeschäfts selbst.

421 a) Eine solche Änderung des zu beurteilenden Rechtsgeschäfts will der BGH – anders als eine Änderung der tatsächlichen Verhältnisse oder der sittlichen Maßstäbe – bei der Beurteilung der Sittenwidrigkeit berücksichtigen. Die Hürden dafür sind jedoch hoch: Der BGH verlangt eine Neuvornahme des Geschäfts oder jedenfalls dessen Bestätigung gemäß § 141 Abs. 1 BGB. Erforderlich ist ein Bestätigungswille beider Parteien, der voraussetzt, dass sie die Nichtigkeit kennen oder zumindest Zweifel an der Rechtsbeständigkeit des Geschäfts haben. Das führt gerade bei Verträgen, die – wie im vorliegenden Fall – wegen Übervorteilung des Vertragspartners sittenwidrig sind, dazu, dass nachträgliche Änderungen regelmäßig unbeachtlich sein werden. Das Urteil der Sittenwidrigkeit beruht hier typischerweise gerade darauf, dass der Vertragspartner die Bedeutung des Rechtsgeschäfts nicht zutreffend einschätzt.

422 b) Im Ergebnis ist dem BGH beizupflichten. Ein nichtiges Rechtsgeschäft kann nicht automatisch dadurch wirksam werden, dass der Grund der Nichtigkeit nachträglich wegfällt. Missverständlich ist aber der Ausgangspunkt des BGH, dass Änderungen der vertraglich vereinbarten Hauptleistungspflichten die Grundlage der Beurteilung „des Rechtsgeschäfts" beträfen (Rn. 14 des Urteils). Dass die Parteien kraft ihrer Privatautonomie ein neues, als solches nicht sittenwidriges Rechtsgeschäft mit verändertem Inhalt vornehmen können, ist selbstverständlich. Maßgeblich ist dann aber allein die (fehlende) Sittenwidrigkeit des neu vorgenommenen Rechtsgeschäfts, für deren Beurteilung es auf den Zeitpunkt der Neuvornahme ankommt. An der Nichtigkeit des ursprünglich vorgenommenen Rechtsgeschäfts ändert sich dadurch nichts. Wird durch die Abänderung des ursprünglich sittenwidrigen Vertrags das Rechtsgeschäft lediglich bestätigt, so gilt letztlich nichts anderes: Eine Bestätigung des nichtigen Rechtsgeschäfts ist gemäß § 141 Abs. 1 BGB „als erneute Vornahme zu beurteilen". Sie führt daher ebenfalls nur zur Wirksamkeit des Rechtsgeschäfts *ex nunc*, wenn im

---

13 So MüKo-BGB/*Armbrüster*, § 138 Rn. 260 f.; ebenso für Testamente Grüneberg/*Ellenberger*, § 138 Rn. 9 f.; *Neuner*, § 46 Rn. 27; für ein Wirksamwerden ipso iure *Brox/Walker*, § 14 Rn. 14.
14 MüKo-BGB/*Armbrüster*, § 138 Rn. 262; Grüneberg/*Ellenberger*, § 138 Rn. 10.

V. Vertiefungsfragen

Zeitpunkt der Bestätigung der bestätigte (dh geänderte) Inhalt des Rechtsgeschäfts mit den guten Sitten vereinbar ist. Ein sittenwidriges und damit nichtiges Rechtsgeschäft kann aber auch durch eine Änderung niemals rückwirkend wirksam werden.

c) In einem früheren Urteil, auf das der BGH (in Rn. 18 des Urteils) verweist, hat das Gericht noch eine andere Auffassung vertreten: Wenn ein Kaufvertrag nachträglich geändert werde, sei der Zeitpunkt der Vertragsänderung für die Beurteilung der Sittenwidrigkeit maßgeblich. Daran hält der BGH nun ausdrücklich nicht mehr fest. Allerdings betraf die in Bezug genommene Rechtsprechung ohnehin den umgekehrten Fall, dass eine nachträgliche Änderungs- oder Zusatzvereinbarung (in jenem Fall: eine Erhöhung des Kaufpreises) ein ursprünglich nicht gegebenes Missverhältnis entstehen lässt.[15] In einem solchen Fall besteht aber keine Notwendigkeit, den geänderten Vertrag im Ganzen zu vernichten: Vielmehr wird man die Nichtigkeit auf die Änderungs- oder Zusatzvereinbarung beschränken müssen, so dass der Vertrag mit seinem ursprünglich vereinbarten Inhalt wirksam bleibt.

423

V. Vertiefungsfragen

1. Inwiefern unterscheidet sich eine „tatsächliche" Vermutung von einer gesetzlichen Vermutung iSv § 292 ZPO? Was ist Grundlage für die tatsächliche Vermutung einer verwerflichen Gesinnung im Rahmen von § 138 Abs. 1 BGB? Lesen Sie BGHZ 146, 298 = BGH NJW 2001, 1127 sowie BGH NJW 2010, 363 Rn. 11 ff.
2. Ist die von den Parteien nur mündlich getroffene Abrede, dass sie den Kaufpreis senken wollen, nicht ohnehin gemäß §§ 311b Abs. 1 S. 1, 125 Abs. 1 BGB formnichtig? Kommt es dafür darauf an, ob sich die Parteien vor oder nach Erklärung der Auflassung (§ 925 BGB) auf die Reduzierung des Kaufpreises verständigt haben? Lesen Sie BGH NJW 2018, 3523 Rn. 5 ff.
3. Worin liegt der Unterschied zwischen der Bestätigung eines nichtigen und der eines bloß anfechtbaren Rechtsgeschäfts (vgl. § 144 BGB)? Lesen Sie *Petersen*, Jura 2008, 666.
4. Wie sind Verträge zu beurteilen, die das Versprechen einer Leistung durch Gebrauch übernatürlicher, magischer Kräfte und Fähigkeiten zum Gegenstand haben – etwa das Versprechen, gegen Zahlung einer Vergütung durch „Kartenlegen" Auskunft über verborgene oder zukünftige Dinge sowie Ratschläge zu erhalten? Lesen Sie BGHZ 188, 71 = NJW 2011, 756 (insbesondere Rn. 21).

424

---

15 Unter Hinweis auf BGH WM 1977, 399; BGHZ 100, 353 (959) = BGH NJW 1987, 1878 (1879); ebenso bereits RGZ 86, 296 (299).

Fall 21: Malteser-Mischling

Hundehaltungsverbot in Mietvertrags-AGB
BGH NJW 2013, 1526

I. Sachverhalt

425 Der Beklagte ist Mieter einer Wohnung der Klägerin. Der Mietvertrag (MV) enthält in § 11 Abs. 3 lit. d folgende vorgedruckte Klausel: „Mit Rücksicht auf die Gesamtheit der Nutzer und im Interesse einer ordnungsmäßigen Bewirtschaftung des Gebäudes, des Grundstücks und der Wohnung bedarf das Mitglied der vorherigen Zustimmung der Genossenschaft, wenn es Tiere hält, soweit es sich nicht um übliche Kleintierhaltung handelt (zB Fische, Hamster, Vögel), es sei denn, in § 16 ist etwas anderes vereinbart." In § 16 Abs. 1 MV ist unter der Überschrift „Zusätzliche Vereinbarungen" folgende von der Klägerin bei Mietvertragsabschlüssen generell und üblicherweise verwendete Bestimmung aufgeführt: „Das Mitglied ist verpflichtet, keine Hunde und Katzen zu halten."

426 Die Familie des Beklagten hält einen kleinen Hund (Shi Tzu-Malteser-Mischling mit einer Schulterhöhe von 20 cm), der auf ärztliches Anraten für den Sohn des Beklagten angeschafft wurde. Diesen Umstand hatte der Beklagte vor Abschluss des Mietvertrags offenbart. Wie die Mitarbeiter der Klägerin auf diesen Hinweis reagierten, ist zwischen den Parteien streitig. Der Beklagte und seine Familie zogen mit dem Hund in die Mietwohnung ein. Störungen der Nachbarn gehen von dem Hund nicht aus. Nachdem die Klägerin davon erfahren hatte, dass der Beklagte in seiner Wohnung einen Hund hielt, forderte sie ihn auf, das Tier binnen vier Wochen abzuschaffen. Dem kam der Beklagte nicht nach. Die Klägerin verlangt vom Beklagten, dass er den Hund aus der Mietwohnung entfernt und dort künftig keine Hunde mehr hält.

II. Zentrale Probleme

427 Das Urteil betrifft mehrere zentrale Fragen zur wirksamen Vereinbarung Allgemeiner Geschäftsbedingungen (AGB). Ein Anspruch der Klägerin auf Beseitigung und Unterlassung der Hundehaltung kann sich nur aus der Bestimmung in § 16 Abs. 1 MV ergeben. Wenn es sich bei der Bestimmung um eine AGB handelt, muss die Klausel der Inhaltskontrolle nach §§ 307 bis 309 BGB standhalten. Problematisch ist die Wirksamkeit der Klausel, weil sie dem Wortlaut nach eine Hunde- und Katzenhaltung schlechthin ausschließt. Etwaige berechtigte Belange des Mieters an einer entsprechenden Tierhaltung bleiben unberücksichtigt. Es ist daher fraglich, ob die Klausel mit § 307 Abs. 1 S. 1 BGB (iVm § 307 Abs. 2 Nr. 1 BGB) vereinbar ist. Problematisch ist dabei vor allem, ob der Beklagte sich auf die Unwirksamkeit der Klausel berufen kann, obwohl er den Mietvertrag unterzeichnet hat, ohne auf eine Streichung der Klausel zu dringen. Gerade wenn man die Unwirksamkeit der Klausel gemäß § 307 Abs. 2 Nr. 1 BGB mit einer Abweichung vom gesetzlichen Leitbild des Mietvertrags begründet, stellt sich zudem die Frage, ob die Unwirksamkeit dazu führen kann, dass die Hunde- und Katzenhaltung generell erlaubt ist.

III. Die Entscheidung des BGH

Der BGH hält die Klausel gemäß § 307 Abs. 1 S. 1 BGB für unwirksam, weil sie den Beklagten unangemessen benachteilige. Dabei stützt sich das Gericht vor allem auf den Wortlaut von § 16 Abs. 1 MV, wonach die Haltung von Katzen und Hunden generell und ohne Einschränkung nicht zum vertragsgemäßen Gebrauch der Mietsache (§ 535 Abs. 1 BGB) gehören soll. Eine Katzen- und Hundehaltung werde damit ausnahmslos und ohne Rücksicht auf besondere Fallgestaltungen und Interessenlagen verboten. Bei Hunden und Katzen könne eine Beeinträchtigung der Mietsache oder eine Störung von Nachbarn zwar nicht generell ausgeschlossen werden. Dies berechtige den Vermieter aber nicht dazu, die Haltung von Hunden und Katzen im Wege eines formularmäßigen Generalverbots ohne Rücksicht auf besondere Umstände des Einzelfalls vollständig zu untersagen:

▶ [18] Eine unangemessene Benachteiligung des Beklagten iS von § 307 Abs. 1 S. 1 BGB liegt schon darin begründet, dass auch evident berechtigte Belange des Mieters an einer entsprechenden Tierhaltung in vollem Umfang ausgeblendet werden. Dem Mieter ist die Haltung von Hunden (und Katzen) selbst in besonderen Härtefällen (etwa bei einem Angewiesensein auf einen Blinden-, Behindertenbegleit- oder Therapiehund) untersagt. Weiter ergibt sich eine unangemessene Benachteiligung des Mieters auch daraus, dass das Hunde- und Katzenhaltungsverbot uneingeschränkt sogar in den Fällen gilt, in denen auf Seiten des Vermieters kein berechtigtes Interesse an einem solchen Verbot erkennbar ist, etwa weil von den gehaltenen Tieren keine Beeinträchtigungen der Mietsache und keine Störungen anderer Hausbewohner oder sonstiger Nachbarn ausgehen. ◀

Darüber hinaus begründet der BGH eine unangemessene Benachteiligung des Beklagten auch damit, dass das Verbot der Hunde- und Katzenhaltung dem wesentlichen Grundgedanken der Gebrauchsgewährungspflicht des Vermieters nach § 535 Abs. 1 BGB widerspreche (§ 307 Abs. 2 Nr. 1 BGB):

▶ [19] [...] Ob eine Tierhaltung zum vertragsgemäßen Gebrauch iS von § 535 Abs. 1 BGB gehört, erfordert eine umfassende Abwägung der Interessen des Vermieters und des Mieters sowie der weiteren Beteiligten. Diese Abwägung lässt sich nicht allgemein, sondern nur im Einzelfall vornehmen, weil die dabei zu berücksichtigenden Umstände so individuell und vielgestaltig sind, dass sich jede schematische Lösung verbietet. Zu berücksichtigen sind insbesondere Art, Größe, Verhalten und Anzahl der Tiere, Art, Größe, Zustand und Lage der Wohnung und des Hauses, in dem sich die Wohnung befindet, Anzahl, persönliche Verhältnisse, namentlich Alter, und berechtigte Interessen der Mitbewohner und Nachbarn, Anzahl und Art anderer Tiere im Haus, bisherige Handhabung durch den Vermieter sowie besondere Bedürfnisse des Mieters. Die Klausel in § 16 Abs. 1 MV schließt dagegen losgelöst von den konkreten Umständen des Einzelfalls eine Hunde- und Katzenhaltung abstrakt und generell aus. Sie verbietet damit eine solche Tierhaltung auch in den Fällen, in denen eine am Maßstab des § 535 Abs. 1 BGB ausgerichtete Interessenabwägung (eindeutig) zugunsten des Mieters ausfallen würde.

[20] Eine unangemessene Benachteiligung des Beklagten wird auch nicht dadurch ausgeschlossen, dass – wie dies in der Revisionsbegründung anklingt – ein generelles formularmäßiges Verbot der Hunde- und Katzenhaltung durch das allgemeine Rücksichtnahmegebot des § 241 Abs. 2 BGB durchbrochen werde. Der eindeutige Wortlaut des § 16 Abs. 1 des Mietvertrags lässt eine solche Korrekturmöglichkeit von vornherein nicht zu. Selbst wenn man dies anders sähe, wäre eine solche Deutung jedenfalls wegen der bei einer Inhaltskontrolle nach § 307 BGB maßgeblichen mieterfeindlichsten Auslegung ausgeschlossen. ◀

430 Der BGH hält den Beklagten auch nicht unter dem Gesichtspunkt des Rechtsmissbrauchs gemäß § 242 BGB daran gehindert, sich auf die Unwirksamkeit des formularmäßigen Ausschlusses der Hunde- und Katzenhaltung zu berufen. Der Gegner des Verwenders einer unwirksamen Vertragsklausel dürfe die Unwirksamkeit in aller Regel auch dann geltend machen, wenn er den Vertrag unterzeichnet hat, ohne auf eine Streichung der Klausel zu drängen:

▶ [23] Das Berufungsgericht hat zutreffend darauf abgestellt, dass aufgrund des offen gebliebenen Ergebnisses der erstinstanzlichen Beweisaufnahme nicht feststeht, dass der Beklagte den Mietvertrag in dem Wissen unterschrieben hat, der Hund werde von der Klägerin nicht geduldet. Dabei hat es zu Recht der Klägerin die Beweislast für den rechtsvernichtenden Einwand eines treuwidrigen Verhaltens des Beklagten auferlegt. Entgegen der Auffassung der Revision geht es hier nicht um den Nachweis einer vorrangigen Individualabrede über die Gestattung der Hundehaltung, für die den Beklagten die Beweislast träfe. Vielmehr steht allein in Frage, ob es diesem ausnahmsweise verwehrt ist, sich auf die Unwirksamkeit der – mangels Nachweises einer abweichenden Individualabrede – zur Anwendung gelangenden Formularklausel zu berufen. ◀

431 Die Unwirksamkeit der Klausel hat nach Auffassung des BGH jedoch nicht zur Folge, dass jedermann ohne Rücksicht auf die Belange von Vermieter und Nachbarn Hunde oder Katzen halten dürfe. Vielmehr hänge die Zulässigkeit einer solchen Tierhaltung gemäß § 535 Abs. 1 BGB von dem Ergebnis einer umfassenden Abwägung der jeweiligen Einzelfallumstände ab. Diese habe das Berufungsgericht hier in revisionsrechtlich nicht zu beanstandender Weise zugunsten einer Zustimmungspflicht der Klägerin zur Hundehaltung vorgenommen:

▶ [24] Folge der Unwirksamkeit des formularmäßigen Ausschlusses der Hunde- und Katzenhaltung ist [...] die in Anwendung der gesetzlichen Regelung (§ 535 Abs. 1 BGB) gebotene umfassende Abwägung der im Einzelfall konkret betroffenen Belange und Interessen der Mietvertragsparteien und anderer Hausbewohner und Nachbarn. [...]

[27] Soweit die Revision bei der Abwägung des Berufungsgerichts schließlich die Berücksichtigung des Umstands vermisst, dass ein Mieter nach § 241 Abs. 2 BGB zwar vom Vermieter Rücksichtnahme verlangen könne, hierfür aber eine auf die individuellen Umstände und konkreten Bedingungen bezogene Klage auf Zustimmung zu der gewünschten Tierhaltung erheben müsse, geht sie von unzutreffenden rechtlichen Prämissen aus. Es trifft zwar zu, dass die Zulässigkeit der Hunde- und Katzenhaltung in Anbetracht der Unwirksamkeit der streitgegenständlichen Formularklausel von einer an den Umständen des Einzelfalls ausgerichteten Interessenabwägung abhängt, deren rechtliche Grundlage allerdings nicht in § 241 Abs. 2 BGB, sondern in der mietrechtlichen Regelung des § 535 Abs. 1 BGB zu suchen ist. Die gebotene Interessenabwägung ist jedoch nicht nur im Rahmen einer vom Mieter angestrengten Klage auf Zustimmung zur Tierhaltung, sondern auch bei einer vom Vermieter erhobenen Beseitigungs- und Unterlassungsklage vorzunehmen. ◀

IV. Rechtliche Einordnung

432 1. Allgemeine Geschäftsbedingungen (AGB) zeichnen sich gemäß § 305 Abs. 1 BGB dadurch aus, dass sie als für eine Vielzahl von Verträgen vorformulierte Vertragsbedingungen einseitig vom Verwender gestellt werden, ohne dass die Vertragsbedingungen zwischen den Vertragsparteien im Einzelnen ausgehandelt sind. Um zu verhindern, dass der Verwender, der die Vertragsgestaltung allein in Anspruch nimmt, den anderen Teil unter Abbedingung des dispositiven Rechts unangemessen benachteiligt, stellt das

IV. Rechtliche Einordnung

BGB in §§ 305 ff. besondere Anforderungen an deren Einbeziehung in den Vertrag (§§ 305 Abs. 2, 305c Abs. 1 BGB) und unterwirft sie zudem einer strengen Inhaltskontrolle (§§ 307 bis 309 BGB).

Die Prüfung der Unwirksamkeit von AGB in einem Gutachten sollte daher stets in drei Schritten erfolgen: **433**

a) Zunächst ist zu prüfen, ob es sich bei der fraglichen Bestimmung um AGB iSv § 305 Abs. 1 BGB handelt. Wenn dies nicht der Fall ist, ist § 310 Abs. 3 Nr. 2 BGB zu beachten. Danach gelten die §§ 305c Abs. 2, 306, 307 bis 309 BGB bei einem Verbrauchervertrag auch für vorformulierte Vertragsbedingungen, die nur zur einmaligen Verwendung bestimmt sind, soweit der Verbraucher aufgrund der Vorformulierung auf ihren Inhalt keinen Einfluss nehmen konnte. **434**

b) Anschließend ist die Einbeziehung der Klausel in den Vertrag zu prüfen (§§ 305 Abs. 2, 305c Abs. 1 BGB). Dabei ist zu beachten, dass § 305 Abs. 2 BGB nicht bei Verwendung gegenüber einem Unternehmer gilt (§ 310 Abs. 1 S. 1 BGB).[1] **435**

c) Schließlich ist zu untersuchen, ob die Klausel einer Inhaltskontrolle standhält. Dabei sind §§ 307 bis 309 BGB vom Speziellen zum Allgemeinen, dh in umgekehrter Reihenfolge, zu prüfen: §§ 309, 308, 307 BGB. Bei der Verwendung gegenüber einem Unternehmer ist wiederum § 310 Abs. 1 S. 1 und 2 BGB zu beachten. **436**

2. Unter den Begriff der AGB fallen gemäß § 305 Abs. 1 S. 2 BGB auch Formularverträge, die in ihrem Text alle wesentlichen Vertragsbestimmungen enthalten, bei dem also die AGB den einzigen Bestandteil des Vertrags bilden.[2] Insbesondere Mietverträge werden regelmäßig in der Form eines solchen Formularvertrags geschlossen. Die Wirksamkeit der im Mietvertrag enthaltenen Klauseln hängt daher davon ab, dass sie einer Inhaltskontrolle gemäß §§ 307 bis 309 BGB standhalten. Die Inhaltskontrolle hat sich dadurch gerade im Mietrecht zu einem der wichtigsten Rechtsinstitute des Vertragsrechts entwickelt. Soweit keines der Klauselverbote in §§ 308, 309 BGB einschlägig ist, kann sich die Unwirksamkeit nur aus der Generalklausel des § 307 Abs. 1 S. 1 BGB ergeben. Die dafür erforderliche unangemessene Benachteiligung des Vertragspartners ist anhand einer Gesamtabwägung der beiderseitigen Parteiinteressen festzustellen. **437**

a) Im vorliegenden Fall ergibt sich die unangemessene Benachteiligung des Beklagten nach Auffassung des BGH daraus, dass die fragliche Klausel in § 16 Abs. 1 MV eine Katzen- und Hundehaltung ausnahmslos verbietet, ohne besondere Fallgestaltungen und Interessenlagen zu berücksichtigen. An einer Klausel, welche von vornherein und kategorisch die Möglichkeit des Vermieters ausschließe, der Haltung von Katzen und Hunden zuzustimmen, sei „kein berechtigtes Interesse des Vermieters erkennbar".[3] Damit verneint der BGH letztlich bereits ein in die Abwägung einzustellendes Interesse des Klägers. Auf eine Abwägung mit den Interessen des Beklagten an einer Hundehaltung kommt es insoweit also gar nicht mehr an. **438**

b) Dass der BGH darüber hinaus die Unangemessenheit der Klausel auch aus § 307 Abs. 2 Nr. 1 BGB herleitet (Rn. 19 des Urteils), ist für ihre Unwirksamkeit daher nicht entscheidend. Verständlich wird die zusätzliche Begründung im Hinblick auf die Rechtsfolgen, welche die Unwirksamkeit der Klausel nach sich zieht (siehe unten **439**

---

1 Siehe dazu Fall 22 – Verlängerter Eigentumsvorbehalt.
2 Hier entfällt dann eine Prüfung der „Einbeziehung" gemäß § 305 Abs. 2 BGB, vgl. dazu BGHZ 104, 232 (238) = BGH NJW 1988, 2465 (2466 f.).
3 BGH NJW 2013, 1526 Rn. 16 unter Verweis auf BGH NJW-RR 2013, 584.

Rn. 441). In systematischer Hinsicht wäre es allerdings überzeugender, statt auf die Generalklausel in Abs. 1 vorrangig auf die speziellere Regelung in § 307 Abs. 2 Nr. 1 BGB abzustellen, denn eine spezielle Regelung geht einer allgemeinen vor (*lex specialis derogat legi generali*). Da das uneingeschränkte Verbot zur Haltung von Hunden und Katzen unproblematisch mit dem gesetzlichen Leitbild des Mietvertrags unvereinbar ist, hätten sich die Ausführungen zu § 307 Abs. 1 BGB damit erübrigt. Allerdings führen hier beide Regelungen zum selben Ergebnis.[4]

440　3. Entscheidendes Argument für die Unwirksamkeit der Klausel in § 16 Abs. 1 MV ist, dass ihr Wortlaut keine Ausnahmen vom Hunde- und Katzenhaltungsverbot vorsieht. Dabei ist zu beachten, dass für die Auslegung von AGB nach herrschender Meinung nicht die allgemeinen Regeln der §§ 133, 157 BGB gelten. Stattdessen sind AGB wegen ihres abstrakt-generellen Charakters nach ihrem objektiven Inhalt und typischen Sinn einheitlich so auszulegen, wie sie von verständigen und redlichen Vertragspartnern unter Abwägung der Interessen der normalerweise beteiligten Verkehrskreise verstanden werden. Dabei sind die Verständnismöglichkeiten des durchschnittlichen Vertragspartners des Verwenders zugrunde zu legen (Grundsatz der objektiven Auslegung).[5] Darüber hinaus enthält § 305c Abs. 2 BGB die Auslegungsregel, dass Zweifel stets zulasten des Verwenders gehen. Das bedeutet allerdings nicht zwangsläufig, dass die kundenfreundlichste Auslegung zugrunde zu legen ist. Vielmehr gebietet § 305c Abs. 2 BGB eine möglichst kundenfeindliche (dh in diesem Fall: mieterfeindliche) Auslegung, wenn diese zur Unwirksamkeit der Klausel führt: Denn die Unwirksamkeit der Klausel ist für den Kunden in der Regel günstiger als ihre einschränkende Auslegung. Erst wenn sich die Klausel im ersten Auslegungsschritt als wirksam erweist, ist die Unklarheitsregel „direkt" anzuwenden und die kundenfreundlichste Auslegung maßgeblich.[6] In diesem Sinne ist auch der Hinweis des BGH (in Rn. 20) zu verstehen: Eine Deutung der Klausel dahin gehend, dass eine Berücksichtigung von Mieterinteressen unter dem Gesichtspunkt des Rücksichtnahmegebots möglich sei, wäre „wegen der bei einer Inhaltskontrolle nach § 307 BGB maßgeblichen mieterfeindlichsten Auslegung" ausgeschlossen.

441　4. Die Rechtsfolgen der Unwirksamkeit von AGB ergeben sich aus § 306 BGB. Während der Vertrag abweichend von § 139 BGB im Übrigen wirksam bleibt (Abs. 1), tritt nach Abs. 2 an die Stelle der unwirksamen Klausel das entsprechende dispositive Gesetzesrecht. Dazu gehören auch die von Rechtsprechung und Lehre herausgebildeten ungeschriebenen Rechtsgrundsätze. Eine Reduktion der unwirksamen Klausel auf den mit dem AGB-Recht vereinbaren Regelungsgehalt (sogenannte geltungserhaltende Reduktion) verbietet sich dagegen im Hinblick auf den Zweck der §§ 305 ff. BGB, den Verwender zur Verwendung rechtskonformer AGB anzuhalten.[7] Wenn eine zu weit gefasste Klausel im Falle ihrer Unwirksamkeit stets nur auf das gerade noch zulässige Maß reduziert werden würde, bestünde nämlich kein Anreiz für den Verwender, sich

---

4　Problematisch und umstritten ist das Verhältnis der Generalklausel in § 307 Abs. 1 S. 1 BGB zu § 307 Abs. 2 Nr. 1 und 2 BGB lediglich in dem Fall, dass zwar die Voraussetzungen eines Sondertatbestände vorliegen, die benachteiligende Wirkung der Klausel für den Vertragspartner aber durch die Gewährung anderer rechtlicher Vorteile ausgeglichen oder durch höherrangige Interessen des Verwenders gerechtfertigt wird. Dabei geht es aber lediglich um die gesetzessystematische Verortung der nach einhelliger Auffassung erforderlichen abschließenden Gesamtabwägung der beiderseitigen Parteiinteressen, siehe nur Staudinger/*Wendland*, § 307 Rn. 226 mwN.
5　Grüneberg/*Grüneberg*, § 305c Rn. 15; *Schack*, Rn. 351. AA Staudinger/*Mäsch*, § 305c Rn. 119a.
6　BGHZ 176, 244 Rn. 19 = BGH NJW 2008, 2172; *Faust*, § 29 Rn. 14.
7　Grüneberg/*Grüneberg*, Vorbem. v. § 307 Rn. 8; *Schack*, Rn. 363.

um eine angemessene Ausgestaltung seiner AGB zu bemühen. Ein Verstoß gegen die §§ 307 ff. BGB führt daher grundsätzlich zur Unwirksamkeit der Klausel im Ganzen. Wenn die Klausel – wie im vorliegenden Fall – gemäß § 307 Abs. 1 S. 1 iVm § 307 Abs. 2 Nr. 1 BGB wegen Unvereinbarkeit mit dem gesetzlichen Leitbild unwirksam ist, fällt die Klausel ersatzlos weg. Es gilt stattdessen die gesetzliche Regelung, von der abgewichen werden sollte. Das ist hier § 535 Abs. 1 BGB. Danach ist der Vermieter dazu verpflichtet, die Mietsache zum vertragsgemäßen Gebrauch zu überlassen. Der Umfang des „vertragsgemäßen" Gebrauchs ist nach der Rechtsprechung des BGH durch eine umfassende Abwägung der im Einzelfall konkret betroffenen Belange und Interessen der Mietvertragsparteien und anderer Hausbewohner und Nachbarn zu bestimmen. Die Unwirksamkeit der Klausel führt daher nicht zu einer generellen Erlaubnis der Tierhaltung, sondern nur dazu, dass die Interessen des Mieters an einer Hunde- oder Katzenhaltung angemessen zu berücksichtigen sind. Da sich der Beklagte auf eine medizinische Indikation berufen kann und vom Hund der Familie zudem keine Störungen ausgehen, fällt die Abwägung hier klar zugunsten des Beklagten aus. Dieser kann somit gemäß § 535 Abs. 1 BGB von der Klägerin verlangen, die Hundehaltung zu dulden. Die Duldungspflicht schließt gemäß § 1004 Abs. 2 BGB auch etwaige auf das Eigentum an der Wohnung gestützte Beseitigungs- und Unterlassungsansprüche aus.

5. Bei dieser Sachlage musste auch der Einwand einer rechtsmissbräuchlichen Berufung auf die Unwirksamkeit der Klausel (§ 242 BGB) scheitern. Zu Recht geht der BGH im Grundsatz davon aus, dass es kein widersprüchliches Verhalten (*venire contra factum proprium*) darstellt, wenn der Vertragspartner den Vertrag unterzeichnet, ohne auf eine Änderung der beanstandeten Klausel zu drängen, und sich hinterher auf deren Unwirksamkeit beruft. Es überrascht jedoch, dass der BGH hierfür die Beweislastverteilung zwischen den Parteien heranzieht (Rn. 23 des Urteils). Offenbar geht er davon aus, dass sich der Beklagte nicht auf die Unwirksamkeit berufen könnte, wenn er den Mietvertrag tatsächlich in dem Wissen unterschrieben hätte, der Hund werde von der Klägerin nicht geduldet. Hierdurch würde aber der Schutzzweck der §§ 307 ff. BGB konterkariert. Denn die Inhaltskontrolle soll die Vertragsgerechtigkeit gerade dann sicherstellen, wenn der andere Teil aufgrund der einseitigen Inanspruchnahme der Vertragsgestaltungsfreiheit durch den Verwender keine Möglichkeit hat, Einfluss auf den Vertragsinhalt zu nehmen. Der Vertragspartner des Verwenders muss sich daher immer auf die Unwirksamkeit der AGB berufen können, unabhängig von der Beweislast und einem etwaigen Plan, die Regelung nicht einzuhalten.

442

V. Vertiefungsfragen

1. Was ist eine „Vielzahl" von Verträgen iSv § 305 Abs. 1 S. 1 BGB? Was gilt, wenn ein vorformulierter Formularvertrag nur einmalig verwendet werden soll, etwa weil der Vermieter nur eine Wohnung hat, die erstmalig und dauerhaft vermietet wird? Beachten Sie § 310 Abs. 3 BGB.
2. Wie verhält sich die Transparenzpflicht nach § 307 Abs. 1 S. 2 BGB zum Verbot überraschender Klauseln in § 305c Abs. 1 BGB? Achten Sie auf die unterschiedlichen Rechtsfolgen eines Verstoßes!
3. Für AGB, die gegenüber einem Unternehmer verwendet werden, gelten die Klauselverbote in §§ 308 und 309 BGB nicht (§ 310 Abs. 1 S. 1 BGB). Die Inhaltskontrolle beschränkt sich also auf die Generalklausel des § 307 BGB. Das bedeutet nach § 310 Abs. 1 S. 2 BGB jedoch nicht, dass die in §§ 308, 309 BGB genannt-

443

ten Vertragsbestimmungen bei Verwendung gegenüber einem Unternehmen stets wirksam wären. Wie ist das Gebot, „auf die im Handelsverkehr geltenden Gewohnheiten und Gebräuche […] angemessen Rücksicht zu nehmen", vor diesem Hintergrund zu verstehen? Lesen Sie BGHZ 174, 1 Rn. 10 bis 12 = BGH NJW 2007, 3774; BeckOK-BGB/*Becker*, Stand: 1.2.2022, § 310 Rn. 2; Staudinger/*Piekenbrock*, § 310 Rn. 29 f.

Fall 22: Verlängerter Eigentumsvorbehalt

Kollidierende AGB
BGH NJW 1985, 1838

I. Sachverhalt[1]

G bestellte zu den auf der Rückseite des Bestellscheins abgedruckten Einkaufsbedingungen bei der Klägerin zum Einbau in Elektroherde bestimmte Energieregler. In Nr. 14 des Bestellschreibens heißt es, dass Änderungen des Auftrags grundsätzlich der Schriftform bedürfen und die Einkaufsbedingungen der G gelten sollten. Nr. 16 dieser Einkaufsbedingungen lautet: „Durch die Annahme unseres Auftrages erklärt der Lieferer sein Einverständnis mit diesen Einkaufsbedingungen. Wird unser Auftrag vom Lieferer abweichend von unseren Bedingungen bestätigt, so gelten auch dann nur unsere Einkaufsbedingungen, selbst wenn wir nicht widersprechen. Abweichungen gelten also nur, wenn sie von uns ausdrücklich schriftlich anerkannt worden sind. Ist der Lieferer mit vorstehender Handhabung nicht einverstanden, so hat er sofort in einem besonderen Schreiben ausdrücklich darauf hinzuweisen. Wir behalten uns für diesen Fall vor, den Auftrag zurückzuziehen, ohne dass uns gegenüber Ansprüche irgendwelcher Art gestellt werden können."

Die Klägerin bestätigte den Auftrag unter Bezugnahme auf ihre eigenen Allgemeinen Lieferungs- und Zahlungsbedingungen, nach denen ausschließlich ihre schriftliche Auftragsbestätigung in Verbindung mit ihren Allgemeinen Lieferungs- und Zahlungsbedingungen maßgebend sind und Änderungen oder Ergänzungen des Vertrags der Schriftform bedürfen. Nr. 7 dieser Bedingungen enthält darüber hinaus einen verlängerten und erweiterten Eigentumsvorbehalt für gelieferte Waren. Die Klägerin lieferte die Energieregler. Kurz darauf wurde über das Vermögen der G das Insolvenzverfahren eröffnet und der Beklagte zum Insolvenzverwalter bestellt. Zu diesem Zeitpunkt waren die Regler bereits in neu hergestellte Herde eingebaut und diese veräußert worden. Die Klägerin verlangt vom Beklagten Zahlung des Gegenwerts der verbauten Regler.

II. Zentrale Probleme

Die Entscheidung des Rechtsstreits hängt davon ab, ob Nr. 7 der klägerischen AGB Vertragsinhalt geworden ist. Darin ist ein sogenannter verlängerter Eigentumsvorbehalt enthalten. Die Vereinbarung eines Eigentumsvorbehalts bewirkt nach der Auslegungsregel in § 449 BGB, dass die Übereignung der Kaufsache an den Käufer erst mit vollständiger Kaufpreiszahlung wirksam wird (aufschiebende Bedingung iSv § 158 Abs. 1 BGB). Der „verlängerte" unterscheidet sich vom einfachen Eigentumsvorbehalt dadurch, dass im Falle der Veräußerung, Verbindung oder Verarbeitung der gelieferten Sache anstelle des dann erloschenen Vorbehaltseigentums das Eigentum an der neuen Sache oder die daraus entstehende Forderung treten soll (Verarbeitungs- und Vorausabtretungsklausel).

Wenn die Klausel nicht Vertragsbestandteil geworden ist, hat die Klägerin das Eigentum an den Reglern spätestens durch den Einbau in die Herde verloren (§ 947 Abs. 2 BGB). Wegen ihrer Forderungen aus dem mit G geschlossenen Kaufvertrag steht ihr in diesem Fall nur eine außerhalb des Insolvenzverfahrens nicht verfolgbare Insolvenz-

---
[1] Vereinfachte Version des Original-Sachverhalts.

forderung zu (§ 87 InsO).² Die Klage ist dann unbegründet. Ist dagegen wirksam ein verlängerter Eigentumsvorbehalt vereinbart worden, so hat die Klägerin das Eigentum an den mit ihren Reglern hergestellten Herden durch antizipierte Übereignung erworben. In diesem Fall könnte der Zahlungsanspruch der Klägerin daher gemäß § 48 InsO (§ 46 KO aF) oder nach §§ 989 ff. BGB, § 55 Abs. 1 Nr. 1 InsO (§ 59 Abs. 1 Nr. 1 KO aF) bzw. §§ 812 ff. BGB, § 55 Abs. 1 Nr. 3 InsO (§ 59 Abs. 1 Nr. 4 KO aF) gerechtfertigt sein. Hier ist jedoch fraglich, ob die AGB der Klägerin wirksam vereinbart wurden, weil beide Parteien in ihren Willenserklärungen[3] jeweils auf ihre eigenen AGB verwiesen haben. Annahme und Antrag stimmen also nicht überein (sich kreuzende oder kollidierende AGB). Die Annahme gilt daher gemäß § 150 Abs. 2 BGB als Ablehnung, verbunden mit einem neuen Antrag. Inwieweit in der Durchführung des Vertrags dann eine Annahme des neuen Antrags gesehen werden kann, ist umstritten.

III. Die Entscheidung des BGH

447 Der BGH lehnt ein konkludent erklärtes Einverständnis der G mit den AGB der Klägerin im Hinblick auf die in ihren AGB enthaltene Abwehrklausel ab, und zwar unabhängig davon, ob diese ihrerseits Vertragsbestandteil geworden ist:

▶ Der Annahme einer stillschweigenden Unterwerfung der Gemeinschuldnerin unter die Verkaufsbedingungen der Klägerin steht die in ihren Einkaufsbedingungen enthaltene unmissverständliche Erklärung entgegen, dass sie ausschließlich zu ihren Einkaufsbedingungen abschließen und abweichende Bedingungen in der Auftragsbestätigung nur nach ihrer schriftlichen Anerkennung gelten lassen wolle. Insoweit ist es unerheblich, ob diese Abwehrklausel, deren Zweckbestimmung darin liegt, bei den Vertragsverhandlungen, also vor Vertragsschluss, deutlich zu machen, dass der Käufer Verkäuferbedingungen – abgesehen von den in der Klausel genannten Ausnahmen – unter keinen Umständen gelten lassen will, ihrerseits Vertragsinhalt geworden ist. Entscheidend ist allein, welche Willensrichtung der G sich daraus ergibt. Dass die G ihren in der Abwehrklausel zum Ausdruck gebrachten Standpunkt aufgegeben habe, nachdem die Klägerin den Auftrag dennoch unter Bezugnahme auf ihre eigenen AGB bestätigt hatte, ist von der Klägerin nicht vorgetragen und auch aus den Umständen nicht ersichtlich. Angesichts des in der Abwehrklausel der Gemeinschuldnerin deutlich erklärten – vorweggenommenen – Widerspruchs gegen die Geltung der AGB der Klägerin kann [...] eine solche Willensänderung ohne das Hinzutreten weiterer Umstände insbesondere nicht darin erblickt werden, dass die Gemeinschuldnerin den Verkaufsbedingungen der Klägerin nicht erneut widersprach und die Ware vorbehaltlos entgegennahm. Mangels einer entsprechenden rechtsgeschäftlichen Einigung der Vertragspartner sind die Verkaufsbedingungen der Klägerin somit nicht insgesamt Vertragsinhalt geworden. ◀

448 Auch für eine isolierte Vereinbarung nur von Nr. 7 der AGB der Klägerin sieht der BGH keine hinreichenden Anhaltspunkte:

▶ Ist der Vertrag – wie hier – ohne Einigung über die Geltung der AGB einer Partei zustande gekommen, so bedeutet dies noch nicht, dass in diesem Falle anstelle der in den AGB vorgesehenen Regelungen ohne Ausnahme das entsprechende dispositive Recht tritt. Dem

---

2 Im Zeitpunkt der Entscheidung des BGH galt noch die Konkursordnung (KO), eine § 87 InsO entsprechende Regelung enthielt § 12 KO.
3 Zu den Wirksamkeitsvoraussetzungen von Willenserklärungen siehe Fall 1 – Trierer Weinversteigerung.

Parteiwillen kann vielmehr entnommen werden, dass solche vom dispositiven Recht abweichenden oder dieses ergänzenden Regelungen gelten sollen, die in den beiderseitigen AGB mit übereinstimmenden [sic!] Inhalt getroffen und demgemäß von beiden Parteien gewollt sind.

An einer solchen offensichtlichen Willensübereinstimmung fehlt es aber, wenn die AGB der einen Seite „zusätzliche" Regelungen enthalten, die in den Bedingungen der anderen keine Entsprechung finden, zB – wie hier – die Verwendung von Eigentumsvorbehaltsklauseln. Ob in einem solchen Falle auch ohne eine in den beiderseitigen AGB zum Ausdruck kommende übereinstimmende Willensrichtung ein stillschweigendes Einverständnis des anderen Teils mit den einseitig geregelten zusätzlichen Bedingungen des Vertragspartners angenommen werden kann, hängt von dem anhand der sonstigen Umstände zu ermittelnden Willen des Klauselgegners ab. Hier lässt sich indessen ein Wille der G nicht feststellen, durch ihre Abwehrklausel lediglich die ihren Einkaufsbedingungen widersprechenden Verkaufsbedingungen der Klägerin und nicht auch zusätzliche Bestimmungen auszuschließen. Sie hat mit der Abwehrklausel vielmehr klar und eindeutig zu erkennen gegeben, dass sie nur unter Zugrundelegung ihrer Einkaufsbedingungen bestelle und andere Bedingungen ohne ihr ausdrückliches schriftliches Anerkenntnis auch dann nicht Vertragsinhalt würden, wenn ihnen nicht widersprochen werde. Damit hat die Gemeinschuldnerin unmissverständlich zum Ausdruck gebracht, dass neben ihren Einkaufsbedingungen für Verkaufsbedingungen der Klägerin nur Raum sei, wenn sie inhaltlich gleichgerichtet oder von ihr schriftlich anerkannt seien. Eines besonderen Widerspruches der Gemeinschuldnerin gegen die in den Verkaufsbedingungen der Klägerin enthaltene Eigentumsvorbehaltsklausel bedurfte es daher nicht, um deren Einbeziehung in den Vertrag auszuschließen. ◂

IV. Rechtliche Einordnung

1. Gemäß § 305 Abs. 2 BGB werden AGB nur dann Vertragsbestandteil, wenn 449

a) der Verwender die andere Partei bei Vertragsschluss ausdrücklich (oder ausnahmsweise durch deutlich sichtbaren Aushang) auf die AGB hinweist,

b) der Vertragspartner die Möglichkeit hat, in zumutbarer Weise vom Inhalt der AGB Kenntnis zu nehmen und

c) der Vertragspartner sich – in der Regel konkludent durch den Vertragsschluss – mit der Geltung der AGB einverstanden erklärt.

§ 305 Abs. 2 BGB stellt daher keine Ausnahme von dem Grundsatz der §§ 145 ff. BGB 450
dar, dass eine vertragliche Vereinbarung zweier Willenserklärungen bedarf. Vielmehr schreibt die Vorschrift für das Angebot des Verwenders, den Vertrag unter Geltung seiner AGB zu schließen, lediglich eine besondere Form vor. Nur bei Einhaltung dieser Voraussetzungen kommt es daher zu einer vertraglichen Vereinbarung über die AGB. Andernfalls ist der Vertrag ohne die AGB geschlossen.

2. Etwas anderes gilt gemäß § 310 Abs. 1 S. 1 BGB jedoch für die Einbeziehung von 451
AGB, die gegenüber einem Unternehmer verwendet werden. Hier sieht das Gesetz keine besonderen Voraussetzungen vor. Es genügt daher, dass die AGB vom allgemeinen vertraglichen Konsens gemäß §§ 145 ff. BGB umfasst sind. Bei Branchenüblichkeit ist auch die stillschweigende Vereinbarung von AGB möglich. Wenn zwei Unternehmen einen Vertrag schließen, verweisen aber häufig beide jeweils auf ihre eigenen AGB. Gemäß § 150 Abs. 2 BGB kommt ein Vertrag damit an sich nicht zustande, und zwar nach der Auslegungsregel in § 154 Abs. 1 BGB auch nicht bezüglich derjenigen Punkte,

über die sich die Parteien geeinigt haben. Für dieses Problem gibt es verschiedene Lösungsansätze:

452 a) Ursprünglich hielt die Rechtsprechung die zeitlich letzte Verweisung für entscheidend, da der andere Teil diese durch Erbringung der Leistung oder der Empfangnahme der Gegenleistung stillschweigend billige. Die Partei, die den ursprünglichen Antrag abgegeben hat, nimmt danach mit der Durchführung des Vertrags konkludent den Antrag der Gegenpartei an, der nach § 150 Abs. 2 BGB in der abweichenden Annahme liegt („Theorie des letzten Wortes").[4]

453 b) In der vorliegenden Entscheidung weicht der BGH zu Recht von dieser Auffassung ab. Den Parteien kann auch bei Durchführung des Vertrags nicht unterstellt werden, dass sie mit den AGB des anderen Teils einverstanden sind. Das gilt insbesondere dann, wenn beide Teile wie im vorliegenden Fall Abwehrklauseln verwenden. Deren Wirkung erstreckt der BGH nicht nur auf widersprechende Klauseln, sondern auch auf „zusätzliche" Regelungen wie den verlängerten Eigentumsvorbehalt in Nr. 7 der AGB der Klägerin, der in den AGB der G keine Entsprechung findet. Das bedeutet jedoch nicht, dass damit überhaupt keine der wechselseitig gestellten AGB Vertragsinhalt würden. Vielmehr geht der BGH mit der herrschenden Meinung davon aus, dass diejenigen Regelungen, die „in den beiderseitigen AGB mit übereinstimmenden Inhalt getroffen und demgemäß von beiden Parteien gewollt sind", wirksam vereinbart werden („Prinzip der Kongruenzgeltung").[5]

454 c) Soweit sich die wechselseitigen AGB inhaltlich nicht decken, fehlt es dagegen an einer vertraglichen Vereinbarung. Der Vertrag im Übrigen bleibt jedoch nach dem Rechtsgedanken des § 306 Abs. 1 BGB abweichend von § 154 Abs. 1 BGB wirksam: Die Parteien geben mit der einverständlichen Durchführung zu erkennen, dass der Vertrag unter Ausklammerung der nicht übereinstimmenden AGB geschlossen sein soll. An die Stelle der nicht übereinstimmenden AGB tritt das dispositive Gesetzesrecht.[6]

455 3. Da Nr. 7 der AGB der Klägerin schon nicht Vertragsbestandteil geworden ist, kommt es vorliegend nicht darauf an, ob ein verlängerter Eigentumsvorbehalt, wie er in Nr. 7 vorgesehen ist, einer Inhaltskontrolle standhalten würde. Andernfalls wäre zu beachten, dass §§ 308, 309 BGB gemäß § 310 Abs. 1 S. 1 BGB auf AGB, die gegenüber einem Unternehmer verwendet werden, keine Anwendung finden. Die Unwirksamkeit einer Klausel kann sich im unternehmerischen Rechtsverkehr daher nur aus § 307 Abs. 1, 2 BGB ergeben. Das bedeutet allerdings nicht, dass die in §§ 308, 309 BGB genannten Klauseln stets wirksam wären. § 310 Abs. 1 S. 2 BGB stellt dies klar. Vielmehr wird in den genannten Fällen in der Regel eine unangemessene Benachteiligung auch des unternehmerischen Kunden gegeben sein. Der Unterschied zu einer Verwendung gegenüber einem Nicht-Unternehmer liegt lediglich darin, dass die Klauselverbote nicht absolut gelten, sondern „die im Handelsverkehr geltenden Gewohnheiten und Gebräuche" zu berücksichtigen sind.

V. Vertiefungsfragen

456 1. In Supermärkten und anderen Ladengeschäften sind häufig AGB ausgehängt. Sie enthalten Regelungen unter anderem über Taschenkontrollen. Gelten diese

---

[4] BGH LM § 150 Nr. 3 und Nr. 6; Wolf/Lindacher/Pfeiffer/*Pfeiffer*, AGB-Recht, 7. Aufl. 2020, § 305 BGB Rn. 138.
[5] Siehe nur Grüneberg/*Grüneberg*, § 305 Rn. 55; *Köhler*, § 16 Rn. 18.
[6] Siehe dazu Fall 21 – Malteser Mischling.

V. Vertiefungsfragen

AGB auch gegenüber Kunden, die den Laden zwar betreten, aber noch keine Waren gekauft haben? In welchen Vertrag werden die AGB einbezogen? Lesen Sie BGHZ 133, 184 (187 ff.) = BGH NJW 1996, 2574 (2575); Wolf/Lindacher/Pfeiffer/*Pfeiffer*, AGB-Recht, 7. Aufl. 2020, § 305 BGB Rn. 142.

2. Hätte die Klägerin Ansprüche gegen den Insolvenzverwalter geltend machen können, wenn G die gelieferten Energieregler nicht verbaut, sondern vor Eröffnung des Insolvenzverfahrens unverändert weiterveräußert hätte? Lesen Sie BGH NJW 1982, 1749.

3. Welches Rechtsgeschäft wird bei der Vereinbarung eines Kaufs unter Eigentumsvorbehalt unter einer Bedingung vorgenommen? Was passiert, wenn der Verkäufer erst nach Abschluss des Kaufvertrags (bei der Lieferung) erklärt, sich das Eigentum an der Kaufsache bis zur Zahlung des Kaufpreises vorzubehalten? Lesen Sie Jauernig/*Berger*, §§ 449 BGB Rn. 4 ff.

Fall 23: Weißes Ross

Rechtsfähigkeit der GbR
BGHZ 146, 341 = BGH NJW 2001, 1056

I. Sachverhalt

457 Die Klägerin klagt im Wechselprozess[1] auf Zahlung der Wechselsumme von 90.000 DM zuzüglich Nebenforderungen gegen die Beklagte zu 1, eine bauwirtschaftliche Arbeitsgemeinschaft (ARGE) in der Rechtsform einer Gesellschaft bürgerlichen Rechts, als Wechselakzeptantin und die früheren Beklagten zu 2 und 3 als deren Gesellschafterinnen.

II. Zentrale Probleme

458 Die Zulässigkeit der Klage gegen die Beklagte zu 1 hängt davon ab, ob die Beklagte als Gesellschaft bürgerlichen Rechts (GbR) als solche überhaupt Partei in einem Zivilprozess sein kann, also parteifähig ist. Das ist gemäß § 50 Abs. 1 ZPO der Fall, wenn die Beklagte rechtsfähig ist. Die Rechtsfähigkeit der GbR war lange Zeit eine der meist diskutierten Fragen im Gesellschaftsrecht. Der Wortlaut des BGB spricht deutlich für die Gesamthandsdoktrin, wonach das Gesellschaftsvermögen nicht der Gesellschaft, sondern den Gesellschaftern „zur gesamten Hand" zugewiesen ist, der Gesellschaft selbst also gerade keine Rechtsfähigkeit zukommt. Das zeigt sich deutlich an § 718 BGB, wo das Gesellschaftsvermögen als gemeinschaftliches Vermögen „der Gesellschafter" legaldefiniert wird, sowie in § 714 BGB, wonach sich die Vertretungsmacht des Geschäftsführers auf eine Vertretung der Gesellschafter und nicht der Gesellschaft selbst bezieht.

459 Auch die ZPO lässt in § 50 Abs. 2 erkennen, dass die aktive Parteifähigkeit eines dem Recht der GbR unterliegenden „nicht rechtsfähigen" Vereins (§ 54 BGB) und damit jedwede Parteifähigkeit der GbR insgesamt im Regelungsplan des Gesetzgebers nicht vorgesehen war: Dort wird einem solchen Verein die Parteifähigkeit gerade nur im Passivprozess zuerkannt. Allerdings gibt es ein praktisches Bedürfnis danach, solche Gesellschaften, die im Rechtsverkehr nach außen auftreten (sogenannte Außen-GbR), auch selbst als Vertragspartner oder Partei in einem Zivilprozess in Anspruch nehmen zu können. Fraglich ist, ob das auf der Grundlage des geltenden Rechts möglich ist, oder ob es hierfür einer Änderung der gesetzlichen Regelung in den §§ 705 ff. BGB bedarf.

III. Die Entscheidung des BGH

460 Der BGH wendet sich gegen die „traditionelle" Auffassung, die ausschließlich die einzelnen Gesellschafter als Zuordnungssubjekte der die Gesellschaft betreffenden Rechte und Pflichten ansieht. Zur Begründung beruft er sich vor allem auf die Entstehungsgeschichte der §§ 705 ff. BGB und das praktische Bedürfnis an einer nach außen bestehenden Rechtssubjektivität der GbR:

---

[1] Der Wechselprozess ist eine Unterform des Urkundenprozesses, bei dem ein bei Fälligkeit nicht bezahlter Wechsel das wesentliche Beweismittel darstellt, vgl. § 602 ZPO.

III. Die Entscheidung des BGH

▶ Nach neuerer Rechtsprechung des BGH kann die GbR als Gesamthandsgemeinschaft ihrer Gesellschafter im Rechtsverkehr grundsätzlich, das heißt soweit nicht spezielle Gesichtspunkte entgegenstehen, jede Rechtsposition einnehmen.[2] Soweit sie in diesem Rahmen eigene Rechte und Pflichten begründet, ist sie (ohne juristische Person zu sein) rechtsfähig (vgl. § 14 Abs. 2 BGB).

Über die Rechtsnatur der GbR finden sich im Gesetz keine umfassenden und abschließenden Regeln. Im ersten Entwurf des BGB war die Gesellschaft nach römisch-rechtlichem Vorbild als ein ausschließlich schuldrechtliches Rechtsverhältnis unter den Gesellschaftern ohne eigenes, von dem ihrer Gesellschafter verschiedenes, Gesellschaftsvermögen gestaltet (vgl. Mot. II, 591 = Mugdan II, 330). Die zweite Kommission konstituierte hingegen ein Gesellschaftsvermögen als Gesamthandsvermögen (vgl. die heutigen §§ 718, 719 BGB), ohne jedoch die aus dem Gesamthandsprinzip folgenden Konsequenzen im Einzelnen zu regeln. Es ist vielmehr im Wesentlichen bei der Regelung des Gesellschaftsverhältnisses als Schuldverhältnis geblieben, dem in unvollständiger Weise das Gesamthandsprinzip „darüber gestülpt" wurde. [...]

Die Unvollständigkeit der gesetzlichen Regelung und das erkennbare Bestreben des historischen Gesetzgebers, eine konkrete Festlegung zu vermeiden, lassen Raum für eine an den praktischen Bedürfnissen der Verwirklichung des Gesamthandsprinzips orientierte Beurteilung der Rechtsnatur der GbR. Danach verdient die Auffassung von der nach außen bestehenden beschränkten Rechtssubjektivität der GbR den Vorzug. [...] Dieses Verständnis der Rechtsnatur der gesellschaftsrechtlichen Gesamthandsgemeinschaft bietet ein praktikables und weitgehend widerspruchsfreies Modell für die vom Gesetz (§§ 718 bis 720 BGB) gewollte rechtliche Absonderung des Gesellschaftsvermögens vom Privatvermögen der Gesellschafter. [...] Ein für die Praxis bedeutsamer Vorzug der nach außen bestehenden Rechtssubjektivität der GbR im oben beschriebenen Sinne besteht darin, dass danach ein Wechsel im Mitgliederbestand keinen Einfluss auf den Fortbestand der mit der Gesellschaft bestehenden Rechtsverhältnisse hat. Bei strikter Anwendung der traditionellen Auffassung müssten Dauerschuldverhältnisse mit der „Gesellschaft" bei jedem Wechsel im Mitgliederbestand von den Vertragsparteien neu geschlossen bzw. bestätigt werden. Wenn die Gesellschaft im Außenverhältnis nur ein Schuldverhältnis darstellt, können zwei aus verschiedenen Mitgliedern bestehende Schuldverhältnisse nicht identisch sein. Das Erfordernis von Neuabschlüssen von Dauerschuldverhältnissen bei einem Gesellschafterwechsel ist aber ohne innere Rechtfertigung und würde die Handlungsfähigkeit der Gesellschaft im Rechtsverkehr erheblich beeinträchtigen. ◀

Der Wortlaut der gesetzlichen Regelung der GbR, namentlich in § 714 BGB, steht diesem Verständnis nach Auffassung des BGH nicht entgegen:

461

▶ Zwar zeigt der Umstand, dass dort nur von einer Vertretungsmacht für die Gesellschafter, nicht aber für die „Gesellschaft" die Rede ist, dass bei der Formulierung der Norm an eine Verselbstständigung der GbR zu einer verpflichtungsfähigen Organisation nicht gedacht worden ist. Bedenkt man aber, dass die Vorschrift im Kern unverändert aus § 640 Abs. 1 des ersten Entwurfs in das BGB übernommen wurde und dieser erste Entwurf das Gesamthandsprinzip noch nicht kannte, gibt der Wortlaut für eine Deutung der Rechtsnatur der GbR nichts her. ◀

---

2 BGHZ 116, 86 (88) = BGH NJW 1992, 499; BGHZ 136, 254 (257) = BGH NJW 1997, 2754 sowie (im Ansatz auch bereits) BGHZ 79, 374 (378 f.) = BGH NJW 1981, 1213.

462 Auch zu §§ 21, 22, 54 BGB sieht der BGH keinen Widerspruch, obwohl dort mit dem Begriff der Rechtsfähigkeit offensichtlich die Fähigkeit der Gesellschaft gemeint ist, Träger von Rechten und Pflichten aufgrund eigener Rechtspersönlichkeit und damit „als solcher" und nicht als Gruppe ihrer gesamthänderisch verbundenen Mitglieder zu sein:

▶ Wie § 14 Abs. 2 BGB zeigt, geht aber das Gesetz davon aus, dass es auch Personengesellschaften gibt, die Rechtsfähigkeit besitzen. So ist es praktisch unbestritten, dass OHG und KG Träger von Rechten und Pflichten sein können und damit rechtsfähig sind, ohne als Gesamthandsgemeinschaften den Status einer juristischen Person zu besitzen. Entsprechendes gilt nach ständiger Rechtsprechung[3] für die Vorgesellschaften von Kapitalgesellschaften. ◀

463 Daraus leitet der BGH schließlich ab, dass der GbR auch die Parteifähigkeit gemäß § 50 Abs. 1 ZPO „nicht abgesprochen werden" könne. Auch hierfür beruft sich der BGH auf das praktische Bedürfnis an einer solchen Lösung:

▶ Die Parteifähigkeit der GbR ist die notwendige prozessrechtliche Konsequenz der Anerkennung der Rechtssubjektivität der Gesellschaft im Verhältnis zu Dritten […]. Da nicht die einzelnen Gesellschafter, sondern die Gesellschaft materiell Rechtsinhaberin oder Verpflichtete ist, ist diese „richtige" Partei eines Rechtsstreits um eine Gesellschaftsforderung oder -verpflichtung und insoweit parteifähig und prozessführungsbefugt.

Die Anerkennung der Parteifähigkeit der GbR ist dem bisher praktizierten Modell, wonach die aktive und passive Prozessführungsbefugnis hinsichtlich das Gesellschaftsvermögen betreffender Forderungen und Verbindlichkeiten bei den eine notwendige Streitgenossenschaft iSd § 62 Abs. 1 ZPO bildenden Gesellschaftern liegt, in mehrfacher Hinsicht vorzuziehen. […] Gegen das Modell der notwendigen Streitgenossenschaft der Gesellschafter spricht […], dass unter seiner Geltung sowohl im Aktiv- als auch im Passivprozess immer sämtliche gegenwärtigen Mitglieder der Gesellschaft verklagt werden und klagen müssen, um einen Titel gegen und für die Gesamthand zu erhalten. Das kann den Gesellschaftsgläubigern bei größeren Gesellschaften und bei solchen mit häufigem Mitgliederwechsel erfahrungsgemäß erhebliche Probleme bereiten. […] Zu erheblichen Problemen, die praktisch nicht befriedigend gelöst werden können, kommt die Streitgenossenschaftslösung auch im Falle des Neueintritts und des Mitgliederwechsels während des Erkenntnis- und des Vollstreckungsverfahrens im Gesamthandsschuldprozess. ◀

IV. Rechtliche Einordnung

464 1. Rechtsfähigkeit ist die Fähigkeit, Träger von Rechten und Pflichten zu sein. Diese Fähigkeit kommt nach der Konzeption des BGH allerdings nur „Personen" zu, wobei das Gesetz zwischen natürlichen (§§ 1 ff. BGB) und juristischen Personen (§§ 21 ff. BGB) unterscheidet. Der Begriff der Rechtsfähigkeit ist danach mit der Vorstellung von einer selbstständigen Rechtspersönlichkeit verknüpft. Juristische Personen können diese Rechtspersönlichkeit nur durch einen staatlichen Verleihungsakt erhalten (vgl. für den Verein §§ 21, 22 BGB). Ausgehend von den zwei im BGB geregelten Grundformen juristischer Personen, nämlich dem Verein und der Stiftung, haben sich weitere Formen solcher Rechtspersönlichkeiten entwickelt, die sich in Körperschaften und verselbstständigte Vermögensmassen unterteilen lassen: Zu ersteren gehören Verein, GmbH und AG, im öffentlichen Recht zum Beispiel die Gebietskörperschaften und

---

3 BGHZ 80, 129 (132) = BGH NJW 1981, 1373; BGHZ 117, 323 (326) = BGH NJW 1992, 1824.

IV. Rechtliche Einordnung

Universitäten als Personalkörperschaften, zu letzteren die Stiftung sowie im öffentlichen Recht auch Anstalten. Allgemein kann man juristische Personen danach als Zusammenfassung von Personen oder Sachen zu einer rechtlich geregelten Organisation bezeichnen, der die Rechtsordnung Rechtsfähigkeit verliehen und die sie dadurch als Träger eigener Rechte und Pflichten verselbstständigt hat. Diese Selbstständigkeit kommt vor allem darin zum Ausdruck, dass juristische Personen für ihre eigenen Verbindlichkeiten nur mit ihrem eigenen Vermögen haften, ein Durchgriff auf das (Privat-)Vermögen der Mitglieder oder Gesellschafter aber grundsätzlich ausgeschlossen ist.

2. Von den juristischen Personen sind solche Personenvereinigungen zu unterscheiden, bei denen der persönliche Zusammenschluss im Vordergrund steht. Ihnen fehlt die für eine juristische Person charakteristische Verselbstständigung des Verbands gegenüber seinen Mitgliedern. Man bezeichnet sie als „Gemeinschaften zur gesamten Hand" oder „Gesamthandsgemeinschaften". Hierzu gehören neben der GbR (§§ 705 ff. BGB) auch der nicht rechtsfähige Verein (§ 54 BGB), die offene Handelsgesellschaft (OHG, §§ 105 ff. HGB), die Kommanditgesellschaft (KG, § 161 ff. HGB), die eheliche Gütergemeinschaft (§§ 1415 ff. BGB) sowie die Erbengemeinschaft (§§ 2032 ff. BGB). Auch bei diesen Gemeinschaften existiert ein vom Privatvermögen der einzelnen Gesamthänder zu trennendes Vermögen, das bei der GbR als „Gesellschaftsvermögen" (§ 718 BGB) bezeichnet wird. Anders als bei juristischen Personen können Gläubiger hier für Schulden der Gesamthand aber auch auf das Privatvermögen der einzelnen Gesamthänder zugreifen (siehe §§ 128, 161 Abs. 2 HGB). Wer Träger des Gesamthandsvermögens ist, war in der Rechtslehre lange Zeit umstritten:

a) Nach der traditionellen Gesamthandstheorie sind die Gesamthänder und nicht ein von ihnen begrifflich verschiedenes Rechtssubjekt Träger der Rechte und Pflichten. Etwas anderes ergebe sich auch nicht daraus, dass die OHG und die KG gemäß §§ 124, 161 Abs. 2 HGB unter ihrer Firma eigene Rechte und Pflichten begründen können. Das Gesamthandsvermögen wird vielmehr als ein den Gesamthändern in gesamthänderischer Verbundenheit zustehendes Sondervermögen verstanden. Die Verbindlichkeiten der Gesellschaft sind nach diesem Verständnis zugleich Schulden der Gesellschafter. Es besteht nur eine einheitliche Verpflichtung und Schuld, für die aber zwei verschiedene Vermögensmassen haften.[4]

b) Die Gegenauffassung (sogenannte Gruppenlehre) betrachtet dagegen die Gesamthand selbst als Zuordnungssubjekt („überindividuelle Wirkungseinheit") des gesamthänderisch gebundenen Vermögens und damit als ein teilrechtsfähiges Rechtssubjekt.[5] Die Vermögensrechte der Gesellschafter beschränken sich hiernach auf ihre gesamthänderische Beteiligung am Gesellschaftsvermögen. Die Verbindlichkeiten als Gesamthandsschulden sollen sich primär gegen die Gesamthand als solche richten, während für die persönliche Haftung der Gesellschafter ein besonderer Verpflichtungsgrund gefordert wird.[6] Teilweise wird sogar die Unterscheidbarkeit von der juristischen Person in Frage gestellt.[7]

---

[4] BGHZ 34, 293 (296) = BGH NJW 1961, 1022 (1022 f.); *Berndt/Boin*, NJW 1998, 2854 (2859); *Zöllner*, FS Gernhuber, 1993, S. 563 (S. 572).
[5] Grundlegend *Flume*, ZHR 136 (1972), 177 (184 ff.); *ders.*, BGB AT, Bd. I/1, 1977, §§ 4 II und 5.
[6] MüKo-BGB/*Schäfer*, Vor § 705 Rn. 11 mwN.
[7] Siehe etwa die Anmerkung von *K. Schmidt*, NJW 2001, 993 (997); dagegen MüKo-BGB/*Schäfer*, Vor § 705 Rn. 14 mwN.

468 c) Eine vermittelnde Ansicht nimmt an, dass die Gesamthand zwar grundsätzlich fähig sei, zu einem Rechtssubjekt verselbstständigt zu werden; diese Verselbstständigung sei im geltenden Recht jedoch nicht bei allen Gesamthandsgemeinschaften durchgeführt worden.[8]

469 3. Für die nach außen am Rechtsverkehr teilnehmende GbR (sogenannte Außen-GbR) schließt sich der BGH im vorliegenden Urteil ausdrücklich der Gruppenlehre an: Die Außen-GbR ist rechtsfähig und kann als solche am Rechtsverkehr teilnehmen, Rechte erwerben und Verbindlichkeiten eingehen, klagen und verklagt werden. Auch wenn der BGH seine Entscheidung sehr ausführlich begründet, bietet die Argumentation einige Angriffspunkte:

470 a) Methodisch angreifbar ist vor allem die Art und Weise, in der sich der BGH über den klaren Gesetzeswortlaut der §§ 714, 718 BGB hinwegsetzt.[9] Der BGH argumentiert hier mit der Entstehungsgeschichte der Vorschriften und dem Willen des historischen Gesetzgebers, der im Hinblick auf die theoretische Konstruktion der Gesamthand bewusst keine Entscheidung getroffen habe. Maßgeblich für die Auslegung einer Gesetzesvorschrift ist jedoch der in dieser zum Ausdruck kommende objektivierte Wille des Gesetzgebers, so wie er sich aus dem Wortlaut der Gesetzesbestimmung und dem Sinnzusammenhang ergibt, in den diese hineingestellt ist. Diese vorrangig am objektiven Sinn und Zweck des Gesetzes zu orientierende Auslegung kann daher nicht durch Motive gebunden werden, die im Gesetzeswortlaut keinen Ausdruck gefunden haben.[10] Das Argument des BGH, vor dem historischen Hintergrund der Vorschrift gebe der Wortlaut des § 714 BGB „für eine Deutung der Rechtsnatur der GbR nichts her", verkehrt diesen Zusammenhang in sein Gegenteil.

471 b) Als systematisches Argument zieht der BGH die Regelung in § 14 Abs. 2 BGB heran. Die Vorschrift bezeichnet Personengesellschaften, die wie die OHG und die KG die Fähigkeit haben, Rechte zu erwerben und Verbindlichkeiten einzugehen, ausdrücklich als „rechtsfähig". § 14 Abs. 1 BGB unterscheidet aber zwischen juristischen Personen und rechtsfähigen Personengesellschaften. Letztere sind damit gerade keine juristischen Personen. Der Wortlaut nimmt insoweit implizit Bezug auf die gesetzliche Regelung in § 124 HGB und beschreibt mit dem Begriff „rechtsfähig" daher lediglich die Tatsache, dass OHG wie KG „unter ihrer Firma" Rechte erwerben und Verbindlichkeiten eingehen können.[11] Über die Frage, ob die hiervon erfassten Personengesellschaften „als solche" oder die Gesellschafter in ihrer gesamthänderischen Verbundenheit Träger der jeweiligen Rechte und Pflichten sind, wird damit jedoch gerade nichts ausgesagt.

472 c) Im Ergebnis führt die Anerkennung der Rechtsfähigkeit der GbR zu ihrer rechtlichen Gleichstellung mit der OHG. Problematisch ist das vor allem im Hinblick auf die fehlende Registerpublizität der GbR. Bei der OHG sind Firma und Gesellschafter ebenso wie deren Vertretungsmacht in das Handelsregister einzutragen (§§ 106 Abs. 2 Nr. 1, 2 und 4 HGB), das insoweit negative und positive Publizität genießt (§ 15

---

8 *K. Schmidt*, Gesellschaftsrecht, 4. Aufl. 2002, § 8 III 3; MüKo-BGB/*K. Schmidt*, § 741 Rn. 4.
9 So auch *K. Schmidt*, NJW 2001, 993 (996 f.).
10 BGHZ 188, 200 Rn. 20 = BGH NJW 2011, 1078 – S-Bahn-Verkehr Rhein/Ruhr I.
11 Diese Definition der „rechtsfähigen Personengesellschaft" ist mit dem Fernabsatzgesetz aus § 1059a Abs. 2 BGB aF übernommen worden. Dort soll sie klarstellen, dass die in der Vorschrift geregelten Leitungsrechte auch von einer Personengesellschaft übertragen werden können, die mit der Fähigkeit ausgestattet ist, Rechte zu erwerben und Verbindlichkeiten einzugehen, siehe Stellungnahme der Bundesregierung zum Entwurf eines Gesetzes zur Änderung des Rechts der beschränkten persönlichen Dienstbarkeiten, BT-Drs. 13/3604, Anlage 2.

IV. Rechtliche Einordnung

Abs. 1, 3 HGB). Dagegen ist die Gesellschafterstruktur einer GbR für Dritte nicht ohne Weiteres erkennbar. Der BGH will diese Bedenken mit dem Hinweis darauf ausräumen, dass es dem Gesellschaftsgläubiger auch bei Anerkennung der Parteifähigkeit der GbR unbenommen bleibe, die Gesellschafter persönlich in Anspruch zu nehmen; die Rechtsverfolgung würde also durch die Anerkennung der Parteifähigkeit nicht erschwert.[12] Es geht jedoch bei der Registerpublizität nicht ausschließlich um die eindeutige Bezeichnung der GbR als Prozesspartei. Schwierigkeiten bereitet das Fehlen eines Registers vor allem auch im Hinblick darauf, dass die Gesellschafterstellung und damit die Vertretungsbefugnis der für die GbR handelnden Personen (vgl. § 714 BGB) nicht rechtssicher festgestellt werden kann, etwa bei Vertragsabschlüssen mit der Gesellschaft. Problematisch ist das vor allem im Grundstücksverkehr (siehe dazu unten Rn. 477).

4. Der BGH will mit der vorliegenden Entscheidung den Bedürfnissen der Rechtspraxis Rechnung tragen. In der Rechtsform der GbR werden vielfach auch Zwecke verfolgt, die dem bisherigen gesetzlichen Leitbild einer nicht rechtsfähigen, zur Durchführung einer begrenzten Anzahl von Einzelgeschäften gegründeten Gesamthandsgemeinschaft nicht entsprechen. Ein erheblicher Anteil solcher Gesellschaften ist auf Dauer angelegt und zu einem Zweck gegründet, der sich nur mit einer Teilnahme der Gesellschaft am Rechtsverkehr verfolgen lässt. Mit dem Gesetz zur Modernisierung des Personengesellschaftsrechts (MoPeG) vom 10.8.2021 hat der Gesetzgeber auf diese praktischen Bedürfnisse reagiert und das Recht der GbR an die von der Rechtsprechung und der Kautelarpraxis angestoßenen Entwicklungen angepasst.[13] Durch eine vollständige Neufassung der §§ 705 ff. BGB wird die GbR als Grundform aller rechtsfähigen Personengesellschaften ausgestaltet und am Leitbild einer auf gewisse Dauer angelegten, mit eigenen Rechten und Pflichten ausgestatteten Personengesellschaft ausgerichtet (siehe insbesondere §§ 713, 722 BGB nF). Um dem Rechtsverkehr Gewissheit über Haftung und Vertretungsverhältnisse zu verschaffen, wird nach dem Vorbild des Handelsregisters außerdem ein Gesellschaftsregister eingeführt, in das Gesellschaften bürgerlichen Rechts eingetragen werden können (§§ 707–707d, 719 Abs. 1 BGB nF). Die Änderungen treten am 1.1.2024 in Kraft.

472a

5. Die Rechtspraxis hat sich auf das vorliegende Urteil als „Meilenstein auf dem Wege der Fortbildung des Außenrechts der Personengesellschaften"[14] ohnehin längst eingestellt. Die Rechtsfähigkeit der Außen-GbR muss daher schon heute als geltendes Recht angesehen werden. Die Anerkennung der GbR als eigenständiges Rechtssubjekt hat dabei weitreichende Konsequenzen:

473

a) Die GbR selbst (und nicht ihre Gesellschafter zur gesamten Hand) ist Inhaberin des Gesellschaftsvermögens.[15] Verträge über das Gesellschaftsvermögen sind mit der GbR als Vertragspartnerin zu schließen. Vertragspartnerin wird die Gesellschaft freilich nur, soweit sie beim Vertragsschluss wirksam organschaftlich vertreten wird. Gesetzliche Vertreter sind nach §§ 714, 709 BGB im Zweifel alle Gesellschafter gemeinschaftlich. Dabei geht es entgegen dem Wortlaut aber nicht um eine „Vertretung der anderen Gesellschafter", sondern um eine Vertretung der Gesellschaft. Auch für deliktische

474

---

12 BGHZ 146, 341 (357) = BGH NJW 2001, 1056 (1060) unter A. II. 4.
13 BGBl. 2021 I, 3436. Überblick bei *Bachmann*, NJW 2021, 3073.
14 *K. Schmidt*, NJW 2001, 993 (995).
15 BGHZ 187, 344 Rn. 8 = BGH NJW 2011, 615 mwN.

Handlungen der Gesellschafter als ihre „Organe" haftet die GbR analog § 31 BGB selbst.

475 b) Prozessuale Konsequenz ist die aktive wie passive Parteifähigkeit der GbR. Die GbR selbst kann also unter einem sie identifizierenden Namen Klage erheben, wenn die organschaftliche Vertretung der Gesellschaft und damit ihre Prozessfähigkeit gegeben ist.

476 c) Das gleiche gilt für den nicht rechtsfähigen Verein, auf den gemäß § 54 BGB die Vorschriften über die GbR entsprechende Anwendung finden. Auch der „nicht rechtsfähige" Verein ist damit rechtsfähig und im Zivilprozess sowohl aktiv als auch passiv parteifähig. § 50 Abs. 2 ZPO ist daher gegenstandslos.[16]

477 d) Aufgrund ihrer Rechtsfähigkeit kann die GbR überdies Eigentümerin eines Grundstücks sein. Für ihre Eintragung als Eigentümerin im Grundbuch schreibt § 47 Abs. 2 S. 1 GBO allerdings vor, dass sämtliche Gesellschafter eingetragen werden müssen. Eine Eintragung nur der Gesellschaft unter der Bezeichnung, die von ihren Gesellschaftern für das Auftreten der Gesellschaft im Rechtsverkehr vereinbart ist, genügt danach nicht (mehr).[17] Das materiellrechtlich der Gesellschaft selbst zustehende Eigentum der GbR wird von einem nachträglichen Wechsel im Bestand der Gesellschafter allerdings nicht berührt. Daher wird das Grundbuch auch nicht unrichtig iSv §§ 892, 894 BGB, wenn ein neuer Gesellschafter in die GbR eintritt, ohne im Grundbuch benannt zu werden. In Bezug auf Gesellschafterstellung und Vertretungsbefugnis kommt dem Grundbuch nämlich keine Publizitätsfunktion zu. Diese Lücke schließt § 899a BGB. Die Vorschrift erweitert den guten Glauben des Grundbuchs auch auf die Gesellschafterstellung der nach § 47 Abs. 2 S. 1 GBO eingetragenen Gesellschafter (aber nicht auf ihre Geschäftsführungsbefugnis![18]). Das ist systemwidrig, weil das Grundbuch eigentlich nur Rechte an Grundstücken, nicht aber an Gesellschaften ausweist. Bis zur Einführung eines Gesellschaftsregisters durch das MoPeG (siehe dazu oben Rn. 472a) wird dadurch aber zumindest partiell das Fehlen der Subjektpublizität der GbR (siehe oben Rn. 472) ausgeglichen. Ein gutgläubiger Erwerber des Grundstücks kann daher unabhängig vom tatsächlichen Gesellschafterbestand Eigentum von der GbR erwerben, wenn diese von allen als Gesellschafter im Grundbuch eingetragenen Personen vertreten wird.

V. Vertiefungsfragen

478 1. Was bedeutet die Anerkennung der Rechtsfähigkeit der GbR für die Haftung der einzelnen Gesellschafter? Was ist der Unterschied zwischen Schuld und Haftung? Lesen Sie das Urteil des BGH unter B. sowie *K. Schmidt*, NJW 2001, 993 (998 f.).
2. Gemäß § 736 ZPO ist zur Zwangsvollstreckung in das Gesellschaftsvermögen ein „gegen alle Gesellschafter" ergangenes Urteil erforderlich. Wie verträgt sich das mit der Annahme der passiven Parteifähigkeit der GbR? Beachten Sie auch den Wortlaut von § 124 Abs. 2 HGB. Lesen Sie BGHZ 146, 341 (356) = BGH NJW 2001, 1056 (1060) (dieses Urteil) sowie BGH NJW 2004, 3632 (3634).

---

16 Mit Inkrafttreten des MoPeG wird § 50 Abs. 2 ZPO aufgehoben.
17 BGHZ 189, 274 Rn. 11 ff. = BGH NJW 2011, 1958; anders zu § 47 GBO aF noch BGHZ 179, 102 Rn. 20 = BGH NJW 2009, 594.
18 BGHZ 187, 344 Rn. 28 = BGH NJW 2011, 615.

V. Vertiefungsfragen

3. Das Urteil betrifft nur die Außen-GbR. Ist diese Differenzierung sinnvoll? Stellt sich das Problem der Rechtsfähigkeit bei einer reinen Innen-GbR überhaupt? Siehe dazu MüKo-BGB/*Schäfer*, § 705 Rn. 283 f., 292 sowie §§ 705 Abs. 2, 740 BGB idF des MoPeG.
4. Welche Folgen zieht die Nichtigkeit des zur Gründung der GbR geschlossenen Gesellschaftsvertrags (zB gemäß § 105 Abs. 1, § 134 oder § 138 BGB) nach sich? Lesen Sie BGH NZG 2008, 460 sowie *Maultzsch*, JuS 2003, 544.

Fall 24: Pro Fide Catholica

Namensrecht einer juristischen Person
BGHZ 161, 216 = BGH NJW 2005, 978 – Pro Fide Catholica

I. Sachverhalt

479 Der Beklagte betreibt einen Buchverlag mit Versandbuchhandlung. Im Rahmen eines Verlagsprogramms mit der Bezeichnung „Pro Fide Catholica" verlegt er Schriften mit Titeln wie „Die geplante Weltdemokratie in der City of Man", „Karol Woityla als Familienvater" und „Falsche und echte Papstweissagungen". Weiter wirbt er in Spendenaufrufen und auf Überweisungsträgern dafür, die Verbreitung „guter katholischer Literatur" zu fördern. Die Klägerin, eine Diözese der katholischen Kirche, ist der Ansicht, nach § 12 BGB habe allein die katholische Kirche das Recht, die Begriffe „katholisch" und „catholica" zu gebrauchen. Wenn der Beklagte die Bezeichnung „Pro Fide Catholica" verwende, erwecke er unter den Gläubigen den Eindruck, dass die Klägerin ihm die Benutzung gestattet habe und sein Verlagsprogramm mit ihr abgestimmt sei. Dies stimme jedoch nicht. Die Schriften, die der Beklagte vertreibe, seien vielmehr in verunglimpfender und verhetzender Weise gegen die Amtskirche und den Papst gerichtet. Der Beklagte verletze auch durch seine Aufforderung, die Verbreitung „guter katholischer Literatur" zu fördern, das Namensrecht der Klägerin. Sie verlangt, dass der Beklagte es unterlässt, die Bezeichnungen „katholisch" und „catholica" zu verwenden und Schriften unter der Bezeichnung „Pro Fide Catholica" in den Verkehr zu bringen.

II. Zentrale Probleme

480 Die Klägerin beruft sich auf den Namensschutz gemäß § 12 BGB. Dieser steht nach der Systematik des BGB (siehe Überschrift zu Titel 1) nur natürlichen Personen zu. Fraglich ist daher zum einen, ob sich auch die katholische Kirche als Körperschaft des öffentlichen Rechts auf diesen Schutz berufen kann. Wenn man das bejaht, kommt es zum anderen darauf an, ob das Namensrecht auch dem Verbreiten von Schriften unter der Bezeichnung „katholisch" oder „catholica" entgegengehalten werden kann. Vorab ist allerdings zu klären, ob die Klägerin als Diözese überhaupt parteifähig ist.

III. Die Entscheidung des BGH

481 Der BGH bejaht zunächst die Rechtsfähigkeit der Klägerin und damit ihre Parteifähigkeit gemäß § 50 Abs. 1 ZPO:

▶ Nach dem Grundgesetz hat die katholische Kirche, die bereits vor dem Inkrafttreten der Weimarer Reichsverfassung „Körperschaft des öffentlichen Rechts" iSd Art. 137 WRV war, in der Bundesrepublik Deutschland die Stellung einer (besonderen) Körperschaft des öffentlichen Rechts (Art. 140 GG i. V. mit Art. 137 Abs. 5 S. 1 WRV). Sie ordnet und verwaltet ihre Angelegenheiten selbstständig (Art. 140 GG i. V. mit Art. 137 Abs. 3 S. 1 WRV). Dazu gehört auch die Regelung ihrer kirchlichen Organisation, die deshalb in der von der Kirche verfassten Weise von den staatlichen Gerichten hinzunehmen ist. Nach Can. 368 des Codex Juris Canonici (CIC) besteht die katholische Kirche aus Teilkirchen, insbesondere den Diözesen. Nach Can. 373 Halbs. 2 CIC besitzen rechtmäßig errichtete Teilkirchen Rechtspersönlichkeit. In dieser Weise ist die katholische Kirche auch in Deutschland gegliedert. ◀

IV. Rechtliche Einordnung

Als juristische Person des öffentlichen Rechts genießt die Klägerin nach Auffassung des BGH grundsätzlich auch Namensschutz gemäß § 12 BGB:

▶ Der namensrechtliche Schutz der Klägerin beschränkt sich nicht auf den Namen, den sie als Körperschaft des öffentlichen Rechts führt („Diözese A."). Die Klägerin ist auch Teil der „Katholischen Kirche". Wie das Berufungsgericht zutreffend angenommen hat, können der Klägerin deshalb auch namensrechtliche Ansprüche zustehen, soweit die Worte „catholica" und „katholisch" nach dem Zusammenhang, in dem sie verwendet werden, nicht der Kennzeichnung bestimmter Glaubensinhalte dienen, sondern – in Abgrenzung zu anderen Religionsgemeinschaften – der namensmäßigen Kennzeichnung der Zugehörigkeit von Einrichtungen und Veranstaltungen zur verfassten katholischen Kirche. ◀

Im Ergebnis lehnt der BGH jedoch eine Verletzung des Namensrechts der Klägerin durch den Beklagten ab. Insbesondere liege entgegen der Auffassung der Klägerin keine Namensanmaßung iSv § 12 S. 1 Var. 2 BGB vor. Mit der Bezeichnung eines Verlagsprogramms mit „Pro Fide Catholica" werde weder der geschützte Name „Katholische Kirche" namensmäßig benutzt noch iSd § 12 BGB unbefugt auf einen besonderen Zusammenhang der zum Verlagsprogramm gehörenden Schriften mit der Amtskirche hingewiesen. Entscheidendes Argument des BGH für diese Beurteilung ist, dass die Bezeichnung lediglich eine inhaltliche Aussage enthalte:

▶ Die lateinische Wendung „Pro Fide Catholica" bedeutet „für den katholischen Glauben" und ist deshalb – mit der Benutzung des Adjektivs „katholisch" in der lateinischen Form – ihrem Sprachsinn nach eine inhaltliche, das heißt beschreibende Aussage. Die Benutzung des Glaubensinhalte beschreibenden Wortes „katholisch" in einer Bezeichnung für ein Verlagsprogramm, in der das Wort nur in diesem Sinn verwendet wird, ist keine Namensanmaßung iSd § 12 BGB. Das Namensrecht gibt keine Ansprüche dagegen, dass jemand Wörter, die – wie das Wort „katholisch" – zum allgemeinen Sprachgebrauch gehören, als Sachaussage zur näheren Beschreibung eigener Tätigkeiten und Erzeugnisse verwendet. Die Klägerin hat dementsprechend, wenn sie sich allein auf ihr Namensrecht stützt, grundsätzlich keinen Anspruch darauf, dass Dritte auch eine Verwendung des Begriffs „katholisch" unterlassen, durch die (beschreibend) darauf hingewiesen wird, dass eigene Dienstleistungen oder Erzeugnisse der Verbreitung bestimmter Glaubensinhalte dienen sollen. Sie muss es deshalb hinnehmen, dass im Verkehr teilweise auch dann, wenn das Wort „katholisch" nicht zur Kennzeichnung der Zugehörigkeit zur katholischen Amtskirche, sondern nur beschreibend für das eigene Verständnis katholischen Glaubens verwendet wird, zu Unrecht ein Bezug zu ihr hergestellt wird. [...] Ein Verständnis, dass die Amtskirche der Verwendung der Bezeichnung zugestimmt habe, kann sich hier nur daraus ergeben, dass es wegen der besonderen Bekanntheit und der gesellschaftlichen Bedeutung der katholischen Amtskirche nahe liegend ist, das Wort „katholisch" mit dieser zu verbinden. Gegen eine so verursachte Zuordnungsverwirrung gibt das Namensrecht jedoch keinen Schutz. ◀

IV. Rechtliche Einordnung

1. Identifikationsmerkmal einer natürlichen Person ist vor allem ihr Name. Zivilrechtlich wird der Schutz des Namens in seiner Funktion als Identitätsbezeichnung durch § 12 BGB gewährleistet. Die Vorschrift enthält in Bezug auf den Unterlassungs- und Beseitigungsanspruch eine eigenständige Anspruchsgrundlage.[1] Darüber hinaus besteht

---

[1] Für eine analoge Anwendung des quasi-negatorischen Unterlassungsanspruchs gemäß § 1004 BGB ist daher mangels planwidriger Regelungslücke kein Raum.

bei einer schuldhaften Verletzung des Namensrechts als „sonstiges Recht" ein Schadensersatzanspruch gemäß § 823 Abs. 1 BGB.

485 2. Trotz seiner systematischen Stellung ist heute gewohnheitsrechtlich anerkannt, dass § 12 BGB analog auch auf den Namen von juristischen Personen und Personenvereinigungen ohne Rechtspersönlichkeit (zB OHG, KG, GbR) anwendbar ist.[2]

486 a) Dem liegt das praktische Bedürfnis zugrunde, sämtliche Einheiten, die im Rechtsverkehr unter einem Namen oder einer Firma auftreten, im Hinblick auf ihr Unterscheidungsinteresse gleich zu behandeln.[3] Der Schutz von Unternehmensbezeichnungen richtet sich allerdings vorrangig nach §§ 5 Abs. 1, 2, 15 MarkenG. § 12 BGB bleibt daneben anwendbar, soweit es um eine Benutzung des Kennzeichens außerhalb des geschäftlichen Verkehrs geht.[4]

487 b) Vor diesem Hintergrund kommt es nicht darauf an, ob es sich um eine juristische Person des Privatrechts oder des öffentlichen Rechts handelt. In der Rechtsprechung ist daher etwa auch der Namensschutz von Städten und Gemeinden als Körperschaften des öffentlichen Rechts anerkannt.[5] Voraussetzung ist, dass der betreffende Name im Rechtsverkehr zur Kennzeichnung der Person gebraucht wird und über eine ausreichende Unterscheidungskraft verfügt. Folgerichtig spricht der BGH daher auch der katholischen Kirche einen Namensschutz analog § 12 BGB zu. Die Attribute „römisch-katholisch" und „katholisch" bezeichnen die römische Amtskirche und unterscheiden sie in der Öffentlichkeit schlagwortartig von anderen Religionsgemeinschaften.[6]

488 3. Entscheidend für den Ausgang des vorliegenden Rechtsstreits war die Reichweite des Namensschutzes. Eine Verletzung des Namensrechts kann gemäß § 12 S. 1 BGB in zwei Erscheinungsformen auftreten: der Namensbestreitung (Var. 1) und der Namensanmaßung (Var. 2). Der seltene Fall einer Namensbestreitung (oder Namensleugnung) liegt vor, wenn ein Dritter dem Namensinhaber das Recht zur Führung seines Namens abspricht.[7] Die im vorliegenden Fall allein in Betracht kommende Namensanmaßung ist dagegen gegeben, wenn ein Dritter unbefugt den Namen bzw. eine als Name geschützte Bezeichnung gebraucht, dadurch eine Zuordnungsverwirrung auslöst und schutzwürdige Interessen des Namensträgers verletzt.

489 a) In einer früheren Entscheidung hat der BGH eine Verletzung des Namensrechts der katholischen Kirche etwa darin gesehen, dass eine von den Anhängern eines exkommunizierten Bischofs ohne Zustimmung des Erzbistums unterhaltene Kapelle als „röm. kath. Oratorium" bezeichnet wird.[8] Für die von § 12 BGB geforderte Beeinträchtigung der Interessen des Namensinhabers reiche es bereits aus, dass der Kläger (das Erzbistum Köln) durch die Verwendung der Abkürzung „röm. kath." auf dem Schild am Hauseingang der Kapelle mit dem Beklagten, der diese Kapelle unterhält, in Beziehung gebracht wird. Überdies könne die Bezeichnung „röm. kath." aber auch als

---

[2] Zur Rechtspersönlichkeit der GbR siehe Fall 23 – Weißes Ross.
[3] NK-BGB/*Koos*, § 12 Rn. 67.
[4] Beispiel hierfür ist die Benutzung des Unternehmenskennzeichens als Internet-Domain für eine private Homepage, siehe dazu BGHZ 149, 191 (198 ff.) = BGH NJW 2002, 2031 (2033 f.) – shell.de.
[5] Siehe nur BGH NJW 2007, 682 Rn. 14 – solingen.info; OLG Koblenz WRP 2002, 340 (342); LG Mannheim NJW 1996, 2736 (2737).
[6] Siehe dazu bereits BGHZ 124, 173 (179) = BGH NJW 1994, 245 (246 f.).
[7] BGHZ 155, 273 (275) = BGH NJW 2003, 2978 (2979) – maxem.de.
[8] BGHZ 124, 173 = BGH NJW 1994, 245.

IV. Rechtliche Einordnung

Hinweis auf die katholische Kirche als Träger der Kapelle verstanden werden, so dass die Gefahr einer unzulässigen Zuordnungsverwirrung bestehe.⁹

b) Demgegenüber misst der BGH dem Umstand, dass der Begriff „katholisch" von weiten Teilen der Bevölkerung mit der katholischen Amtskirche in Verbindung gebracht wird, in der vorliegenden Entscheidung gerade keine Bedeutung bei. Maßgeblicher Unterschied zu dem früheren Fall ist, dass der Begriff hier nicht „namensmäßig" benutzt wird, sondern lediglich die Inhalte der vom Beklagten verlegten Schriften beschreibt. Die Bezeichnung eines Verlagsprogramms als „Pro Fide Catholica" gibt nach Auffassung des BGH „objektiv keinen Anlass" anzunehmen, dass ein besonderer Zusammenhang des Verlagsprogramms mit der Amtskirche besteht. Der BGH verneint damit schon einen „Gebrauch" des geschützten Namens iSv § 12 BGB. Auf die Frage, ob die Benutzung des Begriffs „katholisch" eine Zuordnungsverwirrung auslöst, die die berechtigten Interessen der Kirche als Namensinhaber beeinträchtigt, kommt es daher nicht mehr an.

490

4. Die Klägerin stört sich offenbar vor allem am Inhalt der vom Beklagten vertriebenen Schriften, die „in verunglimpfender und verhetzender Weise gegen die Amtskirche und den Papst gerichtet" seien. Auf diesen Aspekt geht der BGH in seiner Entscheidung nicht ausdrücklich ein, da sich die Klägerin nur auf ihr Namensrecht stützt. In Betracht kommt insoweit aber eine Verletzung des allgemeinen Persönlichkeitsrechts. Inwieweit sich hierauf auch juristische Personen berufen können, ist umstritten.¹⁰ Für natürliche Personen ist das allgemeine Persönlichkeitsrecht seit der BGH-Entscheidung „Leserbrief" von 1954 als einheitliches, umfassendes Recht des Einzelnen auf Achtung seiner Menschenwürde und Entfaltung seiner individuellen Persönlichkeit anerkannt, das zivilrechtlich als „sonstiges Recht" iSv § 823 Abs. 1 BGB geschützt wird.¹¹

491

a) Abgeleitet wird der Schutz aus der verfassungsrechtlichen Gewährleistung der Menschenwürde und des Rechts auf freie Entfaltung der Persönlichkeit durch Art. 1 Abs. 1 und Art. 2 Abs. 1 GG. Es umfasst vor allem den Schutz des Betroffenen vor Herabwürdigung und Entstellung seiner Person und vor Verfälschung seines Persönlichkeitsbildes, das Recht auf informationelle Selbstbestimmung und den Schutz vor unbefugter Kommerzialisierung von Persönlichkeitsmerkmalen. Anwendung findet es neben den gesetzlich geregelten besonderen Persönlichkeitsrechten, namentlich dem Namensrecht (§ 12 BGB), dem Recht am eigenen Bild (§ 22 KUG) sowie dem Urheberpersönlichkeitsrecht (§§ 12 ff. UrhG).

492

b) Letztgenannte Rechte bestanden schon vor der Anerkennung des allgemeinen Persönlichkeitsrechts durch die Rechtsprechung. Gleichwohl werden sie heute lediglich als dessen besondere Ausprägungen angesehen, die gleichberechtigt neben den sonstigen, von der Rechtsprechung entwickelten Fallgruppen stehen und diesen gegenüber keine Sperrwirkung entfalten.¹² In neuerer Zeit neigt die Rechtsprechung sogar umgekehrt dazu, die für das allgemeine Persönlichkeitsrecht entwickelten Grundsätze undifferenziert auf die besonderen Persönlichkeitsrechte zu übertragen, ohne deren spezialgesetz-

493

---

9 BGHZ 124, 173 (182) = BGH NJW 1994, 245 (247).
10 Für die Anerkennung eines „sozialen Geltungsanspruchs" von Unternehmen BGH NJW 2018, 2877 = ZUM 2018, 519 mAnm *Stieper*; ablehnend *Martini*, JA 2009, 839 (842); siehe auch den Überblick bei *Wilms/Roth*, JuS 2004, 577.
11 BGHZ 13, 334 (338) = BGH NJW 1954, 1404 (1405) – Leserbrief.
12 Siehe nur BGHZ 165, 203 Rn. 8 = BGH NJW 2006, 605 – Postmortaler Persönlichkeitsschutz; BGHZ 171, 275 Rn. 5 = BGH NJW 2007, 1977 – Winterurlaub.

lich normierte Voraussetzungen zu beachten.[13] Praktisch existiert damit nur noch *ein* auch die besonderen Erscheinungsformen umfassendes Persönlichkeitsrecht.

c) Beim (allgemeinen) Persönlichkeitsrecht handelt es sich nach herrschender Meinung um ein sogenanntes Rahmenrecht. Bei diesen Rechten ist die Rechtswidrigkeit einer Beeinträchtigung, anders als bei den in § 823 Abs. 1 BGB ausdrücklich genannten Rechtsgütern, nicht indiziert, sondern kann nur durch eine Abwägung der widerstreitenden grundrechtlich geschützten Belange bestimmt werden. Dabei sind die besonderen Umstände des Einzelfalls sowie die betroffenen Grundrechte und Gewährleistungen der EMRK interpretationsleitend zu berücksichtigen.[14] Im vorliegenden Fall wäre der soziale Geltungsanspruch der Kirche gegen das durch die Meinungs- und Pressefreiheit geschützte Interesse des Beklagten abzuwägen, die kritische Auseinandersetzung mit der katholischen Amtskirche zu fördern. Welches Interesse dann Vorrang genießt, hängt von den Umständen des Einzelfalls ab, insbesondere vom Inhalt der angegriffenen Schriften: Hinter dem Persönlichkeitsrecht muss die Meinungsfreiheit erst dann zurücktreten, wenn es sich um sogenannte Schmähkritik handelt, bei der nicht mehr die Auseinandersetzung in der Sache, sondern die Diffamierung der Person im Vordergrund steht.[15]

d) Dem Schutz des allgemeinen Persönlichkeitsrechts natürlicher Personen dient auch die am 25.5.2018 in Kraft getretene Datenschutz-Grundverordnung (DS-GVO).[16] Als unmittelbar geltendes Unionsrecht regelt sie abschließend die Voraussetzungen, unter denen die Verarbeitung personenbezogener Daten wie Name, Alter, Herkunft, Geschlecht, Fotos oder Videoaufzeichnungen zulässig ist. In ihrem Anwendungsbereich geht sie dem nationalen Recht vor, soweit den einzelnen Mitgliedstaaten nicht durch Öffnungsklauseln Spielräume für autonome nationale Regelungen eingeräumt werden.[17]

V. Vertiefungsfragen

1. Ist auch der Name einer verstorbenen Person durch § 12 BGB geschützt? Wer könnte gegebenenfalls die Verletzung eines solchen postmortalen Namensrechts geltend machen? Lesen Sie BGHZ 107, 384 = BGH NJW 1990, 1986 – Emil Nolde; BGHZ 169, 193 = BGH NJW 2007, 684 – kinski-klaus.de.
2. In §§ 7 bis 9 BGB regelt das Gesetz den Wohnsitz als räumlichen Schwerpunkt der Lebensverhältnisse einer natürlichen Person. Welche Bedeutung hat der Wohnsitz im Zivilrecht? Lesen Sie § 269 BGB, §§ 12, 13 ZPO sowie die Übersicht bei MüKo-BGB/*Spickhoff*, § 7 Rn. 4.
3. Das allgemeine Persönlichkeitsrecht kann auch durch diffamierende oder rufschädigende Äußerungen im Internet verletzt werden. Welche Rechtsordnung bestimmt darüber, ob tatsächlich eine Rechtsverletzung vorliegt? Kommt es darauf an, wo

---

13 Besonders deutlich BGH NJW 2008, 3782 Rn. 12 f. – Zerknitterte Zigarettenschachtel, wo der BGH die nach § 12 S. 1 BGB für eine Verletzung des Namensrechts erforderliche Voraussetzung einer Namensanmaßung oder -bestreitung ignoriert.
14 Siehe nur BGHZ 169, 193 Rn. 13 = BGH NJW 2007, 684 – kinski-klaus.de; BGH NJW 2018, 2877 Rn. 19.
15 Siehe dazu BVerfGE 82, 272 (284) = BVerfG NJW 1991, 95 (96); OLG Hamburg ZUM-RD 2018, 484 (489 ff.).
16 Verordnung (EU) 2016/679 vom 27.4.2016 zum Schutz natürlicher Personen bei der Verarbeitung personenbezogener Daten, zum freien Datenverkehr und zur Aufhebung der Richtlinie 95/46/EG, ABl. L 119/1.
17 Siehe etwa Art. 85 DS-GVO in Bezug auf die Verarbeitung zu journalistischen, wissenschaftlichen, künstlerischen oder literarischen Zwecken; dazu BGH NJW 2020, 3715 Rn. 11 – Ehescheidung; BGH GRUR 2022, 665 Rn. 27 ff. – Tina Turner.

V. Vertiefungsfragen

die betreffende Seite (bestimmungsgemäß) abrufbar ist? Wo muss die betroffene Person klagen, um ihr Persönlichkeitsrecht gerichtlich durchzusetzen? Lesen Sie BGHZ 217, 350 = BGH NJW 2018, 2324.

Fall 25: Photovoltaikanlage

Voraussetzungen eines wesentlichen Bestandteils
BGHZ 231, 310 = BGH NJW 2022, 614

I. Sachverhalt[1]

496 Der Kläger ist Insolvenzverwalter. Die Insolvenzschuldnerin kaufte im Jahr 2010 eine Freiland-Photovoltaikanlage mit insgesamt 5.000 Photovoltaikmodulen, die im Jahr zuvor auf dem Grundstück eines Dritten errichtet worden war. An dem Grundstück erhielt sie ein Nutzungsrecht. Im März 2011 verkaufte sie dem Beklagten 20 Module dieser Photovoltaikanlage nebst einem Miteigentumsanteil an deren Unterkonstruktion. Der Vertrag enthält unter anderem folgende Regelungen:

„Vorbemerkung [...]

2. Auf Grundlage des unter Nr. 1 genannten Nutzungsrechts errichtete der Verkäufer auf der in der Anlage 1 markierten Freilandfläche eine Photovoltaikanlage. Das Eigentum an dieser Anlage, und zwar die Module, die mit der in der Angebot/Bestellung näher bezeichneten Nr. gekennzeichnet sind, soll auf der Grundlage des vorliegenden Vertrags auf den Käufer übergehen. [...]

§ 1 Kaufgegenstand – Photovoltaikanlage

1. Gegenstand dieses Vertrags ist die Übergabe und Übereignung einer Photovoltaikanlage. [...]

§ 8. Eigentumsvorbehalt. Die Photovoltaikanlage einschließlich der Zubehörteile bleibt bis zur vollständigen Zahlung des Kaufpreises im Eigentum des Verkäufers. Nach vollständiger Zahlung des Kaufpreises geht das Eigentum und Miteigentum an der Anlage (Vorb. zu Nr. 2 und § 1 Abs. 1) auf den Käufer über, worüber die Parteien einig sind. Die Übergabe gilt als erfolgt zu dem Zeitpunkt, zu dem der Kaufpreis vollständig bezahlt ist. [...]"

Der Beklagte zahlte den Kaufpreis von 18.762,50 EUR. Am 1.3.2016 wurde das Insolvenzverfahren über das Vermögen der Schuldnerin eröffnet und der Kläger zum Insolvenzverwalter bestellt. Der Kläger begehrt die Feststellung, dass der Beklagte kein Eigentum an den Modulen und der Unterkonstruktion erworben habe.

II. Zentrale Probleme

497 Die Feststellungklage des Insolvenzverwalters, der den Prozess als Partei kraft Amtes führt (vgl. § 80 Abs. 1 InsO), ist darauf gerichtet, die Zugehörigkeit der Photovoltaikanlage zur Insolvenzmasse zu klären. Sie ist begründet, wenn der Beklagte kein Eigentum an den Modulen und der Unterkonstruktion erworben hat. Der Beklagte kann das Eigentum nur durch eine wirksame Übereignung durch die Insolvenzschuldnerin erlangt haben. Neben einer dinglichen Einigung über den Eigentumsübergang sowie einer Übergabe an den Beklagten setzt die Wirksamkeit der Übereignung gemäß § 929 S. 1 BGB voraus, dass es sich bei den Modulen und den Bauteilen der Unterkonstruktion im Zeitpunkt der Übereignung um bewegliche Sachen handelte, die Gegenstand besonderer Rechte sein konnten. Wären sie dagegen wesentliche Bestandteile einer

---

[1] Vereinfachte Version des Original-Sachverhalts.

größeren Sacheinheit als Gesamtsache gewesen, so wäre das dingliche Rechtsgeschäft, durch das dem Beklagten das isolierte Eigentum an den Modulen verschafft werden sollte, gemäß § 93 BGB nichtig.[2] Als Gesamtsache, zu der die Module und deren Unterkonstruktion gehören könnten, kommen sowohl das Grundstück als auch die Photovoltaikanlage als Ganzes in Betracht.

Ein Eigentumserwerb des Beklagten setzt daher voraus, dass die Module weder wesentliche Bestandteile des Grundstücks (§ 94 Abs. 1 BGB) noch der Photovoltaikanlage waren, als sie dem Beklagten von der Insolvenzschuldnerin übereignet wurden. Wesentliche Bestandteile der Photovoltaikanlage können die Module sowohl nach § 93 BGB als auch nach § 94 Abs. 2 BGB geworden sein. Nach § 93 BGB ist ein Bestandteil aber nur dann wesentlich, wenn er von den übrigen Bestandteilen nicht getrennt werden kann, ohne dass er oder die übrigen Bestandteile zerstört oder in ihrem Wesen verändert werden. Problematisch ist insoweit vor allem, auf welchen Zeitpunkt für die Beurteilung der Wesentlichkeit abzustellen ist. Für eine Anwendung von § 94 Abs. 2 BGB muss es sich bei der Photovoltaikanlage um ein Gebäude handeln, zu dessen Herstellung die Module eingefügt wurden. Ob eine Freiland-Photovoltaikanlage ein Gebäude iSv § 94 BGB darstellt, ist jedoch fraglich.

498

III. Die Entscheidung des BGH

Der BGH geht zunächst davon aus, dass die Photovoltaikanlage selbst kein wesentlicher Bestandteil des Grundstücks ist, auf dem sie steht. Dabei lässt das Gericht offen, ob es schon an einer festen Verbindung mit dem Grundstück iSv § 94 Abs. 1 BGB fehlt. Die Bestandteilseigenschaft sei jedenfalls nach § 95 Abs. 1 S. 1 BGB ausgeschlossen, da die Anlage nur zu einem vorübergehenden Zweck mit dem Grundstück verbunden und daher als „Scheinbestandteil" anzusehen sei:

499

▶ [8] [...] Verbindet ein Mieter, Pächter oder sonst schuldrechtlich Berechtigter eine Sache mit dem ihm nicht gehörenden Grundstück, spricht eine tatsächliche Vermutung dafür, dass er dabei nur in seinem eigenen Interesse handelt und nicht zugleich in der Absicht, die Sache nach Beendigung des Vertragsverhältnisses dem Grundstückseigentümer zufallen zu lassen, also dafür, dass die Verbindung nur vorübergehend – für die Dauer des Vertragsverhältnisses – iSd § 95 Abs. 1 BGB hergestellt ist. Eine Verbindung zu einem vorübergehenden Zweck ist auch dann nicht ausgeschlossen, wenn die Sache für ihre gesamte (wirtschaftliche) Lebensdauer auf dem Grundstück verbleiben soll.

[9] Nach diesem Maßstab nimmt das Berufungsgericht ohne Rechtsfehler an, dass die Photovoltaikanlage ein Scheinbestandteil des Grundstücks ist, weil sie auf der Grundlage eines mit dem Grundstückseigentümer geschlossenen schuldrechtlichen Nutzungsvertrags errichtet wurde, der die Entfernung der Anlage von dem Grundstück nach Ablauf der vereinbarten Nutzungsdauer vorsieht. [...] ◀

Auch die einzelnen Module der Photovoltaikanlage stellen damit keine wesentlichen Bestandteile des Grundstücks iSv § 94 Abs. 1 BGB dar. Die Module können aber wesentliche Bestandteile der Photovoltaikanlage nach § 94 Abs. 2 BGB sein, wenn es sich bei der Anlage um ein Gebäude im Sinne dieser Vorschrift handelt. Den sachenrechtlichen Gebäudebegriff bestimmt der BGH dabei nicht rein begrifflich, sondern unter Einbeziehung der Zwecke des § 94 BGB. Diese sieht das Gericht in der Erhaltung wirtschaftlicher Werte und der Wahrung rechtssicherer Vermögenszuordnungen:

500

---

2 Vgl. BGHZ 104, 298 (303) = BGH NJW 1988, 2789 (2790).

▶ [14] Zutreffend geht das Berufungsgericht davon aus, dass ein Gebäude iSv § 94 BGB nicht jede ortsfeste, durch Verwendung von Arbeit und Material in Verbindung mit dem Erdboden hergestellte Sache ist. Denn dabei handelt es sich um die Definition des BGH zu einem Bauwerk nach § 438 Abs. 1 Nr. 2 bzw. § 634a Abs. 1 Nr. 2 BGB. Die genannten Verjährungsregeln verfolgen jedoch andere Zwecke, nämlich die Berücksichtigung bauwerksspezifischer Mängelrisiken im Rahmen des Interessenausgleichs zwischen den Vertragspartnern. Zur sachenrechtlichen Einordnung eignet sich der weite schuldrechtliche Bauwerksbegriff deshalb nicht. [...]

[16] Ausgehend von dem Wortlaut der Norm erfasst § 94 BGB zunächst alle Gebäude im herkömmlichen Sinne, also Häuser und sonstige Baukörper, die durch räumliche Einfriedung Schutz gewähren und den Eintritt von Menschen gestatten.[3]

[17] Wie das Berufungsgericht zutreffend anführt, hat der Senat zudem bereits entschieden, dass der Begriff Gebäude in § 94 BGB auch andere größere Bauwerke umfasst, weil sich sonst die Zielsetzung der Vorschrift, wirtschaftliche Werte zu erhalten und für rechtssichere Vermögenszuordnungen zu sorgen, nicht erreichen lässt.[4] [...]

[18] Bei einer Sache, die kein Gebäude im herkömmlichen Sinn darstellt, bedarf es jedoch der wertenden Betrachtung mit Blick auf ihre konkrete Beschaffenheit, ob eine erweiternde Anwendung des § 94 Abs. 2 BGB gerechtfertigt ist, weil die Sache zumindest eine gewisse Überschneidung mit einem Gebäude im engeren Sinne aufweist, sei es etwa aufgrund einer vergleichbaren Bauweise oder beispielsweise ihres Zwecks, dem – zumindest vorübergehenden – Aufenthalt von Menschen zu dienen. ◀

501 Nach diesen Maßstäben stellt die Freiland-Photovoltaikanlage, die aus einer gerüstähnlichen Aufständerung aus Stangen oder Schienen sowie darin eingesetzten Photovoltaikmodulen besteht, kein Gebäude iSv § 94 Abs. 2 BGB dar:

▶ [20] [...] Gebäude iSv § 94 BGB sind zwar auch andere größere Bauwerke, deren Beseitigung eine dem (Teil-)Abriss eines Gebäudes im engeren Sinne vergleichbare Zerschlagung wirtschaftlicher Werte bedeutete. Ein Bauwerk setzt in diesem Zusammenhang aber regelmäßig etwas mit klassischen Baustoffen „Gebautes" von solcher Größe und Komplexität voraus, dass die Beseitigung die Zerstörung oder wesentliche Beschädigung und den Verlust der Funktionalität der Sache zur Folge hätte.

[21] Etwas derart „Gebautes" stellt die Freiland-Photovoltaikanlage, wie das Berufungsgericht zutreffend annimmt, im vorliegenden Fall nicht dar. Ähnlichkeiten mit einem herkömmlichen Gebäude weist sie nicht auf. Sie ist insbesondere nicht als massive, in sich feste Einheit mittels klassischer Baustoffe hergestellt, sondern lediglich modulartig mithilfe von Schrauben, Klemmen oder sonstigen ohne größeren Aufwand wieder lösbaren Verbindungselementen zusammengesetzt worden. Selbst wenn sie zur Sicherung ihrer Standfestigkeit über eine Verankerung im Boden verfügen sollte, könnte sie ohne wesentliche Beschädigung abgebaut, in ihre Einzelteile zerlegt und an anderer Stelle wieder aufgestellt werden, ohne dadurch ihre Funktionsfähigkeit einzubüßen. ◀

502 Die Übereignung der Module an den Beklagten ist aber auch dann unwirksam, wenn diese zum Zeitpunkt der Übereignung als wesentliche Bestandteile der Photovoltaikanlage iSv § 93 BGB anzusehen und deshalb nicht sonderrechtsfähig sind:

---

[3] Vgl. BGHZ 204, 364 Rn. 29 = BGH NJW 2015, 2489; BGH WM 2020, 938 Rn. 10 f. – Mobilheim; BGHZ 104, 298 (300 f.) = BGH NJW 1988, 2789 – Blockhaus; BGH NJW 1982, 756 – Tiefgarage; BGH NJW 1978, 1311 – Pavillonbau in Fertigbauweise; BGH, Urt. v. 16.11.1973 – V ZR 1/71, LM Nr. 16 zu § 94 BGB – Gewächshaus.
[4] BGHZ 204, 364 Rn. 29 = BGH NJW 2015, 2489.

III. Die Entscheidung des BGH

▶ [27] Wesentliche Bestandteile einer Sache sind nach § 93 BGB solche, die voneinander nicht getrennt werden können, ohne dass der eine oder der andere zerstört oder in seinem Wesen verändert wird. Wie das Berufungsgericht im Ausgangspunkt zutreffend sieht, bestimmt sich die Wesentlichkeit der einzelnen Bestandteile einer Sache nach den Wirkungen ihres (gedachten) Ausbaus. Eine Zerstörung oder Wesensveränderung des abzutrennenden Teils ist daher anzunehmen, wenn dieses durch die Trennung wertlos wird oder nur noch Schrottwert hat, nicht aber, wenn es nach dem Ausbau in gleicher oder in ähnlicher Weise in eine andere Anlage integriert werden und damit wieder seine Funktion erfüllen kann. Ebenso wird die Restsache durch die Trennung nicht zerstört oder in ihrem Wesen verändert, wenn sie nach der Abtrennung des Bestandteils noch in der bisherigen Weise benutzt werden kann, sei es auch erst, nachdem sie zu diesem Zweck wieder mit anderen Sachen verbunden wird. Somit wären die einzelnen Module in der Tat nicht als wesentliche Bestandteile der Gesamtanlage anzusehen, wenn sie durch ein gleiches oder ähnliches Bauteil ersetzt und wenn sie zudem ihrerseits wieder in eine andere Anlage eingebaut werden und dort Strom erzeugen könnten. ◀

Für die Beurteilung, ob der Beklagte nach diesem Maßstab Eigentum an einzelnen Modulen und anteilig an der Unterkonstruktion erwerben konnte oder ob der Übereignung die mangelnde Sonderrechtsfähigkeit nach § 93 BGB entgegenstand, stellt der BGH anders als die Vorinstanz nicht auf den Zeitpunkt der Errichtung der Anlage im Jahr 2009 ab. Maßgeblich seien vielmehr die Verhältnisse in dem Zeitpunkt, zu dem das dingliche Rechtsgeschäft, dessen Wirksamkeit in Streit steht, vorgenommen wurde, hier also die Übertragung des Eigentums an den Modulen von der Insolvenzschuldnerin auf den Beklagten:

▶ [31] § 93 BGB verfolgt das Ziel, unter Rücksichtnahme auf volkswirtschaftliche Interessen Abtrennungen zu vermeiden, welche die Trennstücke beschädigten oder wesentlich veränderten. Wirtschaftliche Werte sollen nicht ohne einen rechtfertigenden Grund zerstört und der Volkswirtschaft dadurch Schaden zugefügt werden (vgl. Motive III S. 41). Daher ist auf die Verhältnisse zur Zeit der Verbindung abzustellen, wenn zu beurteilen ist, ob an dem Bestandteil bestehende Rechte Dritter infolge der Verbindung untergegangen sind (vgl. § 947 BGB). In diesem Zeitpunkt entscheidet sich, ob die Sache unter wirtschaftlich-technischen Gesichtspunkten in der Gesamtsache aufgegangen ist, weil eine anschließende Trennung zur Zerstörung wirtschaftlicher Werte führte. Nachfolgende Wertveränderungen – insbesondere übliche Wertminderungen durch Abnutzung oder Alterung – sind daher bei der Prüfung der Wesentlichkeit eines Bestandteils grundsätzlich nicht zu berücksichtigen, wenn es darum geht, ob ein Recht an der Sache noch besteht oder ob die Sache in der Gesamtsache aufgegangen ist. Gegen die Berücksichtigung dieser Umstände spricht zudem, dass sie unklare Eigentumsverhältnisse an den Bestandteilen einer verbundenen Sache zur Folge hätte. Die Bestandteile blieben dann zwar nach der Verbindung zunächst sonderrechtsfähig, würden aber zu wesentlichen, sonderrechtsunfähigen Bestandteilen der Gesamtsache, sobald die Abtrennung infolge Abnutzung oder Alterung unwirtschaftlich geworden wäre. Das widerspräche sachenrechtlichen Grundsätzen.

[32] Anders liegt es, wenn zu beurteilen ist, ob an einer in eine andere Sache eingefügten Sache nachträglich eigenständiges Eigentum begründet werden kann. Hierfür kommt es auf die Verhältnisse zu dem Zeitpunkt an, in dem das Recht begründet werden soll. Denn der Zweck des § 93 BGB, die durch eine Verbindung geschaffenen Werte möglichst zu erhalten, würde ohne Not verfehlt, wenn ein Bestandteil, dessen Trennung von der Gesamtsache zu deren tatsächlicher oder wirtschaftlicher Zerstörung oder zu einer Veränderung ihres Wesens führte, nur deswegen nicht als wesentlicher Bestandteil der Gesamtsache angese-

hen würde, weil er früher einmal neuwertig und austauschbar und somit sonderrechtsfähig war, obwohl auf dieser Grundlage keine Rechte Dritter begründet worden sind. Andererseits erfordert es der Schutzzweck des § 93 BGB auch nicht, einem Bestandteil der Gesamtsache, der inzwischen von dieser ohne Zerstörung wirtschaftlicher Werte trennbar ist, die Sonderrechtsfähigkeit allein deswegen abzusprechen, weil er früher einmal für die Gesamtsache wesentlich war.

[33] Folglich kommt es für die hier zu entscheidende Frage, ob der Beklagte das Eigentum an den Modulen erwerben konnte oder ob diese als wesentliche Bestandteile der Photovoltaikanlage nach § 93 BGB nicht Gegenstand gesonderter Rechte sein konnten, auf die Verhältnisse bei der Übereignung der Module durch die Insolvenzschuldnerin an. [...]

[34] [...] Wenn die Module im Zeitpunkt der Übereignung an den Beklagten keine wesentlichen Bestandteile der Anlage gewesen sein und das Eigentum auch im Übrigen wirksam übertragen worden sein sollte, dann würde dieser Eigentumsübertragung weder rückwirkend noch für die Zukunft dadurch die Grundlage entzogen, dass sich die wirtschaftlichen Folgen eines Ausbaus nun anders darstellen. Der Übereignung nachfolgende Wertveränderungen sind bei der Prüfung der Wesentlichkeit eines Bestandteils – wie bei der Beurteilung der Wesentlichkeit im Zeitpunkt des Einbaus – grundsätzlich nicht zu berücksichtigen. Dies gilt auch dann, wenn die Wertminderung nicht auf Alterung oder übliche Abnutzung, sondern auf – gegebenenfalls auch unvorhersehbare – Marktentwicklungen oder sonstige gewandelte wirtschaftliche oder rechtliche Rahmenbedingungen zurückzuführen ist.

[35] [...] Es widerspräche der gebotenen Rechtssicherheit, wenn Bestandteile nach der Verbindung zwar zunächst sonderrechtsfähig blieben, dann aber zu wesentlichen, sonderrechtsunfähigen Bestandteilen der Gesamtsache würden, sobald – und insbesondere auch allein deshalb, weil – die Abtrennung nachträglich unwirtschaftlich geworden wäre. [...] ◀

IV. Rechtliche Einordnung

504 1. Mit §§ 93 bis 95 BGB verfolgt der Gesetzgeber das Ziel, wirtschaftliche Werte zu schützen, die durch Zusammenfügung mehrerer Sachen geschaffen wurden. Dem entgegenstehenden Interesse insbesondere von Vorbehaltsverkäufern, Sonderrechte auch an Sachteilen zu begründen, wird dadurch Rechnung getragen, dass in § 93 BGB nur „wesentliche" Bestandteile einer solchen zusammengesetzten Sache für sonderrechtsunfähig erklärt werden. Für die Wesentlichkeit ist nicht die Bedeutung des Bestandteils für die Funktionsfähigkeit der Gesamtsache entscheidend. Die Gesamtsache wird vielmehr nur insoweit geschützt, als die Zerlegung in ihre Bestandteile zur physischen oder – praktisch wichtiger – zur wirtschaftlichen Vernichtung eines der Sachteile führen würde. Es soll damit das den volkswirtschaftlichen Interessen widersprechende Ergebnis verhindert werden, dass wirtschaftliche Werte ohne rechtfertigenden Grund zerstört werden, indem man die bei einer Trennung entstehenden Stücke entwertet.[5] Wenn keine Entwertung zu befürchten ist, wird die Sacheinheit nicht geschützt; die Bestandteile können Gegenstand von Sonderrechten sein.

505 2. Diesem Gesetzeszweck entsprechend, macht der BGH das Vorliegen eines wesentlichen Bestandteils iSv § 93 BGB davon abhängig, dass der Bestandteil nach einer etwaigen Trennung von der Gesamtsache nicht mehr in vergleichbarer Weise wirtschaftlich genutzt werden könnte wie innerhalb der zusammengesetzten Sache, und sei es auch erst nach der Verbindung mit einem neuen Gegenstand (Rn. 27 des Urteils).

---

[5] BGHZ 191, 285 Rn. 22 = BGH NJW 2012, 778; Staudinger/*Stieper*, § 93 Rn. 3 mwN.

IV. Rechtliche Einordnung

Ebenso werden die verbleibenden Bestandteile als Restsache durch die Wegnahme des Bestandteils nur dann in ihrem Wesen verändert, wenn der abgetrennte Teil nicht in wirtschaftlich sinnvoller Weise ersetzt und die Gesamtsache dadurch in gleicher oder ähnlicher Funktion wiederhergestellt werden kann.

a) Bei Serienprodukten, die relativ einfach zu ersetzen sind, handelt es sich danach regelmäßig nicht um wesentliche Bestandteile. So hat der BGH etwa den Austauschmotor eines Kraftfahrzeugs nicht als dessen wesentlichen Bestandteil eingeordnet, da „ein in Gebrauch genommener Austauschmotor nach seinem Ausbau in der gleichen Weise wie bisher verwandt und ohne Weiteres in ein anderes Fahrzeug des gleichen Typs eingebaut werden kann".[6] Diese wirtschaftlich-technische Sichtweise dient vor allem dazu, einen Eigentumsvorbehalt an serienmäßig hergestellten Produkten zu ermöglichen.[7]

506

Wesentlich sind dagegen solche Bestandteile, die speziell angefertigt oder besonders an die anderen Bestandteile angepasst sind, so dass sie nach ihrer Abtrennung von der Gesamtsache nicht sinnvoll weiterverwendet werden können, etwa eine speziell in einen unregelmäßig geschnittenen Küchenraum eingepasste Einbauküche. Gleiches gilt für solche Bestandteile, die durch ihre Abtrennung erheblich beschädigt oder sogar zerstört würden und damit allenfalls noch Schrottwert hätten, zB die fest mit einer Litfaßsäule verklebten Plakate.

507

b) Im Hinblick auf die vom BGH geforderte wirtschaftliche Betrachtungsweise muss man einen Fall der Wesensveränderung jedoch auch dann annehmen, wenn die Abtrennung im Vergleich zum verbleibenden Wert des Bestandteils unverhältnismäßig hohe Kosten verursachen würde, die Kosten von Trennung und Wiederzusammensetzung den Wert des abgetrennten Bestandteils also erheblich übersteigen.[8] Problematisch ist dabei allerdings, zu welchem Zeitpunkt die Wertverhältnisse zu bestimmen sind. So können mit zunehmendem Verfall der Sache im Laufe der Zeit die Aus- und Wiedereinbaukosten im Vergleich zum verbleibenden Wert der Bestandteile erst unverhältnismäßig werden. In einer früheren Entscheidung, die ein Modul in einem Wärmekraftwerk betraf, war der BGH noch davon ausgegangen, dass es allein auf die Wertverhältnisse im Zeitpunkt der Verbindung ankomme; Wertminderungen infolge von Abnutzung oder Alterung sollten insgesamt außer Betracht bleiben.[9] Wenn im Zeitpunkt der Verbindung eine Trennung wirtschaftlich sinnvoll möglich ist, bliebe die Sonderrechtsfähigkeit eines Bestandteils danach auch dann bestehen, wenn sein Wert irgendwann so sehr gesunken ist, dass sich ein Ausbau wirtschaftlich nicht mehr lohnt.

508

Davon weicht der BGH in der vorliegenden Entscheidung zugunsten einer differenzierenden Betrachtung ab: Ob ein Bestandteil iSv § 93 BGB wesentlich ist, bestimme sich nur dann nach den Verhältnissen im Zeitpunkt der Verbindung, wenn es darauf ankommt, ob an dem Bestandteil bestehende Rechte Dritter infolge der Verbindung untergegangen sind – darum ging es in dem Fall, den der BGH zuvor entschieden hatte (siehe oben Rn. 508). Insbesondere für die Frage, ob eine Vorbehaltsverkäuferin ihr Eigentum verliert, wenn die unter Eigentumsvorbehalt gelieferte Sache vor vollständiger Bezahlung des Kaufpreises in eine andere Sache eingebaut wird (siehe dazu oben Rn. 506), ist daher der Zeitpunkt des Einbaus maßgeblich. Ist dagegen – wie hier –

509

---

[6] BGHZ 61, 80 (82) = BGH NJW 1973, 1454 (1455); s. dazu die Voraufl., Fall 25 – Austauschmotor.
[7] Siehe dazu Staudinger/*Stieper*, § 93 Rn. 18 mwN.
[8] BGHZ 191, 285 Rn. 26 = BGH NJW 2012, 778; *Neuner*, § 25 Rn. 22.
[9] BGHZ 191, 285 Rn. 28 = BGH NJW 2012, 778.

zu beurteilen, ob Rechte Dritter an einem Bestandteil begründet werden können, der bereits in eine zusammengesetzte Sache eingefügt ist, so soll es auf die Verhältnisse bei Entstehung des Rechts ankommen (Rn. 32 des Urteils). Hierfür beruft sich der BGH einerseits auf den Schutzzweck des § 93 BGB, volkswirtschaftlich unerwünschte Zerschlagungen zu vermeiden, betont aber andererseits das Gebot der Rechtssicherheit. Auch der Ansatz des BGH kann aber zu unklaren Eigentumsverhältnissen führen: Es gibt Fallgestaltungen, in denen sich beide Fragen – Untergang von Rechten infolge der Verbindung und spätere Begründung von Rechten Dritter – gleichzeitig stellen.[10]

510 3. Für wesentliche Bestandteile von Grundstücken wird § 93 durch § 94 BGB ergänzt. Hauptsache ist hier stets das Grundstück; ein Grundstück kann nie Bestandteil etwa eines Gebäudes sein (vgl. § 946 BGB). Die Vorschrift ist jedoch kein Spezialtatbestand für Grundstücksbestandteile, vielmehr können diese unabhängig von den Voraussetzungen des § 94 auch nach § 93 BGB als wesentliche Bestandteile qualifiziert werden.

511 a) Zu den Grundstücksbestandteilen gehören nach § 94 Abs. 1 BGB neben den mit dem Boden zusammenhängenden Erzeugnissen (insbesondere Pflanzen und deren Früchte) vor allem die fest mit dem Grundstück verbundenen Sachen, zB Gebäude. Die Festigkeit der Verbindung richtet sich dabei nach denselben Kriterien, die auch für § 93 BGB maßgeblich sind. Eine Sache ist danach fest mit dem Grund und Boden verbunden, wenn ihre Trennung vom Grundstück entweder zu ihrer physischen Zerstörung oder starken Beschädigung führen würde oder eine Abtrennung nur unter Aufwendung unverhältnismäßiger Mühe und Kosten möglich wäre.[11] Das wird bei Gebäuden regelmäßig der Fall sein, ebenso bei im Boden verlegten Versorgungsleitungen.

512 Im vorliegenden Fall lässt der BGH zwar offen, ob die Photovoltaikanlage fest mit dem Grund und Boden verbunden ist, da jedenfalls die Voraussetzungen des § 95 Abs. 1 S. 1 BGB vorliegen (siehe dazu unten Rn. 515). Die Begründung, mit der das Gericht die Einordnung der Anlage als Gebäude iSv § 94 BGB ablehnt (Rn. 21 des Urteils), spricht aber klar dagegen: Wenn die Anlage „lediglich modulartig mithilfe von Schrauben, Klemmen oder sonstigen ohne größeren Aufwand wieder lösbaren Verbindungselementen zusammengesetzt worden" ist und „ohne wesentliche Beschädigung abgebaut, in ihre Einzelteile zerlegt und an anderer Stelle wieder aufgestellt werden" kann, ohne dadurch ihre Funktionsfähigkeit einzubüßen, stellt der BGH letztlich auf Kriterien ab, die für die Festigkeit der Verbindung mit dem Grundstück maßgeblich sind.

513 b) Für die Sonderrechtsfähigkeit der Module kommt es ohnehin nicht entscheidend darauf an, ob die Photovoltaikanlage als Ganzes fest mit dem Grundstück verbunden ist, solange die einzelnen Module selbst ohne Weiteres vom Grundstück getrennt werden können. Eine wesentliche Erweiterung gegenüber § 93 enthält insoweit aber § 94 Abs. 2 BGB: Zu den wesentlichen Bestandteilen eines Gebäudes gehören danach auch solche Sachen, die zur Herstellung des Gebäudes eingefügt sind. Zur Herstellung des Gebäudes eingefügte Sachen sind auch dann wesentliche Bestandteile, wenn sie ohne Schwierigkeiten trennbar sind und daher die Voraussetzungen des § 93 BGB nicht erfüllen.[12] Entscheidend ist hier der Zweck („zur Herstellung"), nicht die Art der Verbindung. Auf den Zeitpunkt der Einfügung kommt es daher nicht an, ebenso wenig

---

10 Siehe dazu *Wietfeld*, NJW 2022, 1273 Rn. 5, 15 ff.
11 Siehe dazu bereits RGZ 158, 362 (374 f.).
12 RGZ 90, 198 (201); RGZ 150, 22 (26); BGHZ 26, 225 (229) = BGH NJW 1958, 457.

IV. Rechtliche Einordnung

auf eine feste Verbindung mit dem Gebäude. Ausreichend ist ein konkreter räumlicher Zusammenhang. Zur Herstellung eingefügt und damit wesentlicher Bestandteil sind nach ständiger Rechtsprechung alle Sachen, ohne die das Gebäude nicht fertiggestellt ist. Dazu zählen zunächst die Baustoffe und Bauelemente, die den eigentlichen Baukörper bilden, also Wände, Dach, Fenster usw. Zu den wesentlichen Bestandteilen nach § 94 Abs. 2 BGB gehören aber auch solche Sachen, die dem Gebäude nach der Verkehrsanschauung ein bestimmtes Gepräge oder eine besondere Eigenart geben, zB die Heizungsanlage und sanitäre Ausstattung in einem Wohn- oder Geschäftsgebäude, Belüftungsanlagen oder Aufzüge.

Ob § 94 Abs. 2 BGB auch auf die Module einer Photovoltaikanlage angewendet werden kann, hängt maßgeblich vom Begriff des Gebäudes ab. Neben Gebäuden „im herkömmlichen Sinne", also Häusern und sonstigen Baukörpern, die durch räumliche Einfriedung Schutz gewähren und den Eintritt von Menschen gestatten, will der BGH darunter auch andere größere Bauwerke fassen, verlangt hierfür aber hinsichtlich ihres Zwecks oder ihrer Bauweise „zumindest eine gewisse Überschneidung" mit einem Gebäude im engeren Sinne. So wird man eine Windkraftanlage, die von Menschen betreten werden kann, nach den Maßstäben des BGH als Gebäude ansehen können; die Gondel mit dem Generator und der Rotor sind dann nach § 94 Abs. 2 BGB deren wesentliche Bestandteile.[13] Dagegen fehlt es bei einer modulartig zusammengesetzten Photovoltaikanlage an der für ein Gebäude charakteristischen Bauweise (siehe oben Rn. 512). Deren Module stellen folglich keine wesentlichen Gebäudebestandteile iSv § 94 Abs. 2 BGB dar. 514

c) Außerdem ist für Grundstücks- und Gebäudebestandteile § 95 BGB zu beachten.[14] Danach sind solche Sachen, die nur vorübergehend mit einem Grundstück verbunden (§ 95 Abs. 1 S. 1 BGB) oder in ein Gebäude eingefügt (§ 95 Abs. 2 BGB) werden oder die in Ausübung eines dinglichen Rechts am Grundstück (etwa eines Nießbrauchs oder einer beschränkten persönlichen Dienstbarkeit) mit diesem verbunden werden (§ 95 Abs. 1 S. 2 BGB), schon keine Bestandteile des Grundstücks. Solche „Scheinbestandteile" stellen vielmehr sonderrechtsfähige bewegliche Sachen dar. Ein vorübergehender Zweck iSv § 95 Abs. 1 S. 1 und Abs. 2 BGB wird vor allem bei Sachen angenommen, die ein Mieter oder Pächter mit dem Grundstück verbindet oder in das Gebäude einbaut,[15] zB ein vom Pächter auf dem Pachtgrundstück errichtetes Gebäude, das er nach Ablauf des Pachtvertrags wieder beseitigen muss.[16] Gleiches gilt vorliegend auch für die aufgrund eines vertraglichen Nutzungsrechts auf dem Grundstück eines Dritten errichtete Freiland-Photovoltaikanlage. 515

4. Vom Begriff des Bestandteils ist derjenige des Zubehörs zu unterscheiden. Zubehör sind gemäß § 97 BGB bewegliche Sachen, die – ohne ihr Bestandteil zu sein – dem wirtschaftlichen Zweck einer Hauptsache (insbesondere eines Grundstücks) zu dienen bestimmt sind und zu ihr in einem entsprechenden räumlichen Verhältnis stehen (siehe die in § 98 BGB aufgeführten Beispiele). Die wirtschaftliche Zusammengehörigkeit von Hauptsache und Zubehör wirkt sich vor allem auf die Reichweite von Verpflichtungs- 516

---

13 So etwa MüKo-BGB/*Stresemann*, § 94 Rn. 17, 21.
14 Auf die Bestandteile einer beweglichen Sache ist § 95 BGB auch nicht analog anwendbar, BGH NJW 2022, 614 Rn. 39 ff.
15 Siehe dazu BGH NJW 2017, 2099 Rn. 7 ff. m. krit. Anm. *Stieper* = JuS 2017, 1020 (*K. Schmidt*).
16 RGZ 59, 19 (20 ff.).

(§ 311c BGB) und Verfügungsgeschäften (§§ 926, 1120 BGB) über die Hauptsache aus.

V. Vertiefungsfragen

1. Auch wenn die Module im vorliegenden Fall nicht als wesentliche Bestandteile anzusehen sind, sind sie dennoch Bestandteile der Photovoltaikanlage als einer einheitlichen zusammengesetzten Sache. Welche Rechtslage gilt für solche „einfachen" Bestandteile? Siehe dazu RGZ 158, 362 (369); Staudinger/*Stieper*, § 93 Rn. 41 ff.
2. Kann ein Scheinbestandteil iSv § 95 BGB Zubehör des Grundstücks sein, mit dem er verbunden ist? Beachten Sie § 97 Abs. 2 BGB und lesen Sie dazu BGH NJW 1962, 1498; Staudinger/*Stieper*, § 95 Rn. 27 und § 97 Rn. 5.
3. Ist es im Schuldrecht genauso wichtig wie im Sachenrecht, ob ein Gegenstand nach §§ 93 ff. BGB sonderrechtsfähig ist? Könnte der Beklagte die Module vermieten, auch wenn er nicht deren Eigentümer geworden wäre?
4. Die Übereignung der Module nach § 929 S. 1 BGB setzt deren Übergabe voraus. Wie kann diese erfolgen, ohne dass die Module von der Anlage getrennt werden müssen? Lesen Sie Rn. 52 ff. des Urteils.
5. Gegenstand der vorliegenden Entscheidung ist eine Feststellungsklage des Insolvenzverwalters. Unter welchen Voraussetzungen ist eine solche Klage zulässig? Hätte auch der Beklagte Anlass zur Klageerhebung gehabt? Worauf hätte er eine Klage richten können? Lesen Sie § 256 ZPO sowie das in einem Parallelverfahren ergangene Urteil des BGH, BeckRS 2021, 36658 Rn. 3 und 7.

Stichwortverzeichnis

Die Angaben verweisen auf die Randnummern des Buches.

Abbruchjäger, 69 ff, 74 ff
ad incertas personas, 36
aliud, 114
Allgemeine Geschäftsbedingungen (AGB), 425 ff, 432 ff
- Auslegung, 440
- Begriff, 437
- Einbeziehung in den Vertrag, 444 ff, 449 ff, 456
- Inhaltskontrolle, 425 ff, 437 ff, 443, 455
- kollidierende AGB, 444 ff, 451 ff
- Prinzip der Kongruenzgeltung, 453
- Prüfungsreihenfolge, 433 ff
- stillschweigende Vereinbarung, 451
- Transparenzpflicht, 443
- Unwirksamkeit, 441
- Verbot der geltungserhaltenden Reduktion, 441

Allgemeines Persönlichkeitsrecht, 491 ff, 495
- als Rahmenrecht, 494
- Verhältnis zur DS-GVO, 494a

Altmetall-Fall, 225 f

Anfechtung
- Abgrenzung der Irrtümer, 209
- Altmetall-Fall, 225 f
- ausgeübte Innenvollmacht, 209
- Drohung, 24
- Eigenschaftsirrtum, 227, 228 ff, 231 ff
- Erklärung, 104
- Erklärungsirrtum, 209
- erweiterter Inhaltsirrtum, 215, 220 f
- fehlendes Erklärungsbewusstsein, 19
- Inhaltsirrtum, 104, 196 ff, 203 ff
- Irrtumskategorien, 195
- Irrtum über die eigene Leistung, 228 ff
- Irrtum über eigene Leistungsfähigkeit, 251
- Kalkulationsirrtum, 210 ff, 219 ff
- Motivirrtum, 210 ff, 215 f
- Rechtsfolgen, 106, 195
- Risikoerklärung, 104
- Risikogeschäft, 225 f, 249 f
- Rückabwicklung, 251
- Verhältnis zur Auslegung, 217 f, 223 f
- verkehrswesentliche Eigenschaft, 117, 246 ff
- Vertreter ohne Vertretungsmacht, 203 ff
- Voraussetzungen, 203

Angebot, 2 f
- Abgrenzung zur invitatio ad offerendum, 36 ff
- ad incertas personas, 36, 79, 98
- Bindungswirkung, 81
- Rücknahme, 81

Annahme, 2 f, 61 ff
- Annahmefrist, 146 ff, 153 ff
- durch Abbuchung, 65 f
- Entbehrlichkeit des Zugangs, 40
- konkludente, 65 f
- verspätete, 146 ff, 156

Annahmefrist, 146 ff, 164
- Bestimmung, 155

Anscheinsvollmacht, 271, 273 ff, 291 ff

Auflassung, Minderjährige, 301

Auktion, 74 ff
- Vertragsschluss, 76

Auslegung, 33 ff, 42 ff, 53 ff, 110 ff
- Berücksichtigung der AGB bei einer Internet-Auktion, 79 f, 81, 96, 99 ff
- Buchungsbestätigung, 62 f
- Buchungsmaske, 60
- elektronische Willenserklärung, 57, 94 ff
- Empfängerhorizont bei automatisch generierten Erklärungen, 67
- empfangsbedürftige Willenserklärung, 110 ff
- Namensbestimmungsrecht, 42 ff
- objektiv, 110 ff, 181, 207, 217
- objektiver Empfängerhorizont, 85, 95
- subjektiv, 107 ff, 181 f, 217
- Verhältnis zur Anfechtung, 217 f, 223 f
- Willensübereinstimmung, 107 ff, 112, 181 f, 217

Bauwerk, 501

Bedingung
- auflösende, 83
- aufschiebende, 84, 445

Bestandteile, 496 ff
- Austauschmotor, 506
- Einbauküche, 507
- eines Gebäudes, 513 f
- eines Grundstücks, 510 f
- einfache, 517
- Scheinbestandteile, 499, 515
- Übergabe, 517

Stichwortverzeichnis

- Wertverhältnisse, 508 f
- wesentliche, 502, 504 ff
- Zeitpunkt der Beurteilung, 503

Bestätigung eines nichtigen Rechtsgeschäfts, 419a, 421 f, 424

Blankoformular, 361 ff
- abredewidrig ausgefülltes, 387 ff, 391
- Form, 382

Botenschaft, 257

Bürgschaft, 361 ff
- Blankoformular, 361 ff
- Handelsgeschäft, 377 ff
- Schriftform, 362 f, 376, 380 ff
- Sittenwidrigkeit, 391
- Vertretung, 381 ff
- Voraussetzungen, 362

Dissens, 451

Duldungsvollmacht, 271 f, 291 ff

eBay, 94 ff, 278 ff, 289, 293 ff
- AGB, 74, 96, 106, 298
- Sofortkauf, 98 ff
- Vertragsschluss, 69 ff

Eigenschaftsirrtum, 227, 228 ff
- Ausschluss der Anfechtung, 242 ff
- Irrtum über die eigene Leistung, 228 ff, 247 ff
- Verhältnis zum Gewährleistungsrecht, 238 ff
- Verhältnis zum Motivirrtum, 227
- verkehrswesentliche Eigenschaft, 246 ff

Eigentumsvorbehalt, 444 ff, 506
- verlängerter, 445 f, 455

Einschreiben, 168 ff

Einseitige Leistungsbestimmung, 38

Erklärungsbewusstsein, 4 f
- Erklärungsfahrlässigkeit, 16 ff
- fehlendes, 270
- Folgen des Fehlens, 12 ff
- Verhältnis zu Rechtsbindungswille, 145

Erklärungsfahrlässigkeit, 16 ff

Erklärungsirrtum, 209

Erklärungstheorie, 14 ff

falsa demonstratio non nocet, 107 ff, 112, 181 f, 217
- Anfechtung, 117
- formbedürftiges Rechtsgeschäft, 117

falsus procurator, 259

Feststellungsklage, 517

Form
- arglistige Berufung auf Formmangel, 338 ff
- arglistige Täuschung, 360
- Beurkundung, 360
- Blankoformular, 382
- Blankounterschrift, 382 ff
- Bürgschaft, 361 ff, 362, 376
- Formerfordernis, 338 ff, 360
- Formfreiheit, 342 ff, 376
- Formmangel, 338 ff, 345 ff
- Formzwecke, 344
- Grundstückskauf, 359 f
- Heilung eines Formmangels, 357 ff
- Insichgeschäft, 386
- Korrektur eines Formmangels, 348 ff
- notarielle Beurkundung, 383
- Schriftform, 376, 380 ff

Formmangel
- Grundstückskauf, 359 f
- Heilung, 357 ff, 359
- Heilung bei Verfügungsgeschäften, 360
- Korrektur, 348 ff
- Rechtsfolge, 345 f

Formnichtigkeit, 345
- Korrektur, 348 ff
- Korrektur wegen Existenzbedrohung, 349
- Korrektur wegen Treuepflichtverletzung, 350, 354 f
- Korrektur wegen Treu und Glaubens, 356 f, 391

Formularvertrag, 437

Gattungsschuld, 114

Gebäude
- als Grundstücksbestandteil, 511
- Begriff, 500 f, 514

Gefälligkeit, 118 ff
- Abgrenzung zum Rechtsgeschäft, 127 ff
- Unentgeltlichkeit, 132

Gesamtbetrachtungslehre, 320 ff

Gesamthandsgemeinschaft, 465 ff

Geschäftsfähigkeit
- beschränkte, 308 ff
- Zustimmung des gesetzlichen Vertreters, 320

Geschäftswille, 4 f
- Folgen des Fehlens, 11

Gesellschaft bürgerlichen Rechts (GbR)
- als Eigentümerin eines Grundstücks, 477
- Gesellschaftsvermögen, 474
- Gleichstellung mit OHG, 472

Stichwortverzeichnis

- Haftung, 478
- Innengesellschaft, 472a
- MoPeG, 472a
- Parteifähigkeit, 475
- Rechtsfähigkeit, 457 ff, 469 ff

gesetzliche Vertretung, 299
- Einwilligung, 299 ff
- Insichgeschäft, 311 ff
- Zustimmung, 299 ff, 320

Gewährleistungsrecht
- aliud, 114
- Verhältnis zur Anfechtung wegen Eigenschaftsirrtums, 238 ff

Grundstück
- Auflassung, 300
- außerordentliche Lasten, 336
- Eintragung im Grundbuch, 300 ff
- Formerfordernis, 338 ff
- Heilung von Formmängeln, 359
- Minderjährige, 299 ff
- notarielle Beurkundung, 338 ff, 383
- ordentliche Lasten, 330 ff
- Schwarzkauf, 174 ff
- Übereignung, 299 ff

Halzband-Fall, 294

Handeln unter fremdem Namen, 278 ff, 286 ff
- Identitätstäuschung, 288 ff
- Namenstäuschung, 287

Handlungsbewusstsein, 4 f
- Folgen des Fehlens, 22 f

Inhaltsirrtum, 196 ff, 203 ff

Insichgeschäft, 299 ff, 311 ff
- Ausnahmen vom Verbot, 314 ff
- Form, 386
- gesetzlicher Vertreter, 311 ff
- Minderjährigenschutz, 316
- Vollmacht, 386

Internet-Auktion
- Abbruch, 69, 74 ff
- als Versteigerung, 76
- Angebot, 77 ff
- Angebotsrücknahme, 81 ff
- Annahme, 82 ff
- Berechtigung zur Angebotsrücknahme, 87 ff
- Vertragsschluss, 69, 76 ff, 278 ff

invitatio ad offerendum, 3, 36 ff, 54 ff

Irrtum über die eigene Leistung, 228 ff
- Kenntnis bei Vertragsschluss, 248

- nachträgliche Kenntnisnahme, 247 f

Juristische Person, 457 ff, 479 ff
- allgemeines Persönlichkeitsrecht, 491
- Namensrecht, 485 ff
- öffentliches Recht, 487
- Rechtsfähigkeit, 464

Kalkulationsirrtum, 210 ff, 219 ff
- erkannter, 222, 224
- Motivirrtum, 220 f
- offener, 220 f, 223 f
- verdeckter, 220 f

Kaufmännisches Bestätigungsschreiben, 159

Kronkorken-Fall, 141 ff

Mietvertrag
- AGB-Kontrolle, 437
- Sittenwidrigkeit, 419 f

Minderjährige, 299 ff
- Einwilligung, 308
- Genehmigung, 308
- Gesamtbetrachtungslehre, 301, 320 ff
- Geschäftsfähigkeit, 308 ff
- gesetzlicher Vertreter, 309 f
- lediglich rechtlicher Vorteil, 301 ff, 308 ff, 318 ff
- rechtlich nachteiliges Rechtsgeschäft, 328 ff
- Schenkung eines Grundstücks, 320 ff
- Übereignung an, 318 ff
- Zugang von Willenserklärungen, 337
- Zustimmung, 320

MoPeG, 472a

Motivirrtum, 210 ff, 215 f
- beiderseitiger, 227
- Kalkulationsirrtum, 220 f
- Verhältnis zum Eigenschaftsirrtum, 227

Namensrecht, 479 ff, 484
- als besonderes Persönlichkeitsrecht, 492
- postmortales, 495
- Verletzung, 488 ff

Objektiver Empfängerhorizont, 85, 95

offerta ad incertam personam, 79, 98

Ohne-Rechnung-Abrede, 398 ff
- nachträgliche Vereinbarung, 407

Perplexität, 101, 207 f, 223

Pillen-Fall, 145

Rechtsausübung, unzulässige, 91, 419a, 442

181

Stichwortverzeichnis

Rechtsbindungswille, 118 ff, 130 ff
- Verhältnis zu Erklärungsbewusstsein, 145

Rechtsfähigkeit, 457 ff, 464

Rechtsgeschäft
- Abgrenzung zur Gefälligkeit, 118 ff
- lediglich rechtlich vorteilhaft, 299 ff
- Minderjährige, 299 ff, 301
- Nichtigkeit wegen Gesetzesverstoßes, 392 ff
- Nichtigkeit wegen Sittenwidrigkeit, 408 ff
- rechtlich nachteilig, 328 ff, 337

Rechtsscheinvollmacht, 252 ff, 262 ff
- Anscheinsvollmacht, 271, 273 ff, 291 ff
- Duldungsvollmacht, 271 f, 291 ff

Risikogeschäft, 249 f

Sache, zusammengesetzte, 505

Scheinbestandteil, 499, 515
- als Zubehör, 517

Scheinbestandteile, 512

Scheingeschäft, 174 ff
- Formbedürftigkeit, 195
- Gültigkeit des verdeckten Geschäfts, 192 ff
- misslungenes, 174 ff, 185 ff
- Rechtsfolge, 195
- Stellvertreter, 183 ff
- Zurechnung, 186

Schenkung, Gesamtbetrachtungslehre, 320 ff

Scherzerklärung, 190 f

Schriftform, 376
- Blankounterschrift, 361 ff, 382 ff
- Zweck, 380 ff

Schwarzarbeit, 392 ff
- Anspruch auf Werklohn, 402 ff
- Mängelgewährleistung, 399 ff, 405
- nachträgliche Vereinbarung, 407
- Ohne-Rechnung-Abrede, 392 ff, 398 ff
- ungerechtfertigte Bereicherung, 402 ff

Schwarzkauf, 174 ff

Schweigen
- als Annahme, 159
- beredtes, 157

Sittenwidrigkeit, 408 ff
- Bürgschaft, 391
- Mietvertrag, 419 f
- Missverhältnis von Leistung und Gegenleistung, 91, 414, 416 f
- Testament, 418 f
- Wucher, 414
- wucherähnliches Rechtsgeschäft, 415

- Zeitpunkt der Beurteilung, 416 ff

Stellvertretung, 252 ff
- Abgrenzung von Botenschaft, 257
- Anfechtung der Bevollmächtigung, 209
- Anfechtung des Vertretergeschäfts, 258, 277, 298
- Anscheinsvollmacht, 271, 273 ff, 291 ff
- Duldungsvollmacht, 271 f, 291 ff
- fehlende Vertretungsmacht, 197, 200, 209
- Folgen fehlender Vertretungsmacht, 200 ff
- Genehmigung des Rechtsgeschäfts, 200 ff
- Handeln unter fremdem Namen, 278 ff, 286 ff
- Offenkundigkeitsprinzip, 258, 277
- Teilgenehmigung, 209
- Vertretungsmacht, 200 ff, 259
- Voraussetzungen, 256 ff

Stückschuld, 115

Testament
- Geliebtentestament, 419
- Sittenwidrigkeit, 418 f
- Wirksamwerden, 164

Unentgeltlicher Vertrag, Haftungsmaßstab, 145

venire contra factum proprium, 442

Verbindung, feste, 511 f

Verbotsgesetz, 392 ff, 398 ff
- Gesamtnichtigkeit, 401
- Kenntnis von Verstoß, 406

Verbrauchervertrag, 434

Verein
- nicht rechtsfähiger, 476
- rechtsfähiger, 464

Vermutung, gesetzliche, 424

Versteigerung, 1 ff, 76

Vertragsschluss
- Angebot, 2 f
- Annahme, 2 f
- Bestellbutton, 56
- Buchungsmaske, 60
- im elektronischen Geschäftsverkehr, 42 ff
- im Selbstbedienungsladen, 41
- nachträgliche Namensänderung, 60
- Selbstbedienungstankstelle, 25 ff
- Versteigerung, 1 ff
- Zeitpunkt, 32, 54 ff, 68

Vertreter
- Empfangsvertreter, 80
- ohne Vertretungsmacht, 259, 290

Stichwortverzeichnis

Vollmacht, 259
- Anscheinsvollmacht, 271, 273 ff
- Aushändigung einer Vollmachtsurkunde, 264 f
- Duldungsvollmacht, 271
- Erlöschen, 261
- Form, 384
- Formwirksamkeit, 261, 277
- Insichgeschäft, 386
- Rechtsscheinvollmacht, 252 ff, 262 ff

Vollmachtsurkunde, 252 ff
- Rechtsschein, 264 ff
- unsorgfältige Verwahrung, 266

Wesensveränderung eines Bestandteils, 502

Widersprüchliches Verhalten, 442

Willenserklärung
- Abgabe, 164, 268 ff
- abhandengekommene, 173, 268 ff
- Auslegung, 33 ff, 42 ff, 110 ff, 206 ff
- äußerer Tatbestand, 4 f
- elektronische, 42 ff, 54 ff, 57
- empfangsbedürftige, 33 ff, 164
- Erklärungsbewusstsein, 4 ff
- Geschäftswille, 4 ff
- Handlungsbewusstsein, 4 f
- innerer Tatbestand, 4 f
- innerer Vorbehalt, 174 ff, 190 f
- konkludente, 31
- nicht empfangsbedürftige, 33 f
- nicht ernstlich gemeinte, 174 ff, 187 ff
- Nichtigkeit wegen Perplexität, 101
- Perplexität, 207 f, 223
- Rechtsbindungswille, 130 ff
- Scheinerklärung, 174 ff
- Scherzerklärung, 190 f
- Tatbestand, 1 ff, 9 ff
- unter Abwesenden, 168 ff
- unter Anwesenden, 167
- Wirksamwerden, 160 ff, 165 ff
- Zugang, 160 ff, 166, 168 ff
- Zugang an Minderjährige, 337

Willenstheorie, 10 f

Windkraftanlage
- als Gebäude, 514

Wissenszurechnung, 173

Wohnsitz, 495

Wucher, 414

Wucherähnliches Rechtsgeschäft, 415

Zubehör, 516 f

Zugang einer Willenserklärung, 160 ff, 166, 168 ff
- E-Mail, 169
- Machtbereich des Empfängers, 169
- Zugangshindernisse, 170
- Zugangsverzögerung, 172
- zur Unzeit, 171

Zurückbehaltungsrecht, 41